Frankfurter Einladung

Die Deutsche Nationalbibliothek – CIP-Einheitsaufnahme.
Die Deutsche Nationalbibliothek verzeichnet dieses Buch
in der Deutschen Nationalbibliografie;
detaillierte bibliografische Daten sind im Internet über
http://dnb.d-nb.de abrufbar.

Erste Auflage 2016

www.groessenwahn-verlag.de

ISBN: 978-3-95771-102-1
e-book ISBN: 978-3-95771-103-8

Susanne Konrad (Hrsg.)

Frankfurter Einladung

Erzählungen, Geheimnisse und Rezepte

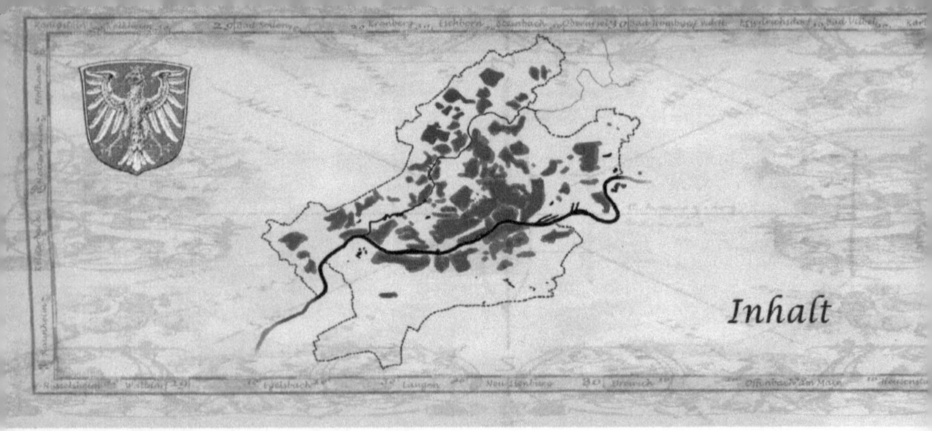

Inhalt

Inhalt

Dieses Buch ist all denen gewidmet,
die hinschauen und hinhören.
Denen, die Verschiedenartigkeit respektieren
und dabei Einzigartigkeit entdecken.

Susanne Konrad

IMPRESSUM

Frankfurter Einladung

Herausgeberin
Susanne Konrad

Seitengestaltung
Größenwahn Verlag Frankfurt am Main

Schriften
Constantia & *Lucida Calligrafy*

Covergestaltung
Marti O´Sigma

Coverbild & Grafiken
Marti O´Sigma

Lektorat
August-Paul Sonnemann

Druck und Bindung
Print Group Sp. z. o. o. Szczecin (Stettin)

Größenwahn Verlag Frankfurt am Main
September 2016

ISBN: 978-3-95771-102-1
e-book-ISBN: 978-3-95771-103-8

Geleitwort des Oberbürgermeisters

Willkommen in Frankfurt am Main

Das Gesicht unserer Stadt wird durch eine Vielzahl unterschiedlicher Facetten geprägt, die sich zu einem großen Ganzen ergänzen. Frankfurt am Main ist als ein Finanz- und Wirtschaftszentrum Global Player, ebenso wie die Stadt Heimat uriger Apfelweingemütlichkeit ist. Hier trifft Tradition auf Moderne, Handel auf Kultur und Geschäftigkeit auf Beschaulichkeit. Das Zusammenspiel idyllischer Fachwerkarchitektur mit modernen Hochhauskomplexen ist sichtbares Zeichen dafür, dass Frankfurt eine Stadt der Gegensätze ist, die sich hier auf reizvolle Art und Weise ergänzen. Dieses Spannungsfeld schafft das Lebensgefühl einer bunten und schillernden Stadt, welche mit ihren ungleichen Stadtteilen dem öffentlichen Leben unterschiedlichste Plattformen bietet.

In Frankfurt leben Menschen aus rund 180 Nationen friedlich zusammen. Ihre Kulturen bereichern unsere Stadt. Faszinierend finde ich auch die Kommunikationsvielfalt. Kaum eine Sprache in der Welt, die neben Deutsch und dem „Frankfurter Hessisch" nicht auch in Frankfurt gesprochen wird. Die Vielfalt in unserer

Stadt ist unsere Stärke und eine Herausforderung, bei der wir täglich voneinander lernen. Dies betrifft alle Lebensbereiche: Arbeit, Bildung, Gesundheit, Jugend und Alter, Kultur, Freizeit und auch die Verwaltung. Integrations- und Diversitätspolitik ist eine gesamtgesellschaftliche Aufgabe, die der Lebenswirklichkeit gerecht werden muss.

Durch meine Arbeit als Oberbürgermeister lerne ich die facettenreichen Strukturen der Stadtteile noch intensiver kennen und schätzen. Eine besondere Beziehung besitze ich zu Bonames, da ich dort den Großteil meines Lebens verbracht habe. Der Stadtteil ist vielfältig und gemischt. Es gibt romantische Stellen an der Nidda und im alten Ortskern, großzügige Bauten, wunderschöne kleine Familienhäuser, klassische Siedlungsstrukturen und viel Natur.

Obwohl die Stadt ständig im Wandel ist, zeigt jeder Stadtteil seinen eigenen Charakter und erhält seinen individuellen Charme. Beeindruckt bin ich von der Verbundenheit, welche sich in der Ergänzung aller Stadtteilbilder zu einer gemeinsamen Stadt Frankfurt am Main ergibt. Es ist das Verdienst der Frankfurterinnen und Frankfurter, deren Lebensgefühl von Toleranz und Weltoffenheit geprägt ist, dass man in unserer Stadt schnell heimisch wird. Hier gibt es Raum für unterschiedlichste Lebensentwürfe und Vorstellungen. In den urigen Gassen, mondänen Straßen, imposanten Alleen und repräsentativen Plätzen im gesamten Stadtgebiet findet das Zusammenleben statt. In diesem öffentlichen Raum spiegelt sich die Urbanität der Stadt wider.

Ich freue mich sehr, dass uns mit diesem Buchprojekt tiefere Einblicke in die Frankfurter Stadtteile möglich sind. Die Idee ist phantastisch, Autorinnen und Autoren mit ihren Stadtteil-Geschichten zu Wort kommen zu lassen.

Seien Sie neugierig auf diesen Erfahrungsschatz. Er zeigt uns die Pluralität, die Frankfurt zu bieten hat. Ich wünsche Ihnen spannende Momente, neue Einblicke und überraschende Erkenntnisse beim Lesen dieses Buches.

© Foto: Frank Widmann

Herzlichst
Ihr

Peter Feldmann
Oberbürgermeister
der Stadt Frankfurt am Main
Juni 2016

Vorwort der Herausgeberin

Stadtteilgesichter

Auslöser für dieses Projekt war, dass ich von November 2014 bis März 2016 »Stadtteilhistorikerin« bei der Stiftung Polytechnische Gesellschaft in Frankfurt war. Mit einem einmaligen Stipendium versehen, können engagierte Bürgerinnen und Bürger interessanten Forschungsvorhaben zu einem Stadtteil ihrer Wahl nachgehen. Die Arbeit wird durch Seminare und informelle Treffen begleitet. Der Projektkoordinator, Dr. Oliver Ramonat, empfahl mir das Motiv »Stadtteilidentität«.

Genau das ist das Thema dieser Anthologie. 39 Autorinnen und Autoren haben die Identität von 43 Stadtteilen und 2 Siedlungen ans Licht gebracht: in Form von Gedichten und Erzählungen, literarischen Essays und ortskundlichen Betrachtungen. Dabei war mir wichtig, jeweils diejenigen anzufragen, die einen emotionalen Ortsbezug zum Stadtteil haben: ob sie dort wohnen, gewohnt haben oder auf eine andere Weise ein Verhältnis zu »ihrem« Stadtteil gefunden haben. Denn diese gefühlte Beziehung macht die Stadteilidentität lebendig. Nur, wer sich auskennt, kann das Wesen des Stadtteils wirklich erfassen. Der unterschiedliche Charakter der einzelnen Frankfurter Stadtteile kommt dadurch plastisch zum Ausdruck.

Dabei ist der Blick des Autors, der Autorin subjektiv. Das Ich bringt sich ein. Und so sind die Anknüpfungspunkte der Verfasserinnen und Verfasser an ihren »Stoff« so verschiedenartig wie die entstandenen Textgenres.

Die Stadt Frankfurt am Main fördert das Recht auf Vielfalt. Im Hinblick auf die Interkulturalität ist die Stadt schon lange dafür bekannt. Aber auch auf Stadtteilheterogenität trifft dies zu. Jeder Stadtteil sollte in seiner Art bewahrt, gefördert und entwickelt werden.

Um diese Parallele zu verdeutlichen, bat ich engagierte Politikerinnen und Politiker, die sich für Frankfurt einsetzen, um begleitende Gedanken. Herrn Oberbürgermeister Peter Feldmann danke ich für sein Geleitwort und Frau Integrationsdezernentin Dr. Nargess Eskandari-Grünberg und Herrn Bürgermeister und Planungsdezernent Olaf Cunitz für eine gemeinsam erstellte Analyse zur Stadtteildiversität in Frankfurt, die als Nachwort im Buch zu finden ist. Eine positive Bindung an die unmittelbare Wohnumgebung fördert das Wohlbefinden – und die Friedfertigkeit.

Die Stadtteile zu stärken, ist Ziel dieses Buchs.

Susanne Konrad
Herausgeberin
Frankfurt am Main
Juli 2016

Sylvia Schopf

Straßen und Namen erzählen Geschichte(n)

Wenn Nomen ein Omen,
dann Eschersheim ein Heim für Eschen?
Fragt Mensch und macht sich auf die Suche
... *Hinter den Ulmen*
... *Auf der Lindenhöhe*
... *Am grünen Graben*
... *An der Nachtweide* und *Am Gabelacker*
Beim *Birkholz*
nah an der *Nusszeil*
und *Hinter den Eichenbäumen*
... Viel Baum, viel Holz, viel Grün
auch bei den langen Hecken am Weg
am *Langheckenweg*
und dann ... *Am Lindenbaum*
Welch' Linden-Prachtstück! –
fünf Meter dick und zwanzig Meter hoch
einst kleine Linde
gepflanzt vor 300 und Jahren mehr

nun mächtig groß
genießt er Schutz
der alte Baum
als »Denkmal der Natur«

Doch bleibt die Frage nach dem Heim der Eschen.
Ein Blick in die Geschichte hilft!

Es war kein Baum.
Es war Herrn Enscos Heim (ansehnlich soll's Gehöft gewesen sein)
Enscriresheim – draus wurde *Eischersheim*
und schließlich schrieb man's *Eschersheim.*

Zufrieden zieht der Mensch nun weiter
nach *Kirch- und Ziegenhain*
über *Allendorf* und *Amöneburg*
nach *Waldeck* und *Wolfshagen*
Doch halt! Was machen diese Orte
aus Hessens Norden hier in Eschersheim?

Mensch stutzt und wieder kommt die Antwort
aus vergangenen Zeiten.
Hier herrschte einst die Grafschaft Hessen-Kassel.
Und da! Na klar! Die Grafenstraße
und etwas weiter grüßt
Landgraf-Philip nebst *Landgraf-Wilhelm.*

Mensch zieht den Hut.
Dann zieht er weiter
trifft *Anne Frank* und *Ludwig Richter*
den Maler-Künstler-Lehrer.
Sein Name prangt an Schulens Pforte

wie auch der von Wichern, dem *Johann Hinrich.*
Doch wer war Victor Gollancz? *
Grübelt Mensch.
Und Rhaban Fröhlich?
Nur ein lustiger Name?!
Dann also weiter bis zum *Lachweg.*

Gut versteckt am Brunnen auf dem Platze
wo man den *Weißen Stein* vergeblich sucht
entdeckt Mensch nun
des Herkules von Eschersheim
gusseiserne Gestalt
(Geschenk von Herrn Kommerzienrate *Kleinschmidt).*
Das gut gebaute Mannsbild
Held antiker Zeiten
steht lässig, die Keule auf der Schulter liegend
blickt von seinem Sockel
--- Und wohin?

Mensch folgt dem Götterblick
erspäht die Asphaltschneise
die trennend
unerbittlich
schneidend
viel befahren
und mittendrin
unüberwindbar
strenge Stränge
die Gleise sind – für U von 1 bis 3 und 8.

Da ist die Zeit sich treu geblieben
denn just an selber Stelle

zog einst
die erste Straßenbahn der Stadt
mit Zug vom Pferde.
Doch schon bald
statt klappernd Huf mit Dampf betrieben
bewegte sich die Straßenbahn
hinaus ins Dörfchen Eschersheim
das damals ward zum Liebling
bei Frankfurts wohlgestand'nen Bürgern.
Gern ließ man sich hier nieder.
So klein, so fein und frei von Industrien
im Grünen, ja! Da wohnt sich's gut.
Mit Zwinkern und mit Scherzen
»Charlottenburg von Frankfurt«
hat man's auch genannt.

Das war zu jenen längst vergang'nen Zeiten
da's Schwimmbad »Strandbad« hieß
und man ein eigen Wasserwerk betrieb
von dem geblieben nur *Am Lindenbaum*
der alte Wasserturm
rapunzelgleich
mit wucht'ger Schieferhaube.

Ach, denkt sich Mensch
Was waren das für Zeiten!
Und heute?

Da baden Augen
vom Frühling bis zum Sommer
in birkenhell und lindenzart
und in platanentiefengrün.

Ist's Ende Juni weht der Duft
der blühend Linden durch die Straßen.

Und manche Tage
umgibt des Himmels wolkengrau
das schiefergraue Dach des Wasserturms.
Ist's höchste Eisenbahn – mit S und U
und radelt's sich gemütlich am Niddaufer
vorbei an Wiesen, Feldern und dem Freibad.
Ist's Fronleichnam mischt sich
ungewöhnlich Sing-Gesang
ins Amseln-Meisen-Zwitschern
weil Gläubige vom »Eschersheimer Dom«
durch Straßen ziehen.

Es ist der Lauf der Zeit:
Nichts bleibt wie's war.
Wo einst ein mächtig' Zweiter-Weltkrieg-Bunker
da wachsen Eigenheime
und leere Stille herrscht wo einst
der Sound der »Batschkapp« war zuhaus'.

Ein letzter Blick schweift in die Ferne:
am Horizont – gleich einem Schutzschild
reckt sich der Taunus mit dem Feldberg in die Höh'
andererseits ragt Frankfurt's Hochhaus-Skyline
Und zwischendrin ...
... liegt ...
Eschersheim!

* Victor Gollancz: ein britisch-jüdisch-sozialdemokratischer Verleger, Humanist und Kämpfer für die Menschenrechte.

Claus-Peter Leonhardt

Der Kinderspielplatz am Haardtwaldtplatz

Er hält den Schädel in die Höhe. Ich bemerkte es nicht sofort, da der lange Knochen in meinen Händen alle Sinne fesselt. Als ich zu Jürgen blicke, grinst der wie ein zweites Gesicht neben dem Erdfarbenen mit seinen hohlen Augen. Ich halte meinen Fund hoch. Die Schätze werden zur Seite geräumt und wir graben weiter. Leise dringt der Lärm des Spielplatzes durch das Gebüsch. Was sollen wir rutschen? Wir haben die Welt der Toten entdeckt.

Damals waren wir sieben oder acht Jahre alt. Mein bester Freund war im nächsten Jahr tot, Fehldiagnose, Durchbruch des Blinddarms. Ab dann war sein Platz neben mir in der Salzmann-Schule leer. Ein erster Verlust, dem viele folgen sollten. Sie betrafen Menschen, die näher waren, bis zu ... das wäre eine andere Geschichte – Ich will von Niederrad erzählen.

Die beiden Jungs wussten nicht, worauf der Kinderspielplatz am Haardtwaldtplatz gebaut war. Nachkriegslösungen der 1950er Jahre. Die Straßenbahnlinie 1 fuhr dort ab, uns war klar, von Niederrad kann nur diese Bahn fahren. Frankfurt war uns fern, und dass seit der Anbindung der Bahn hierher im Jahr 1914 die Linie 14 gefahren war, und dass diese Tradition wieder aufgenommen werden würde, überstieg unseren Horizont. Heutzutage fährt die Linie 15 nur noch Dribbdebach bis zum Südbahnhof.

Wir waren in Niederrad, aber wir wussten es nicht.

Nahe war auch der Main, den wir gut kannten. Bis zum Ufer war Wildnis, ungezügelte Schutthaufen mit Wildwuchs. Noch waren Uferstraße und Bebauung des Mainfelds fern. Auch die Galopp-Rennbahn war unser Spielfeld. In den ersten Jahren seines Studiums verkaufte Vater dort Wettscheine, naseweis reichte ich noch nicht bis zum Schalter, musste zurücktreten, um die Person hinter dem Schalter sehen zu können, wie er Geldscheine einnahm und Bons herausreichte. Später, als Architekt, erlebte ich ihn, wie er die Freigelände des Zoos gestaltete. Monster waren mir nie die Löwen, es waren die Bagger, vor denen ich floh.

Der Stadtwald zog sich hinter der alten Rennbahn, auf der einen Seite nach Louisa, auf der anderen Seite zum Weinberg-Park. Die große Villa der Kaufleute stand noch. Am Zaun entlang kam man zum Stadion, zum Schwimmen oder ins Waldstadion zum Fußball. Dahinter lag die Eisbahn, wo wir Schlittschuh liefen. Packendes Eishockey, zu dem wir durch den Wald schlichen und über den Zaun auf die Tribüne gelangten. Die Eintracht spielte in der Oberliga und ich wusste nicht viel darüber. Die Begeisterung, mit den Jungs durch den Wald zu laufen, und die spannenden Kämpfe auf dem Eis fesselten mich. Niederrad wurde Sportstadt. Als der Vertrag von Versailles die Schützen vertrieben hatte, baute man stattdessen auf 44 Hektar Sportstätten.

Die Jungs waren unterwegs. Zum Spielplatz über die Bruchfeldstraße, dann weiter rüber – heute sage ich nach Westen – lagen Wiesenflächen, die einige Jahre später die Firmenzentralen von Weltkonzernen in der Bürostadt Niederrad aufnehmen sollten. Als Jungs fuhren wir dort oder am Oberforsthaus, an Wochenenden früh schon, in den riesigen Stadtwald. Die Autobahnen waren noch schmal. Alles war Wald und wir konnten bis zum Flughafen gelangen, einige Male bis ans Rollfeld. Am Flughafen vorbei blieb das Grün. Tiere beobachten. Füchse, Rehwild, eine reiche Vogelwelt. Insekten auf Baumstümpfen, den Kampf der Hirschkäfer. Bis Darmstadt war das unsere Wildnis, in denen unsere Baumhütten standen und Abenteuer lagen. Unsere Wege berührten selten Straßen oder Siedlungen.

Als Vater weg war, die Freunde andere waren und das Gagern mein Ziel wurde, begann Niederrad unwichtiger zu werden. Täglich 10 Kilometer in beide Richtungen am Main entlang, hin und wieder zurück. Einige Freunde waren Arztsöhne, wir spielten in der Uniklinik und den an ihr anschließenden Villen. Auch die Uniklinik liegt größtenteils in Niederrad, was mir unwichtig war.

Mein Leben änderte sich merklos. Das Zuhause war oftmals leer. Fuhr ich durch den Torbogen des Frauenhofs, erfüllte ein würziger Geruch die Luft. Die Firma Lacroix hatte auf dem Gelände des alten Hofgutes Frauenhof seine Produktionsstätte für köstliche Suppen und Gerichte, die ich nicht kannte. Zuhause wartete schmalere Kost.

Wer Niederrad erfassen will, findet Geschichten über Geschichten ab dem Jahr 1151. 800 Jahre vor meiner Geburt wurde der Wald dort gerodet. Um eine Verwechslung mit den Rodungen oberhalb des Mains vorzubeugen, nannte man die oberen Ober- und die unteren Nieder-Roden, eben Ober- und Niederrad. Lange Zeit besiedelten nur wenige Häuser die sumpfigen Niederungen des Mains. Anfangs wohnten vielleicht 25 Leute hier. Main-Altarme kreuzten sich, »die« Bach mündete. Ein kleiner Hügel schützte vor Hochwasser. Landwirtschaft wurde nie betrieben. Der Ort war Spekulationsobjekt für Fürsten und den Deutschorden. Sie teilten sich den Besitz über Jahrhunderte. Auch Frankfurt wollte das Gelände. Doch die Ausdehnung der Stadt verhinderte der Adel. Die Freie Stadt war zu mächtig, wurde immer eingekreist. Bis heute ist das so, und es ist töricht. Das ist ein anderes Kapitel der Stadtgeschichte. Die Niederräder hatten keine Rechte, nicht einmal einen Friedhof. Seit 1592 waren sie Leibeigene. Bis in das Jahr 1818 blieben sie unfrei.

Der Friedhof wurde erst in den späten 1660er Jahren im Rödenacker nach einer Seuche gebaut. Er schloss an das Bruchfeld am südwestlichen Ortsende. Das wurde unser Abenteuerspielplatz in den 1960er Jahren.

Niederrad war ein Ort, der, wie viele westliche Stadtteile, die vom Frankfurter Rat nicht gewollten Einrichtungen aufnahm. Die Ratsherren waren borniert, verhinderten in der Freien Reichsstadt Ansiedlungen von Industriebetrieben. Das Denken der Zünfte dominierte. Dünkel herrschte. Das schadete der Entwicklung der Stadt, und wirkt bis heute. Das Umland gedieh und litt, weil es immer wieder Schauplatz von Schlachten und Spekulationen wurde. Es wurde verkauft und gewonnen.

Für Niederräder war diese Zeit oftmals tödlich. 1552 war das Dorf niedergebrannt worden, als Truppen die Stadt Frankfurt angegriffen hatten. Der kleine Ort lag günstig für Truppenaufmarsch, daher wiederholten sich die Katastrophen in den nächsten Jahrhunderten. Die Lage im Sumpfgebiet förderte Krankheit. Wohlstand konnte so nicht entstehen.

Zwar war Niederrad schon im Jahr 1569 in das Eigentum von Frankfurt geraten. Frankfurt hatte einen Anteil an den Rechten gegen die Burg und das Dorf Rödelheim eingetauscht. Der andere Eigentümer war weiterhin der Deutschorden. Frankfurt verlor das Dorf wieder. Die Preußen übernahmen die Herrschaft. Erst im Jahr 1900 gelang der Stadt, nach langen Geheimverhandlungen, die Eingemeindung des Dorfes.

Die Leute lebten durch alle Krisenzeiten ihr Leben. Niederrad wurde im 18. Jahrhundert die Wäscherei für die reichen Bürger Frankfurts. Die große und die kleine Bach aus den sandigen Böden der südlichen Wälder war weich. Die Frauen wuschen die Wäsche und trugen sie auf den Köpfen nach Frankfurt zurück. Die Haare waren hochgebunden, darum wurde ein Holzkringel gelegt. So hielt das Tablett auf dem Kopf und sie wanderten rüber, – Afrika am Main? Nein, die Zeiten der Vorindustrie sind näher, als wir meinen.

Die Männer hatten schon länger eine andere Beschäftigung. Viele waren Hasenhaarschneider. Aus Flandern und Frankreich war das Handwerk Ende des 18. Jahrhunderts hierhergekommen. Aus den zu Bündeln geformten Ballen wurden Hüte. Die Hutmacherei war ein großer Industriezweig, und Niederrad die wichtigste Produktionsstätte für den Rohstoff. Die flandrischen Leute hatten sich teilweise hier niedergelassen. Die Rohware kam aus Russland, Sibirien wohl. Anfang der Woche wurden die Felle der Hasen und später Kaninchen ausgegeben, deren Haar am Wochenende eingesammelt wurde.

Das Dorf hatte zu dieser Zeit zwei große Straßen, die Kelsterbacher und die Frankfurter, die heute Schwanheimer heißt. Mit der Gründung der Rennbahn 1865 winkelte sich die Schwarzwaldstraße ins Feld. Frankfurt war Hauptstadt des Deutschen Bundes. Das forderte standesgemäße Einrichtungen für den Fürstentag. Die Rennbahn wurde zum Erfolg.

In den späten 1870er Jahren zählte die Einwohnerliste knapp 2500 Personen. Über 100 Wäscherinnen gingen ihrem Gewerbe nach. Als 1866 Preußen die Stadt Frankfurt eingenommen hatte, und Wehrpflichtige ausgehoben wurden, sagten die zehn Niederräder Männer bei der Berufsbezeichnung »Haarschneider«. Dem Stabsarzt platzte der Kragen und er brüllte: »Wieviel Frisöre gibt es denn in Niederrad?«

Die Entwicklung Niederrads weist immer wieder überraschende Wendungen auf. Viele Spuren sind nicht mehr aufzufinden, wie es den Jungs am Rand des Haardtwaldt-Spielplatzes gelang.

1912 wurde Niederrad Sitz der ersten deutschen Flugzeugfabrik. August Euler – Nachkomme des Mathematikers Leonhard Euler – hatte bei Darmstadt den ersten deutschen Flugplatz gegründet. Das war 1908. Im Jahr 1912 wurden die Flächen zu klein und er kaufte von der Stadt Frankfurt Gelände bei Niederrad. Darauf entstanden fünf große Werkhallen und Nebengebäude, in denen unter anderem die ersten Postflugzeuge »Gelber Hund« gefertigt wurden.

Auch in diesem Fall brach der Versailler Vertrag die Entwicklung. Das Werk wurde demontiert. Auf seinen Flächen entstanden Teile des »Neue Frankfurt«, die Goldstein-Siedlung.

Niederrad birgt auch aus den 1920er Jahren einige der Architektur-Denkmäler. Die Bruchfeldstraße aufwärts ziert Zickzackhausen, eine luftige Wohnanlage mit Gärten. Am anderen Ende finden sich die Bauten der Psychiatrischen und Orthopädischen Kliniken, an denen Martin Elsässer mitgestaltete, der zudem die Großmarkthalle entworfen hatte. Diese Kliniken waren vor dem Faschismus Zentren moderner Medizin und knüpften nach 1945 daran an.

So wie die Jungs am Spielplatz gruben, öffnete mir die Uniklinik neue Möglichkeiten für Abenteuer. Das wäre eine neue Geschichte. Niederrad hat noch viele versteckte Seiten und auch in Zukunft wird es Sportstadt bleiben.

Joachim Durrang

Oberrad-Idyll

Gärten wanken an die Häuser
heran
Erdbeeren blühen
Im Obstladen kullern
Kirschen über den Boden
Bäume wehen im Gesang
des Flusses der vorüberströmt
als Verirrter
Blüten wehen über
die Straße
Menschen blicken aus Fenstern
in ihren Pupillen spiegelt sich
die tanzende Wolke

›Frankfotter Grie Soß‹

Zutaten:
1 Päck. Frankfurter Grüne Soße Kräuter, (Petersilie, Schnittlauch, Sauerampfer, Borretsch, Kresse, Kerbel und Pimpinelle), 400 g saure Sahne, 1 EL Schmand, 1 EL Crème fraîche, 1 EL Zitronensaft, 1 TL Sahnemeerrettich, 1 TL Senf, 1 Prise Zucker, Salz, Pfeffer

Zubereitung:
Kräuter waschen, abtropfen, mit dem Wiegemesser kleinschneiden und in eine große Schüssel geben. Saure Sahne, Schmand, Crème fraîche, Zitronensaft, Sahnemeerrettich, Senf, Zucker, Salz und Pfeffer dazugeben und alles glattrühren. Grüne Soße im Kühlschrank ziehen lassen.

Servieren Sie die Grüne Soße mit heißen Pellkartoffeln und hartgekochten Eiern.

Info:
Traditionell wird Grüne Soße am Gründonnerstag zubereitet. Man kann sie auch zu gebratenem Fisch, Schnitzel, Spargeln, Gratins oder Tafelspitz reichen.

Gerda Jäger

Fliederfieber

Nachdem die Buschwindröschen im nahen Pfingstwäldchen nahezu verblüht sind, erlebe ich zum vierten Mal die Blüte der Japanischen Kirschen in meiner unmittelbaren Umgebung. Um im Blütenmeer zu steigen und zu fallen, fahre ich nun nicht mehr an die ehemalige Börse im Zentrum, dort, wo sich Bulle und Bär »Gute Nacht« sagen. Geradewegs um die Ecke, im Unteren Kirchwiesenweg, berausche ich mich an den sich bauschenden winzigen Tüllröckchen. Eine kurze Zeit der rosa Pracht, nachdem die Magnolien, ebenfalls allgegenwärtig, in diesem Jahr bereits grün eingekleidet sind. Doch Auge und Nase können sich schon bald am Flieder erfreuen.

blauer chiffon weht
uns um die nase
hüllen und
jasminworte fallen
sanft
in die frühlingssaumseligkeit

An den östlichen Ausläufern des Taunus gelegen, war Nieder Eschbach bis 1972 eine selbstständige Gemeinde, die sich, wenn man den Berichten Glauben schenken darf, nicht von Frankfurt einverleiben lassen wollte. Charakteristisches Zeichen für eine gewisse Eigenständigkeit ist sicherlich die französische Partnerstadt Deuille la Barre, eine Gemeinde etwa 15 km nordwestlich von Paris.

Der nördliche Frankfurter Stadtteil ist in eine malerische Landschaft eingebettet und am nordöstlichen Rand vom Eschbach durchflossen, einem je nach Regenmenge munteren bis reißenden Bach. Die Atmosphäre ist eher dörflich, städtisches Flair sucht man vergeblich. Ein großer Vorteil Nieder Eschbachs ist der Anschluss an das U-Bahnnetz. In gut zwanzig Minuten gelangt man an die Frankfurter Hauptwache.

Seit 2011 lebe ich unweit des alten Ortskerns in Feldrandnähe. Es ist das reizvolle Eschbachtal, das mich für die Lage des Ortes einnimmt. Für viele heimische Tiere und Pflanzen bietet es einen perfekten Lebensraum. Darüber hinaus lädt es ein, zu Spaziergängen und Beobachtungen. Der Grüngürtel Frankfurt mit dem Hölderlinpfad ist nicht weit und kann gut in Bonames vom alten Flugplatz aus erreicht werden. Gewiss wird es schon den einen oder anderen Dichter auf Hölderlins Pfad verschlagen haben, und es ist naheliegend, wenn dort beim Wandern neue Poesie entstanden ist.

Wer mit der Natur im Rhythmus lebt, kann so manches Entfalten und Vergehen beobachten. Diese Naturbilder als Sprachbilder zu verdichten, kann Ziel und Trachten sein. Sie zeugen vom Leben und taugen auch im digitalen Zeitalter immer noch als Metaphern oder Allegorien.

Hier ist man nahe an der Natur und an der Landwirtschaft. Überschaubar, denn die Felder sind nicht endlos und der Wald ist ein Wäldchen. Wer jedoch als Fremder im Frühling über die

Rapsfelder Richtung Skyline schaut, reibt sich die Augen. Vielleicht, weil der Blütenstaub reizt, zwanzig Fahrminuten vom Bankenviertel entfernt, vielleicht aber auch, weil die Bürotürme seltsam fremd über dem Gelb aufragen und gar nicht mehr so imposant wirken.

es dämmert
am feldrand
huschen fledermäuse
der mond
sichelt kühlgelb
über dem Raps
die luft raubt
mir den atem
mit ihrem duftgemisch

Wer offenen Auges durch die Felder läuft, sieht, wie der Salat sprießt und später im Jahr die Kohlköpfe rund und fest werden. Erfreut sich an Streuobstwiesen, insbesondere an dem bewaldeten Höhenzug, der sich Pfingstwäldchen nennt. Der Name rührt daher, dass früher das Vieh zu Pfingsten feierlich aus den Ställen auf die Weiden getrieben wurde. Ja, und man begegnet hier tatsächlich noch Rindern, Jungbullen oder auch Mutterkühen mit Kälbern auf den saftigen Wiesen. Oder man sieht einen Reiher, der durch die Wiese am Bach stakst, um Mäuse zu fangen. Wer den Kopf in den Nacken legt, sieht Rotmilane und Bussarde, die ihre Kreise ziehen. Auch schon mal einen Falken, der rüttelnd über der Aussaat steht.

Auf meinen ausgedehnten Spaziergängen, oft in Begleitung eines Vierbeiners, habe ich auch schon manche Kuriosität entdeckt. Dazu zählen unter anderem ein »Bücher-Tauschbaum« und ein »Halloweenbaum«. Der Halloweenbaum hatte sich mit weißen Folien, die vom Feld hochgeweht waren, geschmückt. Sichtbar wurde dies, als der Baum die Blätter verlor.

Unter einer Eiche im Pfingstwäldchen liegen immer mal wieder Bücher. Inzwischen, auf mein Betreiben hin, in Plastiktüten verpackt, als Schutz gegen Schmutz und Nässe. Genaueres habe ich bisher dazu nicht in Erfahrung bringen können. Aber es ist schön, wenn man nicht immer alles gleich erfährt. So bleibt die Neugierde lebendig.

Hakan Akcit

Schulter an Schulter

Herr P. hatte nie genug Zeit. Immer war er in Eile, immer hetzten ihn Termine von einem Ort zum nächsten. Überhaupt konnte es Herrn P. nie schnell genug im Leben gehen. Wenn er auf der Autobahn fuhr, raste er die linke Spur entlang und regte sich über die langsam fahrenden Autos vor ihm auf. Wenn er ein wichtiges Telefonat führen wollte und die Sekretärin seines Gesprächspartners eine halbe Ewigkeit brauchte, bis sie seinen Anruf weiterleitete, war er immer kurz davor, in den Hörer zu fluchen. Selbst die studentische Aushilfskraft im Starbucks nervte ihn, da sie geschlagene fünf Minuten dafür benötigte, um seinen Espresso zuzubereiten. In solchen Momenten platze ihm fast der Kragen. Denn Herr P. war ein wichtiger Mann. Als stellvertretender Filialleiter einer großen Bank in Frankfurt am Main konnte er sich solche Unzulässigkeiten nicht leisten. Er hasste es, unpünktlich zu sein, und erwartete dieselbe Disziplin von allen

Menschen, die er in seinem Alltag antraf. Eine glänzende Karriere war ihm gewiss. Schon bald würde er den Posten seines Filialleiters übernehmen, der kurz vor der Pensionierung stand. Herr P. wollte kurz vor seiner Beförderung keine Fehler begehen, die seiner Karriere hätten schaden können. Wohin er auch blickte, glaubte er Neid in den Augen seiner Kollegen zu erkennen, die ihm gar nichts gönnen wollten.

An einem warmen Junitag wollte es der Zufall, dass Herr P. seine Mittagspause im Freien verbrachte. Grund hierfür war die auffällig hoch ausgefallene Handyrechnung vom Mai und als er wütend auf dem Weg zur nächsten Filiale seines Mobilfunkanbieters war, geriet er am Römerberg ungewollt in eine Demonstration. Zunächst bemerkte er nicht, dass es sich bei dem Gedränge vor ihm um die Teilnehmer einer Demonstration handelte. Er sah nicht die vielen bunten Plakate und Fahnen, die die Demonstranten in der Luft schwenkten. Er übersah auch die vielen Polizisten, die mit mürrischem Blick und abseits der Szenerie die Menschenmenge beobachteten. Er war tief in Gedanken versunken und zu sehr damit beschäftigt sich im Geiste die Worte zurechtzulegen, die er diesem Wucherer von Händler an den Kopf werfen wollte. Doch als die Menschen um ihn herum plötzlich Parolen riefen und lautstark applaudierten, bemerkte Herr P. zum ersten Mal, dass er sich nicht in einer alltäglichen Situation befand. Angepeitscht von einem bebrillten jungen Mann, der mit einem Lautsprecher in der Hand, wild gestikulierend eine Rede hielt, riefen die Menschen laut und abwechselnd: »Tayyip istifa!« und »*Faşizme karşı omuz omuza!*«

Herr P. schaute verdutzt um sich und sah die vielen Menschen, die sich versammelt hatten, um gegen irgendetwas oder irgendwen zu protestieren. Es dauerte nicht lange und er begriff, dass es sich bei der Demonstration um die Proteste gegen die türkische Regierung und den Ministerpräsidenten Erdoğan handelte. Herr P. hatte schon aus den Zeitungen von den Unruhen in der Türkei erfahren. Und auch wenn er sich nicht sonderlich für Politik interessierte, so ließen ihn die Geschehnisse in der Türkei nicht kalt, denn seine Herkunft verband ihn mit diesem Land. Auch wenn er der Sprache kaum mächtig war und das Land seit seiner Kindheit nicht besucht hatte, verfolgte er als Kind türkischer Einwanderer gelegentlich die türkischen Medien. Trotz seiner eingeschränkten Sprachkenntnisse wusste er, was diese Parolen bedeuteten. »Tayyip, tritt zurück!« und »Schulter an Schulter gegen den Faschismus!« riefen die Menschen.

Herr P. blieb stehen. Die Neugier hatte ihn gepackt. Die angeheizte Atmosphäre, die Parolen, die bunten Fahnen, die vielen Menschen: All das fesselte ihn und er war nicht mehr in der Lage, auch nur einen Schritt weiterzugehen. Er ließ seinen Blick über den Platz schweifen und sein geübtes Auge verriet ihm, dass sich etwa 800 Menschen versammelt hatten. Mit Zahlen kannte er sich gut aus. Er befand sich inmitten einer buntgemischten Menge. Menschen aus allen Altersgruppen waren anwesend: Schüler, Studenten, Hausfrauen und Mütter, junge zornige Männer, elegant gekleidete Frauen, Väter, die ihre Jüngsten auf den Schultern trugen, aber auch Türken der ersten Generation, ältere Frauen mit Kopftüchern und Männer mit Schnauzbart und ergrautem Haar. Hier und da herrschte hektisches Treiben, in Zweiergruppen bahnten sich junge Menschen mit einem Klemmbrett in der Hand ihren Weg durch die Menge und sprachen gezielt Demonstranten an, um sie zu überreden, einer Partei beizutreten. »Wir sind Mustafa Kemals Soldaten. Wir sind für den Laizismus und gegen das islamistische Regime der AKP!«, betonten sie immer wieder. Auch Herrn P. sprachen sie an, doch er winkte ab. Weder wollte er Mitglied einer Partei sein, noch der Soldat von irgendjemandem.

Vor dem Rathaus stand ein provisorisches Rednerpult, auf dem verschiedene Redner abwechselnd zu Wort kamen. Eine junge Frau ergriff das Wort und mit Entschlossenheit in der Stimme sprach sie zur Menge. »Ich glaube im Namen aller hier anwesenden Frauen zu sprechen, wenn ich sage, dass wir Frauen es leid sind, zu Gebärmaschinen degradiert zu werden. Wir sind es leid, dass Männer über unsere Körper bestimmen wollen. Sie legen uns nahe, mindestens drei Kinder zum Wohle des Vaterlandes zu gebären. Sie wollen bestimmen, ob und wann wir abtreiben dürfen. Sie maßen sich an, uns als Sünderin zu beschimpfen, wenn wir Shorts oder Röcke tragen. Und wenn wir schwanger sind, dürfen wir nicht mal mehr das Haus verlassen, denn das wäre unsittlich und eine Provokation für jeden tugendhaften Mann auf der Straße ...« Pfiffe und laute Buh-Rufe unterbrachen ihre Rede. »Tayyip, tritt zurück!« forderten die Menschen und immer lauter riefen sie: »Überall ist Taksim, überall ist Widerstand!«

Die explosive Stimmung elektrisierte Herrn P. und zog ihn weiter in seinen Bann. Er sah eine Entschlossenheit in den Gesichtern der Menschen, die ihn tief beeindruckte. Die Gesichter wirkten angespannt, zornig funkelten ihre Augen, wenn sie mit hochgestreckter und geballter Faust zum gemeinsamen Skandieren der Parolen ansetzten. Doch sobald sie die ersten Worte riefen, wich die Anspannung in den Gesichtern einer überwältigenden Freude, die Augen glänzten vor Glück und ein berauschtes Lächeln spiegelte die Ekstase wider, in der sich alle Anwesenden befanden. Die Menschen standen eng beieinander, applaudierten zusammen, Fremde nickten sich zu. Man bot sich Zigaretten an, tauschte Nummern aus und in den kurzen Redepausen wurde heftig über die weiteren Schritte diskutiert.

»Wir müssen die Weltgemeinschaft auf die Missstände in der Türkei aufmerksam machen!«, rief eine junge Studentin. »Wir müssen darüber schreiben, die Menschen informieren!«, pflichtete ein Exilschriftsteller bei. »Wir müssen weiter demonstrieren!«, jubelte ein Alt-Achtundsechziger. »Wir müssen kämpfen!«, brüllte ein zorniger, junger Mann.

Herr P. spürte, wie sein Herz im Rhythmus der Masse schlug. Er war in eine ihm sonst fremde Welt eingetaucht. All die Menschen um ihn herum hatten ein gemeinsames Ziel vor Augen. Sie alle hatten sich versammelt, weil derselbe Gedanke sie antrieb: der Widerstand gegen das autokratische Regime in der Türkei. Hier ging es nicht um Macht oder um die Propaganda einer politischen Partei. Die Menschen waren nicht aus purem Eigennutz erschienen oder um sich selbst darzustellen. Sie machten sich Sorgen um die Menschen in ihrer Heimat und wollten sie moralisch unterstützen. Sie waren wütend auf den Ministerpräsidenten Erdoğan und wollten, dass die Welt ihre Wut sah. Jeder Knüppel, der auf einen Demonstranten in der Türkei einschlug, traf auch sie. Die Verletzten waren ihre Brüder und Schwestern, jeder Tote ihr ganz persönlicher Verlust. Jede Gasbombe, die auf den Taksim-Platz fiel, verätzte auch ihre Lungen. Und ihre Lungen wollten atmen, genauso wie es die Menschen in der Türkei tun wollten: frei atmen, die Freiheit einatmen, tief und ohne Schmerzen, eine Luft ohne Gas und Repressionen.

Herr P. blickte in authentische Gesichter. Die Menschen hier fühlten aufrichtig. Hier sah er keine Verlogenheit und Neid wie er ihn sonst bei seinen Freunden und Arbeitskollegen empfand. Obwohl er niemanden kannte, fühlte er sich aufgenommen und empfand Geborgenheit. Eine ältere Frau vor ihm drehte sich zum Gerechtigkeitsbrunnen hin und sah zufällig zu ihm. Sie lächelten sich zu. Herrn P. pochte das Herz. Für einen Moment schloss er die Augen und spürte, wie ihm die Last des Alltags von den Schultern fiel. In diesem Augenblick kümmerte ihn seine Arbeit nicht mehr. Seine Karriere war ihm gleichgültig und der Konkurrenzkampf zuwider. Die Wut auf seinen Mobilfunkanbieter empfand er als lächerlich, die mürrisch blickenden Polizisten belustigten ihn und er schwor sich, sich nie wieder über die studentische Aushilfskraft im Starbucks aufzuregen.

Herr P. atmete ruhig aus und öffnete die Augen. Mittlerweile hielt die alte Frau vor ihm ein Plakat hoch. Er blickte unmittelbar in das Gesicht eines jungen Mannes, das auf dem Plakat abgebildet war. »Ethem *Sarısülük*«, las er, »ermordet am 12. Juni 2013«. Herr P. hatte darüber in den Zeitungen gelesen. Eine Polizeikugel hatte diesen jungen Mann getroffen und er verstarb noch an Ort und Stelle. Er dürfte nur einige Jahre jünger als ich gewesen sein, dachte er und sah sich das Foto genauer an. Das Gesicht des jungen Mannes strahlte Selbstbewusstsein aus. Er wirkte zielstrebig, und seine Augen waren zusammengekniffen, so als wenn er sein Ziel in der Ferne anvisieren würde. Herrn P. imponierte der entschlossene Ausdruck im Gesicht von Ethem Sarısülük. Er wurde ermordet, dachte Herr. P. Ohne Skrupel, einfach so ermordet.

Das ganze Leben hätte er noch vor sich gehabt, wenn er nicht einer Polizeikugel zum Opfer gefallen wäre. Genau wie die Menschen auf dem Römerberg in Frankfurt wollte Ethem Sarısülük damals in Ankara nur demonstrieren. Was hätte noch alles aus dem jungen Mann werden können? Ein Arzt, der Leben rettet. Ein Politiker, der das Land gestaltet. Oder ein Dichter, ein Mann des Volkes? Vater von zwei Kindern?

Eine Polizeikugel beraubte ihn seiner Visionen. Wenn er in Frankfurt gelebt hätte, wäre er jetzt noch am Leben. Er hätte von seinem Demonstrationsrecht Gebrauch gemacht und wäre anschließend nach Hause gegangen. Oder in das nächste Café, um mit seinen Freunden hitzige Diskussionen über Politik zu führen. Soweit sich Herr P. erinnern konnte, hatte sich die türkische Regierung bis dato nicht für dieses Verbrechen entschuldigt. Niemand war zurückgetreten und die Staatsanwälte ermittelten sehr zögerlich. Was für ein Skandal! Was für eine Verschwendung von Leben! Was für ein verlogenes Regime, dachte Herr P. Unbändige Wut machte sich in ihm breit.

Es herrschte Stille auf dem Römer. Einer der Redner hatte die Menschen aufgefordert, eine Schweigeminute für die Opfer einzulegen. Alle hielten sich daran, auch Herr P. Doch mit jeder Sekunde, die verstrich, steigerte sich seine Wut. Starr blickte er in das Gesicht von Ethem Sarısülük. Er spürte einen Kloß im Hals. Er versuchte sich zu beruhigen, doch es gelang ihm nicht. Die Schweigeminute wollte nicht enden. Er ballte beide Hände zu einer Faust. Etwas in ihm trieb ihn an, zu handeln, das Richtige zu tun, er selbst zu sein und seinem Gefühl freien Lauf zu lassen. Wieder atmete er tief ein, doch diesmal nicht zur Beruhigung, sondern um die Dämme in seinem Inneren zu brechen. Plötzlich streckte er seine rechte Faust in die Luft. Und während die Anderen noch schwiegen, brüllte er aus ganzer Seele, so laut er nur konnte und ohne das Ende der Schweigeminute abzuwarten: »Überall ist Taksim, überall ist Widerstand!«

Seine Stimme durchbrach das Schweigen. Sie war überall und an jeder Ecke des Römers zu hören. Einige Demonstranten drehten sich zu ihm und nickten ihm zu. Es dauerte nur wenige Sekunden und sie alle wurden von derselben Entschlossenheit, demselben berauschten Lächeln angesteckt, der sich nun auch auf seinem Gesicht widerspiegelte. Und plötzlich, wie auf Kommando, riefen alle im Chor: »Schulter an Schulter gegen den Faschismus!«

Ethem *Sarısülük wurde am 12. Juni 2013 bei einer Demonstration in Ankara von einer Polizeikugel tödlich in den Kopf getroffen und erlag seinen Verletzungen. Die Demonstration im Güvenpark von Ankara war als Solidaritätsbekundung für den Widerstand in Taksim geplant.*

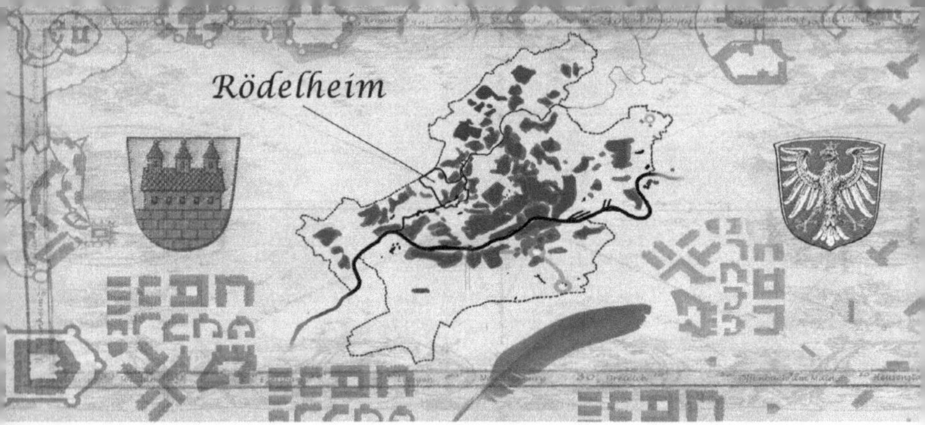

Astrid Keim

Juli im Herbst

Julis Blick gleitet durch das Zimmer und bleibt am Bücherregal hängen. Es reicht fast bis zur Decke, davor steht die kleine Wendeltreppe. Sie spielt kurz mit dem Gedanken, hinaufzusteigen und einen Kunstband herauszunehmen, verwirft ihn aber wieder. Der Anblick von Harmonie wäre jetzt unerträglich. Sie streicht über den polierten Marmor des Tisches, der kühl und glatt unter ihrer Hand liegt, betrachtet die alten Stiche Frankfurter Patrizierhäuser, die glänzenden Holzdielen des Bodens, die verschlungenen Ornamente des Teppichs, das Biedermeiersofa mit den beiden Sesseln. Ihre Traumwohnung, ihre und Ronalds, die sie gekauft hatten, um darin gemeinsam alt zu werden. Der Traum hat sich in Luft aufgelöst. Genau wie Ronald. Vor ein paar Wochen ist er ausgezogen. Von einer Stunde zur anderen. Einfach so. Zu einer anderen Frau. Ohne Vorwarnung. Zumindest ist ihr das damals so vorgekommen. Heute sieht sie das anders, aber im Nachhinein bekommen Signale auch einen anderen Stellenwert.

Ihr Geburtstag und »ein sonniges Gemüt« hatten eine der beiden Patentanten veranlasst, den Kosenamen »Juli« von Juliane abzuleiten, der von da an den Taufnamen ersetzte. Die Sonne jedoch ist aus ihrem Leben verschwunden. Eine schwarze Wolke absorbiert jeden Strahl. Nach zwanzig Jahren Zweisamkeit allein zu sein, das schmerzt. Nein, nicht ganz allein, denn Felis hat sich schnurrend neben sie gesetzt. Wenigstens die Katze ist ihr geblieben, fast so alt wie die Beziehung. »Biblisch«, hatte Ronald gesagt, »und teuer« hinzugefügt, in Anbetracht der häufigen Tierarztbesuche. Alle Krankheiten, die alte Menschen heimsuchen, können auch Tiere bekommen, das mussten sie lernen. Arthrose, Diabetes, Schwerhörigkeit und noch ein paar kleinere Defizite stellten sich ein, wenigstens ist die Demenz bis jetzt ausgeblieben.

Mit der Katze im Arm fühlt sich Juli ein bisschen besser. Da ist jemand, der sie liebt, jemand, der sie nie verlassen wird. Aber das hatte sie auch von Ronald gedacht. So viele Höhen und Tiefen, so viele gemeinsame Erlebnisse, so viele Tage und Nächte zusammen. Als er eines Morgens Brötchen holen ging, kehrte er mit einem prachtvollen Strauß dunkelroter Rosen zurück. »Für dich, nach der 1001sten Nacht.« Dieses Bild wird sie nie vergessen. Ronald mit den Rosen in der Tür, die dunkelblonden Locken im Gegenlicht, die goldbraunen Augen mit den grünen Sprenkeln blitzend vor Freude über die gelungene Überraschung. Juli kämpft mit den Tränen. Was ist geschehen, dass alles nicht mehr zählt? War sie sich zu sicher, war sie zu nachlässig? Vielleicht wäre alles anders gekommen, wenn sie aufmerksamer gewesen wäre, wenn sie versucht hätte, herauszubekommen, ob es Defizite gibt.

Das Klingeln des Telefons durchschneidet die Stille, und wie jedes Mal beginnt ihr Herz zu rasen: Das ist Ronald, er kommt zurück!

Ernüchtert erkennt sie die Nummer ihrer Freundin Beate auf dem Display. Beate ist Witwe. Seit drei Jahren. Manchmal beneidet Juli ihre Freundin, denn die kann wenigstens um ihren Mann trauern. Auf ihre pragmatische Art: »Es ist so, wie es ist, keiner kann etwas daran ändern«. Der Wunsch, das Geschick so fatalistisch hinnehmen zu können, nimmt überhand. Beate hat das Glück, mit gesundem Menschenverstand begabt zu sein, der nichts Unmögliches verlangt.

Juli zögert einen Augenblick und hebt dann den Hörer ab. Beate hat Neuigkeiten.

»Es gibt eine Disco in Rödelheim, ab fünfzig, einmal im Monat, genau heute. Wir gehen hin. Los, mach dich fertig. Du musst endlich mal wieder unter Leute. Um 23 Uhr hole ich dich ab.«

Keine Chance zur Widerrede, sie hat bereits aufgelegt. Clever, so schafft man vollendete Tatsachen. Juli schaut auf die Uhr: Kurz nach neun. Es bliebe also noch genügend Zeit. Ein Gefühl heftigen Widerstrebens lässt sie jedoch aufs Sofa sinken.

Lauter lebensfrohe, aufgeschlossene Menschen, und sie ist die einzige Verlassene. Sie kann keine glücklichen Leute ertragen, sie will Unglückliche um sich haben, solche, denen es so geht wie ihr.

Als hätte Beate auf dieses Stichwort gewartet, ruft sie erneut an.

»Weißt du schon, was du anziehst? Also ich an deiner Stelle würde zu was Gewagtem greifen, du brauchst dich wirklich nicht zu verstecken.«

Das sagt sie immer, denn nur allzu gerne würde sie zu Gewagterem greifen, hadert aber ständig mit ihren paar Kilo Übergewicht. Obwohl ihre Figur gut proportioniert ist, weiblich eben, mit den Rundungen am richtigen Platz. Juli kann sich nicht an einzigen Tag in den vielen Jahren erinnern, an dem keine Diät angesagt war. Als es Beate in den frühen Siebzigern tatsächlich einmal gelungen war, sich auf ihr Traumgewicht zu kasteien, kamen auf der Stelle Hotpants ins Haus, die sie gut und gerne drei Wochen ausführen konnte, bevor ihr Körper in die gewohnte Form zurückkehrte.

Immerhin hat der zweite Anruf zur Entscheidungsfindung beigetragen, und Juli beginnt im Geiste, ihre Garderobe durchzugehen. Eigentlich steht ihr der Sinn nicht nach »Gewagtem«, da ist sie eher konservativ. Und nicht mehr so ganz jung. Sie findet es albern, wenn Frauen ihres Alters auf jung machen. Das fing schon früh an, im Nachhinein gesehen vielleicht etwas übertrieben. Dem 30. Geburtstag fielen die langen Haare zum Opfer, um nicht von hinten wie ein junges Mädchen auszusehen. Keinen sollte der Schlag treffen, wenn Juli sich umdrehte. »Von hinten Lyzeum, von vorne Museum«, diesen bösen Spruch hatten sie als Kinder reifen Damen um die dreißig nachgerufen. Das hat geprägt. Das sitzt fest, dem gilt es vorzubeugen. Sie beschließt, sofort mit einer Ganzkörperinspektion anzufangen. Sie zieht sich aus und stellt sich vor den bodenhohen Spiegel.

Das Gewicht hat sich im Laufe der Jahrzehnte kaum verändert, konstatiert sie befriedigt. Keine Diäten, folglich kein Jo-Jo Effekt. Der Körper hat leider gelitten.

Zu wenig Luft, denkt sie, ich sehe aus wie ein Luftballon mit zu wenig Luft. Die Haltung könnte besser sein, darauf muss sie achten. Schultern zurück, und schon hebt sich der Busen. Was hat sie ihre Schulfreundin Brigitte beneidet, die schon mit elf ihren ersten BH brauchte! Jetzt ist sie froh über ihre eher bescheidene Ausstattung. Wo nicht viel ist, kann auch nicht viel hängen.

Soweit es möglich ist, die Kehrseite zu begutachten, halten sich die Folgen der Schwerkraft und des Collagenverlustes offenbar in Grenzen, aber die Arme bereiten Sorgen. Statt geschmeidiger Festigkeit lockere Haut. Sie wird Hanteln kaufen, am besten gleich in verschiedenen Größen, damit der Muskelaufbau gefördert wird. Und vielleicht auch Gewichte für die Fußgelenke, um damit zu joggen. Das wäre gut für Beine und Bauch. Halbe Sachen bringen auch nur halben Erfolg. Damit braucht man sich erst gar nicht abzugeben.

Da fällt ihr etwas ein: In ihrem Besitz befindet sich ein Folterinstrument, das hat sie geschenkt bekommen und niemals verwendet. Doch jetzt ist die Zeit reif, um sich damit zu konfrontieren: Die Stunde der Wahrheit ist angebrochen. Sie wühlt das Schuhregal durch und wird in der obersten Etage fündig. Dorthin ist alles verbannt, was nicht direkt zum Wohlbefinden beiträgt, möglicherweise aber irgendwann noch nützlich sein könnte.

Auch der Vergrößerungsspiegel.

Nun heißt es, der Realität ins Auge zu sehen, und die bestätigt ihre Befürchtungen. Aus freundlichen Lachfältchen sind gemeine Knitterfalten geworden, sogar um den Mund. Ihr wird siedend heiß: Wahrscheinlich hat er sie deshalb verlassen. Sie ruft Beate an. Die schnaubt nur verächtlich, erklärt, was von diesem Blödsinn zu halten sei, lässt mehrmals die Worte »Männer« und »schwanzgesteuert« fallen und drängt auf Beeilung, denn in einer Viertelstunde sei sie da.

Was war das? Juli ist perplex. Soll ihr ganzes Drama etwa so krude abgehandelt werden? Oder ist Beate der Geduldsfaden gerissen, nach wochenlanger therapeutischer Betreuung des Seelenschmerzes ihrer Freundin? Das muss genauer beleuchtet werden, so einfach kommt sie nicht davon, entscheidet Juli. Und schließt den Spiegel weg, bevor er noch schlimmeren Schaden anrichten kann.

Wie immer forsch auf dem Gaspedal, fädelt sich Beate durch die Stadt. Wie durch ein Wunder wird gerade ein Parkplatz frei, und sie haben es nicht mehr weit. Juli kommt die Situation unwirklich vor, denn die Sache mit den Discos hatten sie und Ronald schon lange ad acta gelegt. Zum letzten Mal muss es 1992 gewesen sein, als sie im *Cooky's* waren. Längst vorbei die Zeiten, in denen man sich bekifft im *Mackie Messer* gegenüber der Universitätsbibliothek die Nächte um die Ohren schlug und die Tage im *Heidi Loves You* auf der Bockenheimer. Heidis Mann, Herr Hübsch, konvertierte später zum Islam, legte sich einen schwer auszusprechenden Vornamen zu und geisterte zuweilen noch durch die Gazetten, bis ihn vor einem Jahr das Schicksal ereilte. Von Heidi hat man nie mehr etwas gehört.

Komisch, dass sie sich nach Jahrzehnten darüber Gedanken macht, was wohl aus ihr geworden ist ... Aber aus und vorbei, nicht zurückblicken. Auf ein Neues! Diesmal in Rödelheim! Was spricht gegen Disco? Vor 20 Jahren hätte sie sich bei der Vorstellung von Scheintoten ihres Alters mit ihren ungelenken Bewegungen totgelacht. Heute lacht sie über diese beschränkte Vorstellung. Schließlich gehört sie zu den *Alten aus Frankfurt:* Die haben die wilden 60er und 70er erlebt, das hat sie geprägt. Da haben sie den Schlaffis von heute was voraus. Schon in Bezug auf Ausdauer. Die lernten sie nämlich auf den Demos, wenn sie auf der Flucht vor der Polizei durchs ganze Westend hetzten.

Der erste Eindruck ist vielversprechend. Ein Grüppchen nicht unattraktiver Herren macht eine Zigarettenpause vor dem Eingang des alten Literaturhauses, aus dem Inneren fetzt »Highway to Hell«. Im prachtvollen Foyer drängen sich die Massen auf der Tanzfläche. Juli schaut genauer hin und ist ernüchtert, wirft Beate einen fragenden Blick zu. Merkt sie es auch? Eine wilde Meute herumhopsender Frauen, dazwischen ganz vereinzelte männliche Exemplare, deren ungelenke Bewegungen dem Takt die Stirn bieten. Wo sind die unternehmungslustigen, vitalen, in der Blüte ihrer Jahre stehenden Grauen Panther? Auf dem Weg zum Tresen fühlt sie sich von einer dürren Gestalt, mit schwarzer Persianermütze der Hitze trotzend, ins Fadenkreuz genommen. Schnell wendet sie den Blick ab. Er sieht aus wie hundert und hat ein Gebiss.

Vielleicht hilft ein bisschen Alkohol. Viel Auswahl gibt es nicht: Rotwein, Weißwein, Bier. Mit einem Glas Wein in der Hand lässt sie die Blicke schweifen. Beate ist bereits im Getümmel verschwunden. Keine der Tanzenden scheint etwas zu vermissen, und plötzlich wird auch sie von einer Woge heftigster weiblicher Solidarität überschwemmt. »Born to be Wild«! Die Menge nimmt sie auf.

Zwei Gläser und etliche heiße Rhythmen später sieht sie Beate wieder, heftig flirtend mit einem Youngster von höchstens 45. Wieso haben so junge Kerle Zutritt? Heiratsschwindler, geht ihr durch den Sinn, ich muss sie warnen, aber Beate winkt nur genervt ab, als sie ihr den Verdacht ins Ohr flüstert. Also dann, wer nicht hören will, muss die Konsequenzen tragen.

Sie lehnt sich verschwitzt und angetrunken gegen die Brüstung des ersten Stocks und betrachtet die wogende Menge. Auch, um vielleicht doch noch einen ansehnlichen Herrn zu entdecken. Früher ist es ihr leicht gefallen, dem Objekt ihrer Begierde Interesse zu signalisieren, statt darauf zu warten, eventuell angesprochen zu werden. Lieber ergriff sie selbst die Initiative, wohl wissend, dass es nichts Leichteres gab, als einen Mann um den Finger zu wickeln. Testosteron wird von Östrogen so magisch angezogen wie die Stechmücke von Parfüm. Da spielt das Aussehen nur eine periphere Rolle, die Andeutung sexueller Willigkeit ist das, was zählt. Zumindest war das früher so.

Ihr wird klar, dass sie keinen Schimmer hat, wie sich das heute verhalten könnte. Nach 20 monogamen Jahren mit Ronald fehlt die Übung. Vor ihm war Treue nicht gerade ihre Stärke. Selbst in festen Beziehungen war es ihr schwergefallen, Verlockungen zu widerstehen, und allzu oft hatte die Schwäche des

Fleisches den Sieg davongetragen. Mit Ronald jedoch änderte sich alles. Er nahm ihr das Gefühl, etwas zu versäumen, war Fels in der Brandung, teilte Vorlieben und Abneigungen. Sie waren einfach kompatibel. Sogar in beruflicher Hinsicht. Ihre vehemente Blutphobie hatte das Medizinstudium verhindert (und, um ehrlich zu sein, auch der Numerus clausus), sodass die Wahl auf Biologie gefallen war. Nach einigen Anlaufschwierigkeiten fand sich schließlich eine Stelle in einem pharmazeutischen Betrieb. Hier lernte sie auch Ronald kennen, der dort als Chemiker arbeitete.

Alles passte von Anfang an, und der Drang nach Abenteuern verschwand von einem Tag auf den anderen. Juli hätte sich in dieser Partnerschaft sogar ein Kind vorstellen können, aber die Natur machte einen Strich durch die Rechnung. Beide nahmen es hin – Ronald leichter als sie – ohne weitere Versuche zu unternehmen, das Schicksal zu wenden. So kam es, dass Felis allmählich den leeren Platz einnahm und als Ersatzkind von Juli adoptiert wurde.

Die Rückschau trägt nicht gerade zur Hebung der Stimmung bei, und Juli versucht sich zu motivieren. Wenigstens muss sie sich auf dem Sterbebett nicht vorwerfen, früher etwas ausgelassen zu haben, stellt sie nicht ohne Befriedigung fest, aber wenn sie weiter Trübsal bläst, wird sich nichts ändern. Sie gibt sich einen Ruck und nimmt die anwesenden Herren hinsichtlich der Schwäche des Fleisches genauer in Augenschein. Vielleicht wäre es an der Zeit, einen neuen Versuch zu starten. Doch ehe sie ihr Vorhaben in die Tat umsetzen kann, erfolgt ein Versuch von unerwarteter Seite.

»Bist Du allein hier?«

Die Stimme ertönt hinter ihrem Rücken. Sofort fühlt sie sich entlarvt. Jemand hat sie geoutet. Jemand zählt sie zu den Einsamen, den Verlassenen. Jemand hat Mitleid mit ihr. Das hat gerade noch gefehlt. Schroff dreht sie sich zu einem drahtigen Typ um, in der Absicht, ihn zurechtzuweisen. Er hat im toten Winkel gelauert und die Gelegenheit beim Schopf ergriffen. Ein Blick genügt jedoch, um die Befürchtung zu zerstreuen. Kein Zeichen von Mauerblümchenmitgefühl, konstatiert sie erleichtert und schaut genauer hin. Die Frage ist zwar nicht besonders originell, der Fragende aber nicht uninteressant. Ein bisschen alt vielleicht, aber weder Knollennase noch Bauch. Alles in allem ganz ansehnlich, wenn man keine allzu hohen Ansprüche stellt – und sie beschließt, ihm eine Chance zu geben.

»Es gibt hier so wenig attraktive Frauen«, raspelt er Süßholz, »ich habe schon nicht mehr geglaubt, dass mir doch noch eine über den Weg läuft«.

Sofort regt sich Widerstand. So nicht mein Lieber, so legst du mich nicht aufs Kreuz – und schon ist sie dabei, den Rückzug anzutreten.

»Du bist bestimmt Löwe, von der Ausstrahlung her ganz eindeutig«, fährt er fort.

Verblüfft hält sie mitten in der Bewegung inne. Treffer.

»50 bist du aber noch nicht«, lächelt er charmant.

Kein Treffer, aber die Feststellung schmeichelt. Und erfordert auch nicht unbedingt ein Dementi.

Schadet nichts, wenn er das glaubt. Zumal es eigentlich auch keine Rolle spielt, entscheidet sie und lächelt zurück.

Das Spiel kann beginnen. Sofort finden sich grundlegende Übereinstimmungen. Zum Beispiel, dass es für beide das erste Mal ist, die Senioren-Disco. Außerdem ist er Hobbykoch. Das trifft sich gut: Er kann kochen, sie kann essen. Darin ist sie versiert. Ihr größtes Vergnügen und das ihres Verflossenen war die touristische Erschließung von Sterne-Restaurants inner- und außerhalb der Republik. Es stellt sich heraus, dass beide auch noch den gleichen Aszendenten haben.

»Interessierst du dich für Astrologie?«, fragt sie neugierig und erfährt, dass seine frühere Freundin ihm dieses Thema nähergebracht hat. Wieder eine Gemeinsamkeit. Bei ihr verhielt es sich ähnlich. Auf einer Geburtstagsfeier waren die unglaublichen Vorhersagen eines Horoskops Gesprächsthema, die allesamt eingetroffen waren. Das war der Auslöser, sich mit der Materie zu befassen. Sie lernte Handlesen und sogar, Geburtshoroskope anzufertigen, die sie künstlerisch gestaltete. Ihr Freundeskreis zeigte sich fasziniert. Um wessen Horoskop es sich auch handelte, der Erfolg war verblüffend, die Trefferquote beeindruckend. Sie begann, sich für ein spirituelles Naturtalent zu halten, bis im Fernsehen eine Sendung kam. Man hatte zwölf Probanden nach ihrem Geburtsdatum mit Uhrzeitangabe befragt und ihnen ein exaktes Horoskop versprochen. Tatsächlich erhielten alle das Horoskop des berühmten Massenmörders Haarmann, der in den Zwanzigerjahren sein Unwesen trieb. Und siehe da: Jeder war erstaunt über die Genauigkeit, mit der die Ereignisse seines Lebens dargestellt waren. In diesem Moment kam ihr die Erleuchtung: Es wird selektiv gelesen. Jeder sucht sich das heraus, was passt, alles andere wird ignoriert. Und Allgemeinplätze treffen auf jeden zu. Wer möchte nicht zustimmen, dass er sich mehr um andere kümmert als um sich selbst, wem leuchtet es nicht ein, dass schwerwiegende Ereignisse in der Kindheit einen Schatten auf das spätere Leben werfen? Seit diesem Zeitpunkt ist die Begeisterung verflogen, aber nicht der Spaß daran, zuweilen das Blaue vom Himmel aus Händen zu lesen. Alle hängen gebannt an ihren Lippen. Es bilden sich Schlangen, jeder will drankommen, jeder ist überwältigt von den Wahrheiten, die er zu hören bekommt. Und dann: »Ätsch, reingelegt, alles erfunden!« Aber das Schönste, keiner will es glauben. Alle sind überzeugt, dass genau das Richtige dem Unterbewusstsein entsprungen sei. So viele Zusammentreffen können kein Zufall sein.

Juli überlegt einen Moment, ob sie eine Zusammenfassung dieser Erfahrungen geben soll, entscheidet sich aber dagegen, denn damit könnte man den ganzen Abend zubringen. Stattdessen setzen sich beide in einen Nebenraum zum Plaudern. Kurz meldet sich das schlechte Gewissen, als sie an Beate denkt. Sie hätte mehr Nachdruck an den Tag legen müssen, um sie aus den Klauen des Heiratsschwindlers zu befreien. Doch es wäre ohnehin zu spät, wie sich später herausstellt, denn Beate hat bereits die Kurve gekratzt. Mit besagtem Schwindler.

Ganz gegen ihre Gewohnheit holt Juli ein drittes Glas Wein. Zum Lockerwerden, beruhigt sie sich, gleichzeitig aber den Kater ahnend, der morgen auf dem Fuße folgen wird. Aber heute ist heute. Und ihr Gegenüber ein sehr angenehmer Gesellschafter. Und schlecht sieht er wirklich nicht aus, das muss man ihm lassen. Dieser Meinung sind offenbar auch andere Damen, denn neidische Blicke streifen ihren Begleiter.

Ja schaut nur, mir ist es gelungen, jemanden Vorzeigbares an meiner Seite zu haben, obwohl ich gar nichts dazu tun musste.

Das Gespräch wendet sich der persönlichen Ebene zu, und ehe sie sich versieht, erzählt sie von der Trennung. Er streicht ihr sanft und mitfühlend über die Haare, schaut ihr tief in die Augen, sucht nach ihrer Hand, bittet um ihre Telefonnummer, gibt ihr seine.

Das wird brenzlig, das steuert in gefährliches Wasser. Sie sucht nach einem neutraleren Thema und schlägt den Haken zum Chinesischen Horoskop. Er ist Schlange, sie Schwein. Es kommt ihr so vor, als träfe sie ein abschätzender Blick.

»Ich bin jünger als du.« Das klingt eher nach Vorwurf als nach Feststellung. Er blickt auf die Uhr, stellt mit Verwunderung fest, wie spät es schon sei und dass er am nächsten Tag früh raus müsse. Die Verabschiedung geht schnell über die Bühne, mit einem Wangenküsschen und dem Versprechen, anzurufen.

Völlig perplex, verunsichert und leicht schwankend steigt sie in ein Taxi und lässt sich nach Hause fahren.

Sofort nach Betreten der Wohnung und bevor der Geruch Gefahr signalisiert, ist sie schon in Katzenscheiße getreten. Schimpfen ist zwecklos. Zum einen ist die dazugehörende Katze fast taub, zum anderen sehr gebrechlich. Vermutlich wollte sie nur aus Langeweile ein bisschen Ärger machen. Wenigstens liegt der Haufen auf den Dielen und nicht auf dem Teppich, und die Ungehörigkeit ist längst vergessen, das beweist der unschuldige Blick und das vertrauensvolle Schnurren, mit dem die Begrüßung erfolgt. Resigniert, mit angehaltenem Atem, wischt Juli den Dreck weg und versprüht in Ermangelung von Raumspray eine gehörige Dosis Deo. Felis blickt indigniert zu ihr hoch, niest und entfernt sich mit erhobenem Schwanz.

Der obligatorische Blick auf den Anrufbeantworter bringt die erwartete Enttäuschung. Keine neue Nachricht. Vier Monate sind jetzt schon vergangen ohne ein Lebenszeichen von Ronald. Es ist, als hätte ihn der Erdboden verschluckt. Auch bei Freunden meldet er sich offenbar nicht, denn das wäre ihr mit Sicherheit zugetragen worden.

Zwei Dinge sind, Müdigkeit und Frustration zum Trotz, auch heute noch zu erledigen, bevor sie ins Bett gehen kann: die Insulinspritze für Felis und eine zerdrückte Tablette gegen Schilddrüsenüberfunktion, umhüllt von Diät-Leberwurst der bevorzugten Sorte. Aber das ist mittlerweile Routine. Beide schicken sich ins Unvermeidliche, und das Prozedere geht schnell vonstatten.

›Rödelheimer Schneegestöber‹

Zutaten:
200 g reifer Camembert, 200 g Quark, 100 g Butter, 2 EL feingehackte Radieschen, 2 EL feingehackte Zwiebeln, ½ TL Senf, 1 Prise weißer Pfeffer, 1 TL Kümmel, 1 Schuss Apfelwein zum Glattrühren

Zubereitung:
In einer große Schüssel Camembert mit einer Gabel zerdrücken, Butter, Quark und Apfelwein dazugeben und glattrühren. Radieschen, Zwiebeln, Senf, Pfeffer und Kümmel untermischen, gut rühren und im Kühlschank kalt stellen. Garnieren Sie mit Schnittlauch und servieren Sie das Schneegestöber mit Brezeln oder Holzofenbrot und Apfelwein.

Doris Lerche

Der Osthafen, die Zeit und ich

2007 Es gibt die Liebhaber des Morbiden, Bröckelnden, die in jedem heruntergekommenen Haus eine Seele wittern. Und es gibt diejenigen, die den zartesten Hauch Patina umgehend mit Essigreiniger entfernen. Ich gehöre zur ersten Sorte. Ich begeistere mich für blätternde Farbe, abgestoßene Kanten, schiefgewetzte Treppen – und natürlich für die verrotteten Industrieanlagen am Osthafen bei mir um die Ecke.

Es ist ein warmer Spätsommertag. Ich balanciere über Schienen, springe von Bahnschwelle zu Bahnschwelle. Rostige Reste von Industrieschrott. Überwucherte Mauerfundamente. Mannsgroße Bündel gelber Königskerzen, die langsam verblühen. Seit Jahren erkundige ich das Gelände und jammere – wie alle Romantiker – über die Modernisierung unserer Welt.

Wenn Sie ähnlich geartet sind wie ich: machen Sie sich möglichst bald auf, denn diese Mischung aus Wildnis und musealen

Resten einer Vorkriegsindustrie wird es dort nicht mehr lange geben. Neue Firmen haben sich bereits niedergelassen mit ihren glatten Fassaden, asphaltierten Zufahrten. Die bemoosten Inseln zwischen den Schienensträngen werden verschwinden. Der Fußweg zum Schwedler See wird kein Abenteuer mehr sein. Auch die künftige Europäische Zentralbank wirft längst ihre Schatten über das Mainufer.

Die unordentliche Natur ist bereits gestutzt, der blühende Dschungel in Stadtnähe niedergewalzt. Adrette Platanen – alle gleich groß und im gleichen Abstand gepflanzt – säumen nun den neu gepflasterten Weg: ich laufe durch einen gepflegten Garten am Fluss.

Nein, hässlich ist das Neue keineswegs. Es ist sogar praktisch, wie das Schild »Liegewiese« mit durchkreuztem Hund, Grill und Ball erläutert. Ich kann nun auf dem geschorenen Rasen Zeitung lesen oder, beschattet von Baumkronen, auf einer Bank sitzen und den futuristischen Techno-Kinderspielplatz anstaunen, den ich zunächst für eine Ansammlung seltsamer Trimm-Dich-Geräte gehalten habe.

Dennoch: Romantiker leiden, wenn ein Angestellter des Gartenbauamtes beginnt, den mit Natursteinen befestigen Hang von allem Grün zu säubern.

»Halt!«, schreie ich spontan, übertöne sogar den Lärm der Spezialreinigungsmaschine, und der grüngekleidete Mann hält inne. »Nicht die Königskerzen!«, rufe ich, »Jeden Morgen beim Joggen freue ich mich über alles, was hier wächst und blüht.«

»Das ist doch nur Unkraut!«, murrt der Mann, geht aber nun zum Mähen des Rasens über. »Morgen mache ich weiter«, droht er.

Er kommt nicht wieder. Bis heute grünt es zwischen den Ritzen der Steine. Ein Überraschungserfolg.

Oben auf der Anhöhe breitet sich eine weite, brachliegende Ebene bis zur Großmarkthalle aus, bestanden mit einzelnen Büschen und Bäumchen, zerschnitten durch einen hohen Drahtzaun, der das künftige Gelände der EZB markiert.

So könnte alles bleiben, nur ohne Zaun, denke ich, und sich allmählich zum Naturschutzgebiet entwickeln. Dichte Schmetterlingssträucher wuchern bereits den Zaun entlang, als habe man sie angepflanzt. Zwischen Bahnschienen haben sich üppige Biotope ausgebreitet: Johanneskraut, Schafgarbe, Disteln, Schöllkraut, Natterkopf, Holunder, Brombeere, Brennnessel, sowie zahllose buschige Bäumchen, die – wenn ich die herzförmigen Blätter richtig identifiziere – einmal Birken werden wollen. Sogar oben auf dem Pfosten der Eisenbahnbrücke wachsen sie.

Die denkmalgeschützte Großmarkthalle – um die verbissen gefeilscht wurde – wäre das ideale Kulturzentrum, fantasiere ich wehmütig, während ich, wie so oft, bewundernd am Zaun stehe. Was für ein Schmuckstück, dieses Gebäude, wie es breit und altehrwürdig am Ufer des Mains lagert. Die Annexbauten rechts und links, die abgerissen werden sollen, könnten herrliche Ateliers beherbergen. Die Halle ließe sich aufteilen in Konzertsaal, Theaterbühne und Galerie. Außerdem gäbe es Proberäume für Musiker und Schauspieler. Und natürlich gut isolierte Zimmer für Autoren, die in Ruhe ihren aktuellen Roman fertigstellen wollen. Draußen, im weiträumigen Garten, einer gepflegten Wildnis, könnten sich die Künstler entspannen. Aus schönen alten Gebäuden mache ich immer gleich Kulturzentren.

Das liebenswürdig improvisierte »Pflasterstrand-Café«, nostalgisch erinnernd an die gleichnamige Sponti-Zeitschrift, die später zum »Journal Frankfurt« mutierte – würde natürlich bleiben, wenn ich die Stadtplanung in die Hand nähme. Es würde nicht, wie vorgesehen, einem gestylten »Riverside-Café« Platz machen. Gäste könnten weiterhin, ein Kissen im Rücken, auf einem der hölzernen Anhängerkarren lagern, die hier zu gemütlichen Sitzgelegenheiten umfunktioniert sind. Mit ihren verblassten Aufschriften wie »Adria« oder »Fink Frucht« erinnern sie an die Anfangszeiten der Großmarkthalle um 1928, als sie begann, ein lebhafter internationaler Gemüseumschlagplatz zu werden. Von der Deportation jüdischer Mitbürgerinnen und Mitbürger entdecke ich keine Spuren. Dabei fand genau hier, am »Bahnhof Großmarkthalle« der Abtransport von 1180 Juden statt. Nur drei von ihnen überlebten. Man müsste eine Gedenkstätte errichten und im Kulturzentrum regelmäßig Veranstaltungen zu diesem beklemmenden Teil der deutschen Geschichte anbieten, fantasiere ich.

Die selbstgebastelten Hütten der Obdachlosen – kleine unbeachtete Kunstwerke aus Abfall, Brettern und Schrott in exklusiver Lage – haben schon vor Jahren noblen Wohnquadern Platz gemacht. Den gleichen Quadern wie im Hamburger Hafen. Mit vermutlich denselben Gartenanlagen voll künstlich zusammengestellter Exoten, die bemüht sind, mit den einheimischen Pflanzen eine Einheit zu bilden.

Doch genug der Klagen, denen Träumerinnen und Träumer so gerne hingeben! Wenn ich also davon ausgehe, dass die Dinge nicht bleiben wie sie sind, dass die wilde Natur der Stadtplanung weichen muss wie überall – dann spinne ich mal in die Gegenrichtung: Wunderbar wäre ein Strandbad an der Weseler Werft, direkt unterhalb des großen Platzes, wo im Sommer die Kulturzelte aufgebaut werden. Oder, falls beides zu sehr miteinander konkurriert – vielleicht weiter hinten, zwischen Deutschherrnbrücke und Honsellbrücke. Hier breitet sich eine riesige sandige Fläche aus, die – bestanden von einem Wald üppiger Schmetterlingssträucher – nur darauf wartet, bebaut zu werden. Wäre das nicht ein passender neuer Platz für den »Pflasterstrand«? Und gleich daneben der Eingang zu einem im Main schwimmenden Badesee?

Der hochkarätige Luxus-Blick auf Frankfurts Skyline wäre zwar verloren – aber dafür gäbe es den auch nicht zu verachtenden Blick auf das jenseitige Mainufer mit seinen alten Bäumen. Den hässlichen flachen Industriebau an der Nordseite hätte man im Rücken. Die Räume unter der Honsellbrücke könnte man für besondere Veranstaltungen nutzen. Optimal wäre ein literarischer Salon, verbunden mit Teestube oder Tapas-Bar. Die geplante Brückenverlängerung würde leider den Verkehrslärm verstärken. Ein kleiner Wermutstropfen.

Ich schlendere über die Schienen. Überall blitzen bizarr geformte Metallteile. Eine Freundin sucht hier regelmäßig nach verrostetem Metall, das sie zu originellem Schmuck verarbeitet. Auf den niedrigen Kaimauern sitzen Möwen. Der kühle Geruch des Wassers weht zu mir herüber. Die Luft fühlt sich herbstlich an, trotz der Sonne.

2015 Macht demonstriert sich durch Größe und Lautstärke. Traditionell überragten die Kirchen Rathaus und Justizgebäude und drangen mit ihrem Glockengeläute in jedes noch so ungläubige Schlafzimmer. Die Europäische Zentralbank ist groß und still. Trotz der gewaltigen Ausmaße wirkt der Turm mit seinen schräg gegeneinander geneigten, intransparent verglasten Trapezflächen überraschend leicht. Weithin sichtbar, in der Sonne schimmernd, dominiert er das gesamte Ostend.

Zu beiden Seiten des Turms liegen die durch einen massiven Keil verstümmelten Reste der ehemaligen Großmarkthalle. In dem schmalen Raum zwischen Turm und Halle krümmen sich eingeklemmte, verdruckste Verbindungsgänge wie architektonische Notlösungen, die sich vor der Öffentlichkeit verbergen wollen.

Jeden Morgen gegen sechs jogge ich an der EZB vorbei. Ich war Zeugin des endlos kläglichen Baustopps – die in machtbewusste Höhe gestiegenen Baukosten waren mit der Bankenkrise zusammen gefallen – und ich habe erlebt, wie sich der gläserne Palast dann doch immer höher gen Himmel schob, bis er nun protzig vor meinem Balkon aufragt und mir meinen Ausblick versperrt.

Das geplante »Riverside Café« heißt nun »Oosten« und ist – wie versprochen – durchaus ein »Café für alle Bürger« geworden, mit seinen trotz des exklusiven Standortes erträglichen Preisen. Die »Familie Montez« vom Kunstverein hat sich derweil in der Honsellbrücke niedergelassen und sich mit Dixi-WC, bescheidenen Ausstellungen und gemütlichem Sperrmüll-Mobiliar eine Art Alternativ-Café zurechtgebastelt – leider weit entfernt von der Aura des »Pflasterstrandes«. Die gleichbleibend kleine Kaffeemaschine zeigt, dass es hier nicht ums schnöde Geld-Verdienen geht. Bei schönstem Sonnenwetter stehen wir oft vor verschlossener Tür. (P.S. Das war einmal. Inzwischen hat sich der Ort zu einem originellen, gemütlichen, anspruchsvollen Kreativ-Zentrum gemausert. Der Kaffee schmeckt – ebenso wie der selbstgebackene Kuchen. Und die Öffnungszeiten werden eingehalten.)

Zwischen den beiden Cafés breiten sich gepflegte Sportanlagen aus, vor allem das Skater-Gelände wird von den Jugendlichen – viele sind Migrantenkinder – begeistert angenommen. Die inzwischen asphaltierte Hafenstraße säumen nun funktionale Gewerbe-Gebäude, schnell hochgezogen wie mit Fertigteilen aus dem Legobaukasten. Der von Unkraut überwucherte Charme des Osthafens ist endgültig dahin.

Immer, wenn Occupy vor der alten EZB demonstrierte – schwappte ein bisschen Widerstands-Flair zur Baustelle im Ostend hinüber. Polizeiautos zogen sich vor dem hohen Bauzaun zusammen, den man vorsorglich mit dicht gerolltem Natodraht gesichert hatte.

Eines Morgens in aller Frühe, als ich arglos meine Joggingstrecke zwischen Main und EZB entlanglaufe, trifft mich ein Schock: hoch oben, im gerollten Stacheldraht wehen Fetzen von zerrissener Kleidung über den ganzen langen Bauzaun hinweg. Ein makabres nächtliches Happening. Als ich kurz darauf mit gezückter Kamera zurück zum Zaun komme, sind bereits sämtliche Kleidungsfetzen entfernt. Niemand hat also dokumentieren können, was nachts an Europas Grenzzaun passiert war. Ist Kunst derart gefährlich? Ist Europa derart ängstlich?

Am 18. März 2015 soll die offizielle Eröffnung des neuen EZB-Gebäudes stattfinden – »nur eine winzige Feier von 25 Leuten« teilt man bescheiden der Presse mit. DGB und Blockupy haben schon Wochen zuvor Aktionen angekündigt. Die angemeldeten Demonstrationen sollen gegen Mittag beginnen. Meine morgendliche Joggingstrecke ist von der Polizei abgeriegelt, also laufe ich den Anlagenring entlang. Natürlich rechne ich morgens um sechs noch nicht mit gewalttätigen Demonstranten. Doch da kommen mir Horden von jungen Männern entgegen marschiert. Ich – die ich an unzähligen Demonstrationen teilgenommen habe – denke nur erschrocken: Was haben diese Kerle da für Stangen und unförmige Kästen in ihren großen Rucksäcken? Was sind das überhaupt für Leute? Warum gucken die derart verbissen? Und schon sehe ich mitten auf der Straße Flammen hochlodern. Ich laufe zurück zur Flößerbrücke. Auch hier, auf der Kreuzung, schlagen Flammen empor. Der schwarze Qualm von brennenden Autoreifen beißt in den Augen.

Der Überraschungs-Coup gelingt perfekt. Es dauert eine ganze Weile, bis die ersten Polizisten auftauchen. Sie werden mit einem Stein-Geprassel empfangen.

Nachschub findet sich bergeweise auf dem Gelände des abgerissenen »Sudfass«. Ohne Unterlass hagelt es Steine. Sogar ein Rettungswagen wird bombardiert.

Wie ich kurz darauf erfahre, haben an vielen Stellen der Stadt zeitgleich ähnliche Gewaltexzesse stattgefunden. Bereits nachts - unbeobachtet von der Polizei – hatte man Sperrmüll gesammelt, ihn heimlich aufgeschichtet und nun in Brand gesteckt.

Nie hätte ich eine solche massive, gezielte Brutalität für möglich gehalten. Und ich habe schon oft Gewalt erlebt. Sowohl von Seiten der Demonstranten wie von Seiten der Polizei.

Nein, das hier sind keine »Autonomen«, keine »Anarchos«, die am frühen Morgen ihren Frust am Kapitalismus und der Ungerechtigkeit der Welt austoben. Es sind auch keine »unpolitischen Krawallmacher«, die jede Gelegenheit nutzen, um sich in einen Gewaltrausch hineinzusteigern. Das hier ist Krieg. Strategisch vorbereitet und organisiert nach Partisanen-Manier (Originalzitat eines schockierten Polizisten, mit dem ich am Folgetag spreche).

Hier hat sich ein Heer von hervorragend organisierten, wie im Guerillakampf geschulten jungen Leuten versammelt. Und sie haben nichts anderes im Sinn, als zu zerstören, zu ängstigen und Chaos zu stiften. Wen es trifft, ist egal. Dass im Kolpinghaus, dessen Fenster sie einschlagen, Flüchtlinge untergebracht sind, interessiert sie nicht. Dass Menschen im Polizeiauto sitzen, das sie anzünden, interessiert sie nicht.

Wie naiv kommt mir der Vertreter von Blockupy vor, der immer wieder ein hilfloses Verständnis für die »Wut« der Demonstranten beschwört. Auch Polizei und Politiker wirken hilflos und überfordert. Bis heute wird gerätselt, wie es zu diesen Ausschreitungen kommen konnte.

Und ich, die ich nicht zu Verschwörungstheorien neige, ich frage mich zum ersten Mal: Könnte es sein, dass diese harten Jungs für ihre hervorragend geplanten und perfekt durchgeführten Gewalt-Aktionen von außen bezahlt worden sind? Und wer, frage ich mich weiter, könnte ein Interesse an einer Destabilisierung Europas haben?

Längst ist es wieder ruhig am Osthafen. Der Natodraht wurde entfernt. Das EZB-Gelände ist bis auf einen riesigen nackten Sandhaufen gärtnerisch gestaltet. Außerhalb erstreckt sich noch immer eine umzäunte weitläufige Baustelle, bestückt mit Containern, Baggern, Bretterstapeln und verschiedenfarbenen Erdhaufen. Jedes halbkultivierte Grundstück, jedes Fleckchen Wildnis ist umzäunt. Überall Zäune.

War das Osthafengelände früher ein Geheimtipp, so ist es inzwischen ein bevorzugter Spazierweg geworden.

Am liebsten mag ich den Hafen am frühen Sonntagmorgen, wenn die Sonne gerade aufgegangen ist, wenn die Wasserfläche glitzert und man nichts hört, nur das Gezwitscher der Vögel – und ab und zu das Geratter von Güterzügen, wie sie über die Eisenbahnbrücke hinweglärmen.

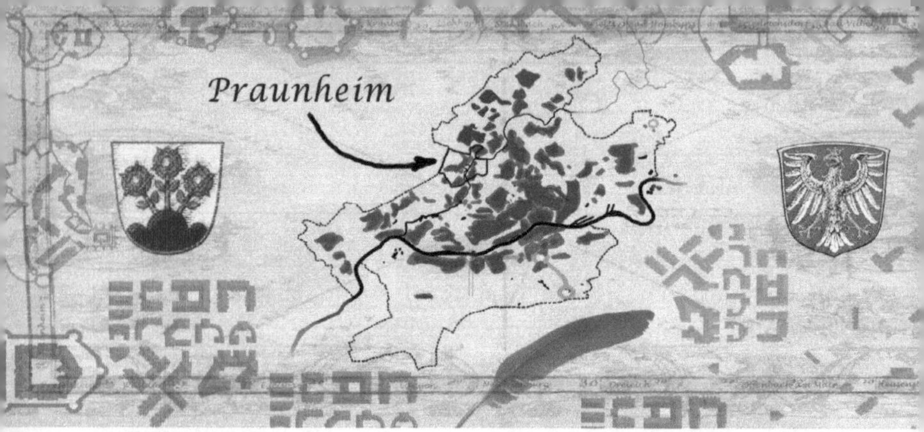

Tamara Labas-Primorac

wachsende weiden am nidda-fluss

und so ist es,
wenn am fluss die weiden wachsen
nicht mehr
wenn städte wachsen
vertreiben sie wachsende weiden
und der fluss fließt in blau, in grün, in grau
in braun, wenn fabriken wachsen
vertreiben sie wachsende weiden
und der fluss fließt
überschwemmt generationen
und so ist es, wenn die sonne glühend heiß
die erde unter ihrer glocke erwärmt
verdorren wachsende weiden
verdunstet der fluss
sein leben endet wie zerbrochenes porzellan
doch das leben der anderen fließt weiter
auch wenn am fluss die weiden
nicht mehr wachsen

Behjat Mehdizadeh

Willkommen

Obwohl die kleine Wohnung nicht günstig war und ich sie renovieren musste, war ich sehr glücklich, so schnell in Frankfurt ein Dach über meinem Kopf gefunden zu haben. In Eckenheim. Die alte Vermieterin zeigte mir eine Liste von Interessenten und erklärte: »Ich habe mich für Sie entschieden. Sie sind eine Fremde, aber Sie sehen wie eine anständige junge Frau aus.« Dann hat sie mir erzählt, dass ihre Schwester mit ihrem Mann ganz in der Nähe wohne und dabei zeigte sie mir durch das Fenster ein Haus schräg gegenüber. Im Erdgeschoss wohnte sie selbst und in meiner zukünftigen Wohnung hatte bis vor kurzem ein Student gewohnt. Über mir wohnte bereits seit einigen Jahren ein kinderloses Paar. »Sie seien noch nicht verheiratet, aber das mache nichts«, erklärte die alte Vermieterin und fragte sogleich, »Sind Sie verheiratet?« Ich verneinte dies, worauf sie sogleich wissen wollte, »Haben Sie denn einen Freund?« Auch diese Frage verneinte ich. Anschließend musste ich ihr bestätigen, dass ich die Miete regelmäßig bezahlen konnte und sie fragte nach einer Referenz. Ich wusste zunächst nicht, was sie meinte und sie erklärte, das sei ein Bürge, für den Fall, dass ich doch nicht bezahlen könnte.

Da ich ganz neu in Deutschland war, kannte ich niemanden, der mir eine solche Bürgschaft hätte ausstellen können und ich versuchte, sie davon zu überzeugen, dass ich ganz sicher meine Miete bezahlen würde, da ich aus der Heimat ein Stipendium bekommen und genug Geld zur Verfügung hätte. Damit gab sie sich dann zum Glück zufrieden.

Ich bin in die Wohnung eingezogen mit einem Koffer und einer Tasche. In dem Koffer hatte ich einen Teller, eine Tasse, ein Satz Besteck und einen elektrischen Reiskocher aus der Heimat und noch meine Kleidung, und in der Tasche Bücher und ein Wörterbuch. Bald habe ich mir noch einen Wasserkocher gekauft und ein kleines Radio, das im Sonderangebot war. Ich habe lange überlegt, ob ich mir ein solches Gerät leisten konnte, da ich ja außer der Miete noch viel Geld für die Kaution und für die Renovierung bezahlen musste. Aber ich fühlte mich in der Wohnung sehr einsam und wollte wenigstens ab und zu Musik hören können.

Glücklich über meine Entscheidung, kam ich nach Hause. Ja, ich hatte jetzt ein Zuhause. Ich kochte mir einen Tee, packte mein Radio aus und machte es sogleich an. Ich legte mich auf mein Bett und während ich Musik hörte, überlegte ich mir: Ach, wie schön! Ich habe meinen Traum realisiert! Ich bin jetzt in Frankfurt! Frankfurt am Main! In Deutschland! In der Mitte Europas! Ich war stolz auf mich und meinen Fleiß, an der Uni Frankfurt einen Studienplatz und besonders ein Stipendium bekommen zu haben. Alles war wunderbar. Ich war auch froh, dass das Zimmer bereits mit einem Bett, einem kleinen Schrank, einem Schreibtisch und einem Stuhl ausgestattet war.

Ich dachte: Wenn ich am Wochenende die Wohnung renoviere, dann kann ich mich voll meinem Studium widmen und vielleicht werde ich bald Menschen kennenlernen und ab und zu auch Zeit haben, die Stadt zu erkunden. Ich war einfach glücklich!

Da klingelte es an der Tür. Ich erschrak. Ich kannte hier doch niemanden! Das war das erste Mal in diesem Land, dass jemand bei mir an meiner eigenen Wohnungstür klingelte. Neugierig ging ich zur Tür. Kaum hatte ich sie geöffnet, begann eine kleine Frau – sie mochte Anfang dreißig gewesen sein – auf mich einzuschimpfen. Dabei schaute sie mich kein einziges Mal an, sondern fixierte unentwegt den Boden.

»Sind Sie taub?«, brüllte sie unvermittelt los.

»Taub?« Ich begriff nicht, »Die Musik ist zu laut!«, wetterte sie drauflos, »das ist gegen die Hausordnung!«. Sie forderte mich auf, das Radio leiser zu stellen, sonst würde sie die Polizei holen.

Ich vermutete, dass das meine Nachbarin aus der Wohnung über mir war. »Entschuldigen Sie bitte, ich bin seit drei Tagen in Deutschland. Ich kenne die Hausordnung noch nicht!«

»Dann lernen Sie sie kennen!«, brüllte sie.

Ich hatte nicht den Eindruck, dass ich laut Musik hörte, abgesehen davon, war es noch Nachmittag und dies versuchte ich, ihr auch zu verstehen zu geben. Sie schien aber keinem normalen Gespräch zugänglich und brüllte einfach weiter: »Ich habe gesagt, wenn Sie die Musik nicht sofort leise machen, rufe ich die Polizei!«

Ich bat sie, wenigstens in einem normalen Ton mit mir zu reden, aber anstatt zu antworten, ließ sich mich einfach stehen und lief meckernd die Treppe zu ihrer Wohnung hinauf.

Ich war wütend auf die Nachbarin, und zugleich auf mich selbst, dass ich in der Kommunikation mit der deutschen Sprache noch so unsicher war! Ich fühlte mich so blöd angemacht. Aus lauter Wut ließ ich die Wohnungstür auf, machte das Fenster ganz weit auf und drehte das Radio bis zum Anschlag auf. Ich dachte, dass sie wegen mir ruhig die Polizei holen sollte. Es war mir egal.

Ja! So habe ich in Eckenheim angefangen.

Ich ging jeden Tag zur Uni und blieb manchmal lange in der Bibliothek, um zu lernen, aber wenn ich von meinen Vorlesungen nach Hause kam, ging ich einkaufen oder einen kleinen Spaziergang machen. Unterwegs begegnete ich immer wieder den gleichen Personen, und nachdem sie meinen Gruß mehrmals nicht erwidert hatten, stellte ich das Grüßen ebenfalls ein. Schon nach kurzer Zeit in Eckenheim wusste ich, wo die ältere Frau mit dem schönen grau-schwarzen Hund wohnte, die ihn mindestens zweimal am Tag ausführte, einmal ganz früh am Morgen und einmal kurz vor der Abenddämmerung, oder die kräftige Frau mit ihrem kleinen Dackel. Sie sprach laut auf der Straße. Am Anfang wusste ich nicht, ob sie mit sich selbst redete oder sich mit ihrem Hund unterhielt. Ein älterer kleiner Mann mit Baskenmütze ging mit zwei Krücken unter den Armen mühsam, aber zielstrebig die Straße herauf und herunter. Er lächelte unentwegt.

In die »Gaststätte zur Post« verirrte sich ganz bestimmt kein Fremder, sie war nur für echte Eckenheimer. Die gelben Butzenscheiben ließen keinen Blick ins Innere zu. Manchmal konnte ich, wenn jemand hineinging, einen schnellen Blick in den von dunkler deutscher Gemütlichkeit geprägten Gastraum wagen. Im Sommer saß man in dem kleinen Biergarten und trank Apfelwein. Nie habe ich gewagt, hier einzutreten.

An der Ecke gegenüber war ein Laden, der einem Pakistani gehörte. Dieser zog aber später mit seinem Laden in ein anderes

Viertel. Die meisten seiner Kunden kamen sowieso nicht aus Eckenheim. Danach war dort ein türkischer Bäcker mit seiner Freundin, der sich ebenfalls vergeblich um die Anwohner bemüht hatte und trotz des »public viewing« vor seiner Bäckerei während der Fußballweltmeisterschaft ein Jahr später dicht machen musste. Jetzt ist dort ein Sushi Restaurant, oder besser ein Lieferservice, denn die Liebhaber von Sushi sind selten aus Eckenheim. Genau nebenan war erst ein Kinderbuchladen, dann ein Café, mit wunderbarem Kaffee, das von einem jungen Perser betrieben wurde, der vergeblich alle möglichen Sachen versucht hatte, um sich dort zu etablieren. Nachdem er das Handtuch geschmissen hatte, wurde daraus eine Sportbar, in der man Hamburger essen und die Spiele von Eintracht Frankfurt gemeinsam anschauen konnte. Ein weiterer Versuch, die Herzen der Eckenheimer mit des Deutschen liebstem Hobby zu gewinnen. Die Sportbar hat mittlerweile auch nur noch sporadisch geöffnet und wird überwiegend von den Angehörigen der Besitzer frequentiert.

In Eckenheim gibt es drei Kirchen, eine evangelische, eine katholische und eine aus den USA stammenden Glaubensgemeinschaft. Einen Wochenmarkt gibt es nicht in diesem Stadtteil, aber einmal in der Woche hält ein kleiner Lastwagen, beladen mit frischem Gemüse, Obst und Eiern neben der »Gaststätte zur Post« in der Feldscheidstraße.

Die kleine Änderungsschneiderei gegenüber dem Steuerberatungsbüro wird von einer alten türkischen Frau geführt, die in ihrer Pause gern vor ihrem Laden sitzt und raucht. Sie ist die einzige Person, die meinen Gruß von Anfang an erwidert hat. Als ich einmal meine Hose zum Ändern zu ihr gebracht habe, hat sie mir einen Sesamring in einem Stück Papier eingewickelt und mit den Worten überreicht: »Nimm es doch! Heute ist unser Zuckerfest.«

Ein paar Schritte weiter gibt es einen Zeitungskiosk. Als ich dort einmal eine Briefmarke kaufen wollte, herrschte mich die Verkäuferin an: »Ich kann Ihnen nur 10er Briefmarken verkaufen, oder Sie kaufen zu einer Briefmarke noch eine Zeitschrift!«

Ab und zu ging ich nachmittags oder am Wochenende in den kleinen Park hinter der katholischen Kirche. Ich saß auf einer Bank und genoss die Anwesenheit der meistens sehr jungen arabisch sprechenden Mütter und ihrer Kinder auf dem Spielplatz. Ich wünschte mir auch, gemeinsam mit diesen Frauen hier zu sitzen und über Gott und die Welt und die Männer zu reden.

Von meinem Fenster konnte ich den Second-Hand Laden sehen, der früher einmal ein Elektro-Geschäft gewesen war. Jeder, der daran vorbeiging, blieb vor dem Schaufenster stehen und warf einen Blick hinein. Es gab dort altes Kinderspielzeug, antike Lampen und Möbel, Bilderrahmen, Kleider und Uhren, einfach alles, was man auch auf einem Flohmarkt finden kann. Ich ging gern in das Geschäft, das von einem älteren Paar geführt wurde. Die Dame des Hauses hatte auch einen Hund, der sich immer hinter der unübersichtlichen Ladentheke versteckte. Wenn ich den Laden betrat, wähnte ich mich sofort in einer anderen Welt, der Geruch von Mottenkugeln und alten Möbeln nahm mich gefangen und ich verlor mich in dem Labyrinth von Gegenständen und Erinnerungen. Der Besitzer erzählte gern von der ruhmreichen Vergangenheit des Gebäudes, das früher einmal ein berühmtes Ausflugslokal gewesen war. In ihm trafen sich die Menschen aus ganz Frankfurt zur Sommerfrische, aßen, tranken und tanzten in dem großen Saal, in dem sich eine Bühne befand, zur Musik der eigens engagierten Kapelle. Er erzählte auch von dem Kino auf der anderen Straßenseite, das jetzt ein berühmter Fotograf als Fotostudio nutzt.

In diesem Second-Hand Laden habe ich mir eine alte Ledertasche gekauft und interessanterweise entdeckte ich in einer Kiste eine alte Puppe, die mich an meine »Dolly« erinnerte; meine Puppe, die ich damals als Kind hatte. Allerdings hatte die Puppe aus der Kiste keine Beine und Hände mehr. Ich stand da und war in meine Kindheitserinnerungen vertieft. Wie lange musste ich damals sparen, bis ich die Puppe kaufen konnte? Wie ich mit der Puppe und den anderen Kinder gespielt hatte. Szenen, die sich wie ein Film vor meinen Augen bewegten, und ich spürte ein tiefes Heimwehgefühl.

An meinem Schreibtisch vor dem Fenster habe ich nicht nur gelernt, sondern auch vieles mitbekommen, was auf der Straße passierte.

Gerade in der vorweihnachtlichen Stimmung, als in den Fenstern die kleinen Lichterketten gemütlich leuchteten, rief mich die Schwester meiner Vermieterin an und sagte, sie hätte etwas für mich. Neugierig geworden, ging ich zu ihr. Sie öffnete die Tür und überreichte mir eine große Tüte. Ich schaute sie fragend an.

»Das sind Gardinen! Schöne Gardinen!«, verkündete sie stolz. »Sie müssen Sie nur einmal waschen. Sie sind etwas gelb, weil mein Mann raucht, wissen Sie? Wir haben neue bestellt und die schenke ich Ihnen. Für Ihre Fenster! Ich sehe Sie immer am nackten Fenster sitzen und lesen.« Und dann riet sie mir noch, abends die Rollläden runterzulassen.

Ich erklärte ihr, dass ich weder Gardinen brauche, noch beabsichtigte, abends die Rollläden herunterzulassen. Ich wollte durch meine Fenster die Sonne, den Mond und die Sterne sehen können.

Sie schaute mich fragend an, »Wer rastet, der rostet«, sagte sie und entgegnete: »Machen Sie, was ich Ihnen sage! Das ist gut für Sie und nehmen Sie die Gardinen mit. Vielleicht ändern Sie ja Ihre Meinung oder Sie haben jemanden, noch einen anderen Ausländer, der sie braucht. Unsere Putzfrau ist auch eine Ausländerin. Sie putzt gut.«

Dann klingelte das Telefon in ihrer Wohnung und mit den Worten: »Das ist bestimmt mein Mann!«, machte sie mir die Tür vor der Nase zu.

Die große Tüte stand ein paar Wochen in meiner Wohnung herum, nach einiger Zeit brachte ich sie zum Kleidercontainer.

Irgendwann, es war im darauffolgenden Jahr im Sommer, haben die Nachbarn von oben, also die immer noch Kinderlosen, im Hof eine Party vorbereitet. Ich bekam mit, dass die Frau Geburtstag feierte. Ich überlegte mir, dass es an der Zeit wäre, sich vielleicht zu versöhnen. Daher besorgte ich einen Strauß Blumen und überreichte ihn ihr auf der Treppe mit den besten Wünschen zum Geburtstag. Auf einmal strahlte sie über das ganze kleine spitze Gesicht und schien auch ein wenig verlegen und lud mich zu ihrem Fest ein. Am Abend bin ich in den Hof gegangen. Überall standen Kirmesbänke und Tische, auf denen Papiertischdecken mit bunten Reißbrettstiften befestigt waren. Auf einem Grill brutzelten duftende Bratwürste. Ich ging zu einem Tisch und fragte, ob ein Platz frei wäre. Die Gäste rückten ein wenig zusammen und ließen mich Platz nehmen.

Als ich mir am Buffet etwas zum Essen geholt hatte, und zurück zu meinem Platz ging, saß niemand mehr am Tisch. Dann sagte mir jemand von dem anderen Tisch: »Wir wollen hier mit unserer Familie zusammen sitzen. Nicht, dass Sie denken, wir mögen Sie nicht!«

›Eckenheimer Worstkraut‹

Zutaten:
4 grobe Bratwürste, 200 g Kartoffeln, 1 kg Weißkohl, 2 EL Pflanzenöl, 50 g gewürfelter Speck, ½ TL Majoran, Salz, Pfeffer, 1 TL Kümmel, 2 Lorbeerblätter, 10 Wacholderbeeren, 10 Pimentkörner, ½ Tasse Apfelwein, ½ l Gemüsebrühe, 2 EL kleingehackte Petersilie

Zubereitung:
Kartoffeln schälen, waschen, würfeln. Kohl putzen, waschen und in grobe Stücke schneiden. In einem großen Bräter das Öl erhitzen, Würste von allen Seiten anbraten und herausnehmen. Speck, Kartoffeln und Weißkohl kräftig anbraten. Majoran, Salz, Pfeffer, Lorbeerblätter, Wacholderbeeren, Pimentkörner und Kümmel dazugeben, mit Apfelwein löschen, dann Gemüseflüssigkeit zufügen und gut umrühren. Bräter zudecken und im vorgeheizten Ofen bei 200°C ca. 45 Minuten alles schmoren lassen. Würste auf das Weißkraut legen und im Backoffen warm halten. Vorm Servieren mit Petersilie garnieren.

Tipp:
Reichen Sie Senf, dunkles Brot und Apfelwein dazu.

Barbara Höhfeld

Ort der Siedlungen

Aus Goldstein stammte Heinrich Droege (* 1933 – † 2011). Er galt einmal als ein Leuchtturm im »Werkkreis der Literatur der Arbeitswelt« und veröffentlichte im S.-Fischer-Verlag. Von Goldstein erzählen heißt auch, an Heinrich Droege erinnern, dachte ich.

Goldstein gehört zur Gemarkung Schwanheim, und hat dennoch zwischen Schwanheim, Niederrad und dem Reichswald seine ganz eigene Geschichte. Im 14. Jahrhundert baute ein Herr Goldstein dort eine Burg, ein »Hofgut«, wie es noch heute heißt, mit wechselhafter Geschichte. Im 19. Jahrhundert erstand auf den Ruinen ein Herrenhaus im spätklassizistischen Stil, das wir heute im Park mit den uralten Bäumen noch bewundern können.

Frankfurts berühmter Baumeister Ernst May begann 1930, zwischen jenem Park und dem Waldrand, eine Siedlung zu planen, wie er sie schon in anderen Stadtteilen, etwa in der Sachsenhäuser »Heimatsiedlung« geschaffen hatte: helle Wohnungen in grüner Umgebung zu erschwinglichen Preisen. Sozialer Wohnungsbau, um das Wohnungs-Elend zu bekämpfen. Erst 1932 begann in Goldstein die Bauphase. Die Nazis übernahmen 1933 das Projekt und übertrugen das Management der Partei. Auf die »richtige« politische Gesinnung wurde fortan geachtet.

In Goldstein-Schwanheim lebte damals der Mit-Besitzer der Cassella-Werke, Carl von Weinberg. Die Cassella-Werke produzierten licht- und waschechte Farben, Carls Bruder Arthur, ein Chemiker, erfand immer neue Formeln, und Carl als kaufmännischer Leiter machte sie bekannt. Die Farben der Firma wurden in der ganzen Welt geschätzt. In der Nähe des Golfplatzes stand Carls »Villa Waldfried« – ein Straßenname erinnert noch daran. Bis in die Nachkriegszeit reichte Goldstein weit in das Gebiet hinein, das wir heute zu Niederrad zählen. Unweit davon hatte seine Frau ein kleines Waisenhaus für Schwanheim errichtet.

Eine lange Reihe von sozialen Einrichtungen kann sich noch heute auf die von Weinbergs berufen, auf Carl, Arthur und ihre Frauen, und das nicht nur im Frankfurter Süden, sondern auch etwa in Fechenheim. Die Weinbergs nahmen sich den Satz unseres Grundgesetzes »Eigentum verpflichtet« schon damals zu Herzen. Sie bauten Arbeitersiedlungen in Fechenheim und waren an der Gründung der Frankfurter Goethe-Universität beteiligt. Arthur lag die Senckenberg-Gesellschaft besonders am Herzen, um nur einige Einrichtungen zu nennen. Wegen ihrer Verdienste um die chemische Industrie des Reiches wurden die Brüder 1908 von Kaiser Wilhelm II. in den Adelsstand erhoben und hießen fortan: von Weinberg. Ihre Großeltern waren noch mosaischen Glaubens gewesen, ihre Eltern waren der protestantischen Kirche beigetreten, hatten ihre Kinder evangelisch getauft.

Für die rassistischen Nazis zählte das alles nichts. Sie raubten den von Weinbergs ihr Vermögen, ihr Land und ihr Ansehen, sie verjagten sie. Arthur starb im Lager Theresienstadt und Carl verborgen in einem Zimmerchen in Rom (beide im Jahr 1943). Die Frankfurter Schriftstellerin Petra Kunik erarbeitete 2001 mit den SchülerInnen der Carl-von-Weinberg-Schule in Goldstein ein hübsches kleines Buch über den Namensgeber. Bis dahin hatte niemand nach ihm gefragt oder von ihm was gewusst. Das hat sich, wie so vieles, seither geändert.

Vieles andere auch. Heute gilt Goldstein als Ort der Siedlungen. Siedlungen, in denen arme Leute wohnen. Als Ernst May die Goldstein-Siedlung plante, ging es ihm darum, Erwerbslosen erträgliche Wohnbedingungen zu verschaffen. Auf Erbpachtgelände durften sie sich niederlassen, wenn sie selbst am Bau mitarbeiteten. Bis zu 4500 Stunden mussten sie dafür ableisten. Es wurden zunächst keine Wasserleitungen gelegt, eine Pumpe auf dem Grundstück genügte. Wandert man heute durch die Straßen mit diesen Einfamilienhäusern, sieht man einfache, sehr unterschiedliche, aber immer sorgfältig instand gehaltene Häuschen mit gepflegten Gärten. Fast Luxus. Diese Siedlung steht im Gegensatz zu den Hochhäusern wenige Straßen weiter, näher zum Main. Auch hier sozialer Wohnungsbau, aber zur Miete. Die Stadt, übrigens auch die Kirchen, geben sich mit verschiedenen Methoden große Mühe, um den Gegensatz zwischen den Bevölkerungsgruppen auszugleichen. Mit gewissem Erfolg. Es entstehen wieder neue Siedlungen.

Die Kinder dürfen die Carl-von-Weinberg-Schule besuchen, eine Gesamtschule, die nicht nur Hauptschule, Realschule und gymnasiale Oberstufe anbietet, sondern sich auch als ein Ort für bundesweit beachtete sportliche Leistungen einen Namen gemacht hat. SchwimmerInnen, FußballerInnen taten sich in den letzten Jahren hervor. Auch Basketball spielte eine Rolle.

Ich betrachtete die Schulgebäude in den Ferien und merkte: das Gelände ist gut abgeschottet. Nur der Vordereingang strömt eine Willkommens-Atmosphäre aus. In der Schule wird das Fach

»Kunst« hochgehalten, das merkt man an Stelen und bearbeiteten Steinen. Doch sonst: kein Zugang, kaum Notausgänge. Auf der einen Seite Schrebergärten, die ja gewöhnlich von außen abweisend wirken (auf mich zumindest), auf der anderen die überaus proper gehaltenen, privaten Siedlungshäuser. An der dritten Seite ein engmaschiger, hoher, stählerner Zaun. Die vierte Seite zeigt zur Hälfte eine hohe fensterlose Mauer. Auf der Straße: Barrieren, um die Autos fernzuhalten. In anderen städtischen Schulen dürfen Kinder während der Ferien auf den Schulhöfen spielen. Hier nicht. Welche Spannungen stecken dahinter?

Eine Antwort auf diese Frage, die tief in die Geschichte hineinreicht, bedürfte eines eigenen Buches, und das wartet noch auf seine Ausarbeitung. Heinrich Droege mag es sich seinerzeit vorgenommen haben. Als Gewerkschafter, als Erbe eines Siedlungshäuschens, setzte er auf unterschiedliche Weise dazu an. Sein schönstes Buch aber wurde »Ein langer Abschied«, eine Liebeshymne zum Abschied von seiner ersten Frau, die 1991 an Krebs gestorben ist. Nach einem langen, früher oft von Not und Demütigung gezeichneten Leben trat hier die Liebe an die vorderste Stelle; im Lieben erfüllte sich ihr Leben. Die schwerkranke Frau erinnerte sich noch an ein Gedicht, das Heinrich ihr in jungen Jahren geschrieben hatte:

Ich könnte dir alles versprechen
auch das Gestirn der Liebenden, den Mond
oder des Himmels wechselnde Farben
ich tue es nicht
aber ich schenke Dir mein Sehnen
und Tage und Nächte
voll Lachen und Zärtlichkeit
und meine Tränen, wenn ich gehe
und mein Schrei, wenn du gehst.

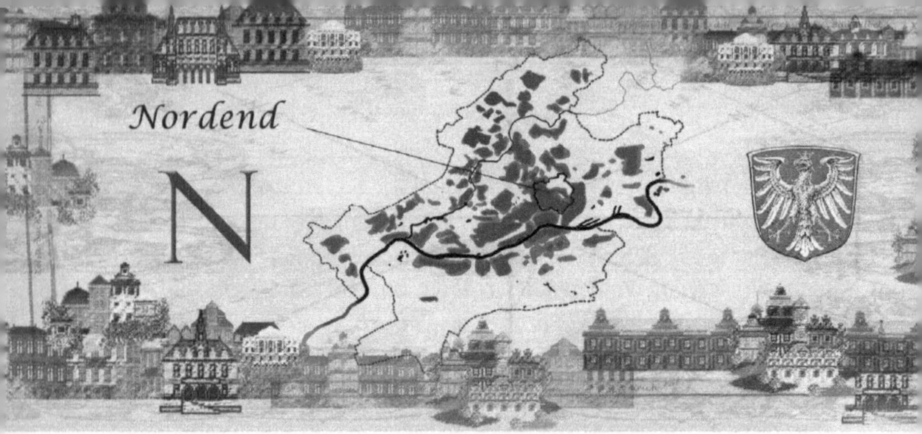

Sevastos P. Sampsounis

Die Farbe Rosa

Fünfzehn Uhr und sechsundfünfzig Minuten. Unbeeindruckt vom starken Westwind, der über den Nordend-Platz weht, dort, wo die laubtragenden Kastanienbäume um die Wette konkurrieren mit den Schaukeln auf dem Spielplatz, darum, wer die meisten Gebräuche an die Nachbarschaft von sich geben kann, gehen die Lichtergirlanden am rosafarbenen Eckhaus an. Ins Café Größenwahn scheint Bewegung zu kommen, die Tageskarte wird geschrieben passend zur Epoche, das Wetter da draußen gießt seinen Einfluss auch in die Köpfe der Köche ein. Der graucyanfarben anmutende Tag verlangt komplementäre Farben auf dem Tisch.

»Zitronenschnitzelchen mit rosa Pfeffer ...«, sagt Thomas zu mir, denn ich bin mit dem Schreiben der Speisekarte dran, er mit der richtigen Auswahl der Gerichte in der Küche.

»Lecker!«, hört sich meine Stimme an und ich kann es kaum erwarten, das Gericht den Gästen zu präsentieren. Allein das Wort »rosa« reicht schon aus, um das Café Größenwahn zu beschreiben. Dieses Gericht scheint mir genau das Richtige zu sein, für einen Tag wie den heutigen. Ich beeile mich mit dem Schreiben, kopiere die Speisekarte und um achtzehn Uhr verteile ich sie an die erwartungsvollen Gäste. Und dann passiert es. Die erste Bestellung des Tages heißt tatsächlich: »Zitronenschnitzelchen mit rosa Pfeffer und dazu einen erfrischenden Rosé-Wein aus Apulien«.

Ich beeile mich, die Bestellung abzugeben und jedes Mal, wenn ich in die Küche laufe, beobachte ich die Fortschritte des Gerichts.

Kleine, drei an der Zahl, dünne Schweineschnitzelchen, die sorgfältig flach gedrückt wurden, gleiten in die schwere Pfanne hinein. Thomas steht davor, er pfeffert und salzt das zarte Fleisch mit Vorsicht und am Nebentopf bereitet er die Zitronensauce vor. Garry, der Jungkoch im Dienst, ist für die Beilagen zuständig: Tagliatelle al dente und ein Teller Blattsalat. Maria, die Küchenhilfe, stellt einen angewärmten großen Teller auf die Anrichteplatte und dann geht alles ganz schnell. Zuerst werden die heißen Nudeln gesetzt, dann die naturgebackenen Schnitzelchen ziegelartig daneben drapiert und zum Schluss die cremefarbene Zitronensauce über die Mitte des Tellers verteilt. Maria ist im Begriff, das Gericht auszutragen, doch Thomas ruft: »Halt!«. Sie schaut um sich herum, nimmt noch den Salatteller in die andere Hand und will schon aus der Küche laufen, als Thomas sie nochmal zurückruft. »Das Wichtigste fehlt noch!«, sagt er mit sanfter Stimme und reibt auf das helle Gericht eine Handvoll rosa Pfefferkörner. »Oh!«, hört sich die Küchenhilfe staunen, »So sieht es aber besser aus!«, fügt sie hinzu und stellt den Teller auf den Tresen.

Da liegt es nun vor meinen Augen. Ein Gericht wie ein Traum aus Tausend und einer Nacht. Ein weißer Rosenthal-Porzellanteller von zweiundzwanzig Zentimetern Durchmesser, darauf hellcremige Grundfarben aus geschwungenen Tagliatelle und zarter Sauce, kross gebackener Natur-Schnitzelchen, die am Rande des Tellers ihre Zungen ausbreiten, und obendrauf als Krönung die zerbröckelten rosa Pfefferkörner. Der Duft steigt mir ins Gesicht. Zitronen und gebratenes Fleisch mit pfeffriger Note atme ich gleichzeitig ein. Daneben der knackig bunte Salatteller aus Eichblatt, Rucola, Radicchio und Lollo-Rosso, garniert mit Rote-Bete-Sprossen, geraspelten Möhren ...

»Mensch, träumst du? Das Essen wird kalt!«, ruft Thomas neben mir und ich erwache wie aus der Tiefe eines wundervollen Märchens. Ich packe die zwei Teller und laufe mit ihnen zum Gast. Er legt seine Zeitung beiseite und ich stelle mit Achtung den großen Teller in die Mitte des Tisches, den kleinen Salatteller nebendran.

»Na! Das sieht ja fantastisch aus!«, sagt er erfreut und hält seine Nase über den dampfenden Teller.

Ich weiß, möchte ich am liebsten sagen und am allerliebsten würde ich gerne selbst davon essen. Ich wünsche ihm einen guten Appetit, er bedankt sich und greift mit Messer und Gabel in meinen schönen Märchentraum hinein. Ein Märchen, so wie das Leben sein sollte: Leichte Farben, leichte Düfte, leichte Schärfe. Um zuerst den Gaumen zu kitzeln. Dann die Sinne.

Das Wetter im Nordend ist heute märchenhaft. Und die Stimmung im Café Größenwahn einfach rosa.

›Zitronenschnitzelchen mit rosa Pfeffer‹

Zutaten:
12 kleine Schnitzelchen vom Schweinerücken, 2 EL Pflanzenöl, Salz, Pfeffer, 200 ml Riesling, 150 ml Zitronensaft, 1 TL Zucker, 1 Prise Kurkuma, 150 g kalte Butter, 2 EL rosa Pfeffer-Beeren

Zubereitung:
In einer großen Pfanne das Öl erhitzen, Schnitzelchen von beiden Seiten kräftig anbraten. Fleisch herausnehmen, mit Salz und Pfeffer würzen und warm stellen. Den Bratensatz in der Pfanne mit Weißwein ablöschen und zur Hälfte reduzieren lassen. Zitronensaft, Zucker und Kurkuma dazugeben, kurz einkochen, kalte Butter hinzufügen und rühren bis eine gebundene Sauce entsteht. Mit Salz und Pfeffer würzen. Schnitzelchen auf Teller anrichten, mit Sauce übergießen, mit rosa Pfeffer-Beeren garnieren und servieren.

Tipp:
Reichen Sie dazu Tagliatelle, gemischten Blattsalat und einen kräftigen Rosé-Wein.

Info:
Das Rezept stammt von Thomas Sträter, Küchenchef des legendären Café Größenwahn in der Lenaustr. 97, im Nordend.

Aus dem Frankfurter Norden
Harheimer Limerick

Dagmar Wendler:

Wer nach Harheim kommt, staunt: Ein Stadtteil Frankfurts mitten im Grünen, von Feldern und Nidda umgeben. Gibt es das noch? Ja, der Stadtteil Nieder-Erlenbach ganz im Nord-Osten der Stadt teilt das Phänomen im Grünen. Das könnte für Harheim in Zukunft vorbei sein. Die Bebauung nähert sich bald von Bonames-Ost her, wenn es sich dabei auch weitgehend um ursprüngliches Harheimer Land handelt, das um 2005 an Bonames abgegeben wurde, nachdem der Gemeinderat mit dem letzten Bürgermeister Harheims, Jakob Quirin, die Bewohner auf der Harheimer Spitzengewann in Ost-Bonames schon früher der Frankfurter Verwaltung zugeschlagen hatte. Es handelt sich eben nicht mehr wie einst um Hoheitsgrenzen, sondern nur noch um Stadtteilgrenzen.

Es war die gute Bodenqualität in Frankfurts Norden, der Lößlehmboden mit wasserhaltender Kraft selbst bei großer Hitze, der Harheim gute Erträge in landwirtschaftlich geprägten Ort mit ca. 500 Hektar großer Gemarkung seit über zwei Jahrtausenden sicherte. Auch heute noch dienen die Böden der Landwirtschaft, wenn auch die Zahl der Landwirte auf wenige geschrumpft ist, im Vollerwerb nur noch auf einen. Dieser hat aber mehr Hektar unter dem Pflug als seine Vorgänger. Zudem betreibt er einen Schweinemastbetrieb. Das macht außer ihm noch ein Harheimer Metzger. Neben dem ortsansässigen Gewerbe bestehen einige Betriebe. Die Mehrzahl der Bürgerinnen und Bürger ist jedoch in der Stadt Frankfurt tätig.

Wie in den 70er Jahren des letzten Jahrhunderts siedelten sich auch viele Neubürger Anfang dieses Jahrtausends hier an. Der Siedlungserweiterung verdanken wir weitere Erkenntnisse. Denn zuvor schaute das Denkmalamt Frankfurt, Archäologische Abteilung, unter Leitung von Frau Dr. Andrea Hampel nach. Hausgrundrisse (27 x 7 m) der Jungsteinzeit, der frühen Bandkeramik (um 5200 v. Chr.), Gräberfelder und wertvolle Beigaben aus mehreren Epochen wurden festgestellt, insbesondere der Kelten und der merowingischen Franken. Einmalig in Frankfurt bislang ist ein Fund aus der Hinkelstein-Ära, der Nachweis eines Hauses in Schiffsform von um 5000 v. Chr. Andere Funde sind zwei Schwerter der Hallstattzeit von um 700 v. Chr., von denen im Stadtgebiet nur fünf bekannt sind. Gold-, Silber- und Waffenfunde der Franken u. a. führten 2010 zu einer Ausstellung im Archäologischen Museum. Vier frühen Bestattungen von vor 500 n. Chr. war je ein Pferd beigegeben. Als vor Schülern von solchen Ausgrabungen die Rede war, rief einer: »Ja, ich bin dabei gewesen!« Das finden nicht nur Erwachsene spannend. Ließ es sich doch der Archäologe Rolf Skrypzak nicht nehmen, im Bauwagen auch mal zu übernachten, um »Schätze« vor Raubgrabungen zu bewahren.

Bislang ist ungeklärt, wer die frühen Gründer Harheims ab 430 n. Chr., also noch vor der Landnahme durch die merowingischen Franken um 500, waren. Möglicherweise Burgunder. Denn vom Nordostgermanischen kann sich Harheim von Herrheim, (nach Karlheinz Fritz) Adelshof ableiten (»heri, hari« Herr/hehr). Die nordostgermanischen Burgunder waren laut Plinius Secundus Major (24 – 79 n. Chr.; NH 4,94) ein Volksstamm und Anrainer der Ostsee, die die Angeln, Warner und Goten als Nachbarn hatten. Interessant ist, dass die anthropologische Auswertung des benachbarten Gräberfeldes in Frankfurt-Nieder-Erlenbach Hinweise auf Gruppen der Burgunder enthält. Die Harheimer Adelsfamilie, nachgewiesen ab 430 in drei Generationen, könnte als Gründer Harheims den Burgundern angehört haben. Hatte doch schon der römische Kaiser Honorius (384 – 425 n. Chr.) 413 Burgunder als Bundesgenossen in die Wetterau und Rheinpfalz gerufen, um die Provinzhauptstadt Mainz zu schützen.

Ganz schön spannend ist es in Harheim! Erfreulich ist auch, dass seine Bevölkerung grundsätzlich ein lustiges Völkchen ist. 1983 feierte der Ort »550 Jahre Haremer Kerb« und 1987 seine »1200-Jahr-Feier«. Bei ca. zwanzig Vereinen stehen Feiern, insbesondere Vereinsjubiläen, in hohem Kurs. Das kann man seit 2014 im Internetfilm des Presse- und Informationsamts Frankfurt über www.Frankfurt.de/videos-Stadtteile – »Harheim – einfach wunderbar« – bei der Aufführung der Kerb 2014 bestätigt sehen. Beim sogenannten »Gickelschmiss« muss ein Bembel mit einem Dreschflegel zerschlagen werden, auf den zwei Kerbeburschen mit einem Mädchen in der Mitte zuspringen, das die Augen verbunden hat. Der Bembel wird aber erst zerschlagen, wenn das »richtige Kerbemädchen« dran ist. Wie der Name sagt, wird der Schmiss ursprünglich dem Hahn im Korb gegolten haben. Dieser wird dann abends verspeist, wozu das siegreiche Kerbemädchen einlädt, nicht ohne vorherige Absprache mit den Eltern. Eigentlich ein abgekartetes Spiel. Aber jedes Jahr ist die Überraschung allseits groß, wer Kerbemädchen wird. Große Jubiläen werden traditionsgemäß mit Festumzügen, Schauwagen und Kapellen gestaltet.

Harheim ist mehrheitlich heute noch katholisch geprägt, wenn auch die evangelische Bevölkerung durch Neubürger stark zugenommen hat. Von 1581 bis 1802/03 unterstand der Ort dem Kurfürstentum Mainz. An der festlichen Feier der Einweihung des »Bonifatiuswegs«, eines Pilger- und Wanderwegs von Mainz nach Fulda, nahm 2004 fast die gesamte Bevölkerung teil. Die Überführung des Leichnams des »Apostels der Deutschen«, Bonifatius, Anfang Juli 754 von Mainz nach Fulda und entlang Harheims Grenze, der römischen Konsular-, Mainzer- oder Steinstraße, war damals ein herausragendes Ereignis. Dem Zug, angeführt vom Mainzer Erzbischof Lullus, folgte eine große Menschenmenge. In Kalbach an einer Quelle und an der Stelle der späteren Urpfarrei Crutzen (*ad crucem*) hatte die zweite Nachtrast stattgefunden.

Durch über 1200 Jahre alte Bindungen an eine christliche Werteordnung sind Werte nicht ins Unverbindliche zerflossen. Ein Staat kann sich die Voraussetzungen nicht schaffen, von denen er lebt, z. B. vom Pflichtgefühl der Bürger zur Achtung von Regeln wie Steuerzahlung. Im Dritten Reich erwies sich Harheim als ein vorwiegend katholischer Ort als weniger anfällig für die NS-Ideologie als viele andere. Dem deutschen Volk wird zum Vorwurf gemacht, dass Hitler durch Wahlen legal an die Macht gekommen ist. Bei der Reichstagswahl am 5. März 1933 erzielte die NSDAP insgesamt 43,9 %, während an dem Tag von 900 Wahlberechtigten 768 Harheimer, 43,78 %, die Zentrumspartei wählten, 34,4 % die SPD und nur 21,32 % die NSDAP. Als die Wähler nach vollständiger Machtergreifung am 12. November 1933 zur Wahl befohlen wurden, als die Wahlen nicht mehr geheim und frei waren, wurde die NSDAP in Harheim zu 97,3 % »gewählt«. Zur »Wahl« war nur noch die NSDAP zugelassen. Harheim kann stolz sein auf die erste Wahl im März 1933, als die NS-Diktatur noch nicht in vollem Umfang herrschte.

Am 1. August 1972 wurde der Ort im Wetteraukreis gegen den Willen der Harheimer nach Frankfurt eingemeindet. Sie schätzten es selbstbewusst, ihre Geschicke selbst zu bestimmen. Diese Dickköpfigkeit hat aber auch etwas Liebenswürdiges. Es sind Energien da, man kämpft, ist stolz und gibt nicht so schnell auf.

Hat doch die Geschichte die Harheimer gelehrt, ihre Freiheiten gegen Herrschaftsübergriffe zu verteidigen! So konnten sie z. B. ihr kostenloses Fischereirecht in der Nidda lange bewahren. Erst spät fiel es dem Absolutismus zum Opfer und ging an Einzelne gegen Bezahlung. Harheim brachte 1972 eine gute Mitgift nach Frankfurt in die Zwangsehe ein: 3535 Einwohner, ein Gebiet von 500 ha bester Bodenklasse, den Gemeindewald von 126 ha und eine geringe Schuldenlast (200 DM/Kopf), 1/10 der Verschuldung Frankfurts 1972. Inzwischen sehen viele die Vorteile, zur Stadt zu gehören, in der sie meistenteils ihre Arbeitsplätze, Krankenversorgung, weiterführenden Schulen und Theater haben. Kaum einer weiß noch, dass Landwirte damals aus Protest Mist vor das Harheimer Rathaus kippten! Heute herrschen längst sachliche Beziehungen zu den Organen der Stadt, denen gegenüber Stadtverordneter und Ortsbeirat die Interessen der Harheimer zu vertreten haben.

Margot Schäfer:

Nach dem Zweiten Weltkrieg fanden Vertriebene in Harheim eine neue Heimat. Wie überall, hat dieser Krieg die Bevölkerung durchmischt. Die damals nur 1100 Einwohner zählende Gemeinde Harheim musste ca. 380 Heimatvertriebene, vorwiegend aus Schlesien und dem Sudetenland aufnehmen. Ihre Integration gelang gut, wenn auch unter Schwierigkeiten. Kleinere Häuser mit Stube, Wohnküche unten und Schlafkammern unter dem

Dach, in denen bis zu drei Generationen wohnten, blieben von einer zwangsweisen Einweisung durch den Bürgermeister verschont, größere Häuser nicht. Der Platz reichte aber nicht. Die Gemeinde führte ein Notbauprogramm durch. Sie stellte baureifen Grund für 50 Parzellen von je ca. 450 qm Größe für ebenso viele Einfamilienhäuser zur Verfügung. Vor allem die Vertriebenen konnten sich, mit Unterstützung der Gemeinde, ein Haus errichten, da die Verpflichtung bestand, finanziell Minderbemittelte für eine begrenzte Zeit als Mieter aufzunehmen. Der Bauherr erhielt von der Gemeinde ein Darlehen von 6000 DM, wenn er 300 DM Eigenkapital nachweisen konnte. Die Gelder für die Darlehen hatte die Gemeinde aus dem Verkauf von Holz aus dem Gemeindewald erzielt. Das war eine grandiose Idee. Die Bildung öffentlichen Eigentums wollte die Gemeinde vermeiden, weil die Erhaltungskosten der Häuser sie wegen niedriger Sozialmieten auf Dauer zu sehr belastet hätten. Zuerst erhielten die einen Bauplatz, die handwerklich selbst Hand anlegen konnten. Das hatte auch die Anerkennung der Eigenleistung innerhalb der heimischen Bevölkerung zur Folge. Vorrangig Großfamilien, deren erwachsene Kinder schon erwerbstätig waren, konnten die Kosten für den Hausbau aufbringen. Heimatvertriebene und Flüchtlinge bekamen Bauzuschüsse von Arbeitgebern, wie der Bundesbahn und Bundespost, um ihre Häuser fertigstellen zu können. Die Arbeit begann oft mit Steine Klopfen. Bauschutt und billiger Karbid-Kalk aus Frankfurt dienten weitgehend als Baumaterial. Mit 25 Häusern wurde 1952 die Straße *In den Weingärten* bebaut, neben der die *Feldbergstraße* entstand. Es sind die heutigen Straßen *Am Eschbachtal* und *Merzenstraße*. Auf den 450 qm großen Grundstücken mussten auch Stallungen und Waschküche außerhalb des Hauses gebaut, Kleintiere wie Hasen und Hühner gezüchtet, Gemüseanbau betrieben und Obstbäume gepflanzt werden, um die Selbstversorgung zu gewährleisten. Manches Familienmitglied der Vertriebenen heiratete eine/n Harheimer/in. Die ausgebombten Frankfurter Anwohner erhielten keine Bauzuschüsse von Arbeitgebern. So manch einer verlor seinen Baukostenzuschuss, das Anrecht auf eine Wohnung und lebte im Behelfsheim in Holzhäusern in der Maßbornstraße, die noch bis ca. 1965 bestanden. Heute ist die Bevölkerungszahl auf ca. 4400 angestiegen und der Anteil der evangelischen Bevölkerung erheblich gewachsen.

Harheimer dichteten in fünf Zeilen im Kulturverein jahrelang im »Limerick-Wettbewerb«, was die Befindlichkeit von Mensch und Tier im Stadtteil teilweise widerspiegelt:

Im Norden von Frankfurt gelegen,
der Stadtteil, den wir so sehr mögen,
wird Harheim genannt,
nicht vielen bekannt.
Vielleicht ist das auch ein Segen.
Wolf-Dieter Wendler

Oh Wanderer, kommst du nach Harheim,
denk' dran, kehre beim Schaack ein.
Denn ohne Gesänge
aus der Ebbelwoischwemme
würd's den Fröschen am Bach viel zu still sein.
Ingo Leibold

Bei Harheim im Schnee da saßen zwei Hasen,
die rieben einander gar zärtlich die Nasen...
Und eins, zwei, drei
war der Winter vorbei.
Dann spielte ein Dutzend im Rasen.
Dorothea Adamczick

Ein Bauer aus Harheim-Süd
hoffte, dass Wohlstand ihm blüht,
trennt vom Acker sich willig,
doch leider zu billig.
Jetzt pflügt er den Frust im Gemüt!
Ursula Orth

Einer Kaulquappe im Harheimer Ried
war dort viel zu viel Betrieb.
Drum rudert sie munter
die Nidda hinunter.
Das war einem Hecht äußerst lieb.
Ingo Leibold

O, mein Harheim im Frankfurter Norden,
was ist aus dir doch geworden!
Einst vergessen im Sumpf,
heute ein Trumpf
ist es unter Frankfurts Stadtteil'n geworden.
Wolf-Dieter Wendler

Ein schlauer Bauer aus Harheim
wollte gern reich wie ein Scheich sein.
Er zockte und spielte,
spekulierte und dealte.
Jetzt wohnt er im Stall beim Hausschwein.
Ursula Orth

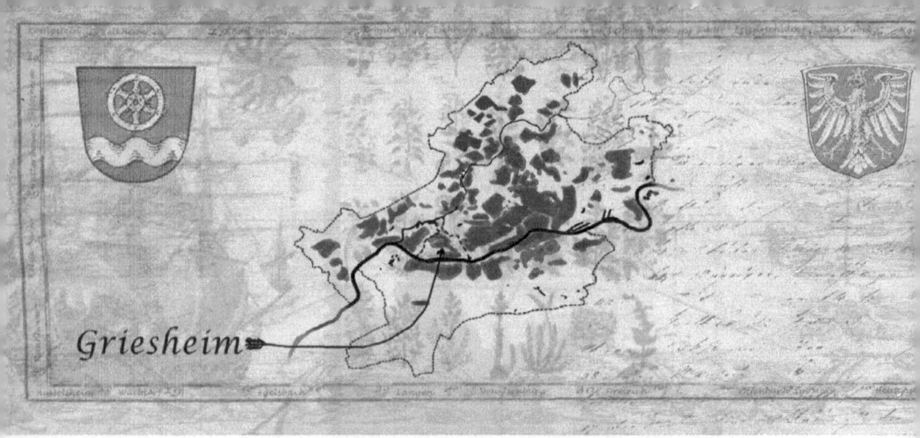

Andreas Arnakis

Der Seelenverkäufer am Mainufer

Die verfaulten Kähne, die unsere Jugend bestieg,
irren nun ziellos im Meer
unserer tief aufgewühlten Seele.
Erloschene Monde die Kompasse der Liebe,
ertrunken liegen sie auf Grund.

Auch die vielen marmornen Zypressen
verachten mit gelassener Würde
der Wellen Oberfläche.

Zu Stein geworden die Verzweiflung
verschwindet aus den Augen,
während sie in der eisigen Nacht langsam untergeht.
Grüne, tiefblaue, schwarze Nacht.

Würde doch ein Lichtstrahl
die unzähligen Kiesel bescheinen,
die da liegen im tiefgründigen Schweigen.
Nur ein lichter Augenblick,
zu sehen, was aus den Seelen geworden,
als sie noch nicht von der Zeit gemeißelt
über's Meer schwammen als Ballast
in den verfaulten Kähnen,
die unsere Jugend bestieg.

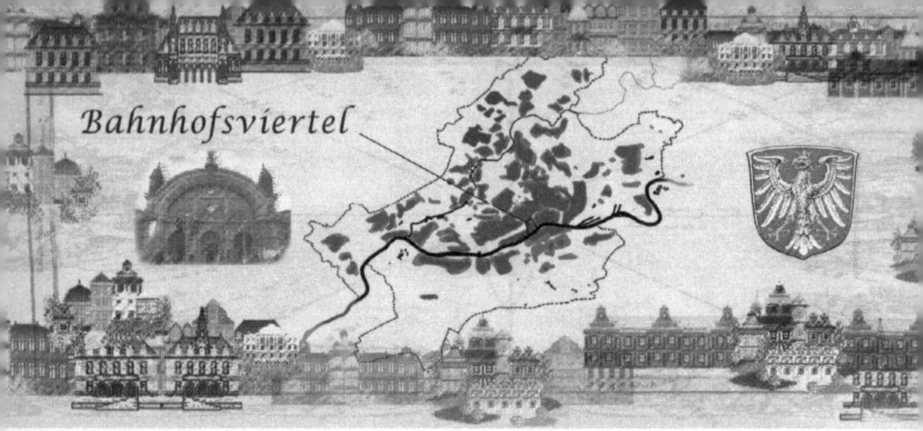

Carsten Nagels

Rote Liebe

Die Musiker betreten die Bühne einer andalusischen Bar, dicht gefolgt von den Tänzerinnen. Die Gitarristen setzen sich auf ihre Plätze und greifen nach ihren Instrumenten. Die Tänzerinnen, unter die sich auch ein Tänzer gemischt hat, tragen andalusische Trachten. Wie schön es doch aussieht.

Du sitzt an meiner linken Seite, so dass du die Künstler gut sehen kannst und isst gerade das letzte Stück der Thunfisch-Tapa, die wir uns bestellt hatten. Die Kellnerin bringt uns zwei neue Gläser Rotwein. Wir erheben sie, prosten uns zu, nehmen einen Schluck und lächeln uns an. Der Wein mundet köstlich.

Mein rechtes Bein schmerzt.

Die Gitarristen beginnen mit dem Flamenco. Die Tänzerinnen verbergen noch ihre Gesichter hinter den Fächern und der Tänzer steht mit dem Rücken zum Publikum, doch nach einer kurzen Weile dreht er sich und beginnt sich zu bewegen. Gespannt folgen wir seinen geschickten Pirouetten, der Rhythmus der Musik setzt sich in unseren Ohren, unserem ganzen Körper, fest. Schnell ziehen beide uns in ihren Bann.

Meine Gedanken sind bei dir. Ich beobachte dich, sehe deine Begeisterung.

Die Darbietung verzaubert mich, ist sie doch auch Ausdruck unserer Beziehung, unserer Leidenschaft füreinander.

Die Leute schauen uns an. Vielleicht denken sie sich ihren Teil, vielleicht auch nicht. Es ist auch nicht wirklich wichtig, dir nicht und mir nicht mehr. Früher war das anders. Früher war mir vieles wichtig. Früher kannte ich dich aber noch nicht.

Der Tänzer scheint die zwei anderen Tänzerinnen zu beherrschen, sie unterwerfen sich seinem Tanz.

Du berührst meine Hand, lächelst mich an, ich lächele zurück.

Die drei Gitarristen spielen im Einklang. Ich fühle mich glücklich und hoffe du auch.

Ich denke zu viel, hattest du mir gesagt. Das Denken würde mich daran hindern, das Leben zu genießen. –Wie recht du damit hattest. Wie schön es doch ist, nicht zu denken, der leidenschaftlichen Musik zu lauschen und den rhythmischen Bewegungen der Tänzer zu folgen.

Die Denkmuster vieler Menschen sind einfach gegliedert. Einfache Zusammenhänge sind leicht zu verstehen. Komplizierte Zusammenhänge hingegen weniger. Und komplizierte Beziehungen schon mal gar nicht.

Wir erheben unsere Gläser und nippen daran. Wir küssen uns auf die Lippen. Ein anderes Pärchen schaut uns an, schaut weg, als es uns bemerkt und spricht zu einander. Wir lächeln uns an.

Vielleicht bin ich etwas zu alt für dich, mag sein. Vielleicht, aber vielleicht ist das nicht wichtig. Wichtiger ist, dass wir einander verstehen, uns mögen und respektieren, so wie wir sind. Zugegeben, lange Zeit hatte ich dir mein Alter verschwiegen, fand es nicht so erheblich. Als ich dir das erste Mal mein Alter verriet, ich glaube, es war irgendwann nach dem Sex, so eine Art Geständnis danach, hast du mir einen vorwurfsvollen Blick zugeworfen und mich gefragt, »Wie!? So alt schon? Weißt du, dass ich deine Tochter sein könnte?«

Du gabst mir aber im nächsten Moment einen Kuss auf die Lippen, denn Väter können auch sehr großzügig sein. Vielleicht ist es ja so. Vielleicht bist du ja hinter meinem Geld her, aber das ist mir so was von egal.

Ich berühre deine Hand.

Seit diesem Erlebnis mache ich keine Geständnisse mehr, nicht mal mehr nach dem Sex.

Es ist schon komisch mit den Menschen und ihrer Liebe zur Normalität. Vielleicht lieben sie die Normalität, weil sie leicht zu verstehen ist, ohne länger nachzudenken. Am besten jeder befindet sich in so einer normalen Beziehung, in der Lust und Frust sich die Waage halten, ausnahmslos jeder. Da braucht man nicht eifersüchtig zu sein auf den anderen. Man weiß, dem anderen geht's genauso dreckig.

Der Klang der Gitarrenmusik und die Bewegungen der Tänzer betören unsere Sinne. Wir sind glücklich und das erzeugt bei den Unglücklichen Eifersucht. Darum reden sie, reden uns schlecht. Doch seitdem wir erkannten, dass die Basis jedes Geredes Neid ist, seitdem lieben wir es, uns in der Öffentlichkeit zu zeigen und denken uns unseren Teil.

Ja, das war schon etwas Besonderes, wie wir uns kennen lernten. Normal ist ja, dass man sich kennenlernt, einen Kaffee trinken geht, sich unterhält, bezahlt und je nachdem vielleicht zu mir oder zu dir fährt und dann intensiven oder weniger intensiven

Sex hat. Im ersteren Fall bleibt man die Nacht über und zum Frühstück und geht dann seiner Wege. Ja, das ist normal.

Und der besondere Weg des Kennenlernens sieht etwas anders aus. Man lernt sich flüchtig kennen, »Mann« bezahlt, man hat intensiven Sex zusammen, man findet sich nett, man geht zusammen einen Kaffee trinken und stellt fest, dass man sich respektiert und schätzt. Und auf diese Weise haben wir uns kennengelernt und das vor langer Zeit.

Damals hast du gesagt, es sei schön, dass wir das gleiche Hobby haben, und schön, dass wir einander so gut verstehen. Ja, aber ich wusste auch, dass ich mit dem Feuer spielte und irgendwann werde ich mir noch höllisch die Finger dabei verbrennen. Tief in mir drin wusste ich das. Irgendwann würde ich diesen brennenden Schmerz spüren, aber warum sich mit dem Gedanken rumplagen. Nicht denken, sondern genießen, wie du immer sagst.

Dein schöner Schmollmund, deine schönen Augen, deine schöne Nase, dein schönes Haar, deine schönen Hände, deine schönen Brüste, die sich unter deiner Bluse abzeichnen, dein wunderschönes Lächeln, deine bräunliche Haut.

Die Gruppe kündigt das letzte Lied an.

Während ich so da sitze und dich betrachte, wir an unserem Wein nippen, erinnere ich mich an die ersten Male mit dir. An die Male, an denen wir uns liebten – leidenschaftlich liebten – ich dich küsste –leidenschaftlich küsste. Zuerst auf deine geschminkten und dann auf deine ungeschminkten Lippen und deine rhythmischen Bauchbewegungen dabei beobachtete, dein leises Stöhnen hörte. Ich erinnere mich an den Moment, in dem ich dich vorsichtig mit meiner Zunge zum Orgasmus trieb und währenddessen in dich eindrang und wir gemeinsam den Höhepunkt erreichten. Solche Momente sind wahrlich das Höchste der Gefühle. In mir regt sich was.

Gerade hat dein Handy geklingelt, es hat mich aufgeweckt. Du hast das Gespräch weggedrückt. Vielleicht sollte ich nicht an Sex denken, während wir auf einem Flamenco-Konzert sind.

Ich lächele dich an und du lächelst zurück.

Nun klingelt es schon wieder. Du entschuldigst dich, gehst ran und gehst nach draußen. Ich schaue auf meine Uhr, es ist schon spät.

Du kommst zurück, und sagst zu mir, dass du noch einen Termin hättest. Und ich, ich frage dich, ob ich die Rechnung ordern soll. Du erwiderst, dass es nicht so eilig sei, ich jedoch gebe der Kellnerin ein Zeichen, ich zahle die Rechnung, gebe Trinkgeld und bitte sie, uns ein Taxi zu rufen.

Als das Taxi kommt, hilfst du mir in den Rollstuhl, begleitest mich nach draußen, hilfst mir beim Einsteigen und steigst auch ein. Ich mag es nicht, wenn du mir dabei hilfst, doch ich hatte es dir nie gesagt. Auf dem Weg zu dir stecke ich dir noch heimlich einen grünen Schein zu, wie es üblich zwischen uns ist.

Bei dir angekommen verabschiedest du dich von mir mit einem Kuss auf die Lippen und steigst aus. Du drehst dich noch einmal nach mir um. Der Taxifahrer hat es bemerkt, fährt los und sagt zu mir, was für eine hübsche Frau du doch seist. Ein wenig stolz antworte ich: »Wie wahr, wie wahr!«

Hanne Kulessa

Eine Buchhandlung verloren

Ab 8. April 2015 geschlossen. Bergen-Enkheim hat eine Buchhandlung verloren, die 37 Jahre an zentraler, wenn auch nicht schöner Stelle existierte. Denn architektonisch gelungen kann man die Stadthalle, die 1978 eingeweiht wurde, nicht nennen. Aber sie beherbergte die Berger-Bücherstube. Die Buchhändlerin Monika Steinkopf, die lange in München bei der Buchhandlung Lehmkuhl gearbeitet hatte, eröffnete in der frisch eingeweihten Berger Stadthalle eine Buchhandlung, die zu einem literarischen Zentrum nicht nur des Stadtteils Bergen-Enkheim, sondern von ganz Frankfurt wurde.

Die Stadt Frankfurt am Main hatte Bergen-Enkheim 1977 eingemeindet und kann sich seitdem mit einem Literaturpreis schmücken, der heute mit zu den renommiertesten Literatur-Preisen in Deutschland gehört. Der in Bergen-Enkheim wohnende Schriftsteller und Journalist Franz-Joseph Schneider hatte die Idee, einen Preis auszuloben, der Schriftstellern und Schriftstellerinnen nicht nur Geld, sondern auch das Wohnen für ein Jahr im Ort anbot. 1974 wurde der erste Schriftsteller zum »Stadtschreiber von Bergen« gekürt: Wolfgang Koeppen. Inzwischen gibt es einige Städte, die diese Idee übernommen haben. Aber Bergen-Enkheim ist das Original.

Monika Steinkopf hat die Stadtschreiber von Beginn an eingebunden. Zur Eröffnung ihrer Buchhandlung präsentierte sie die ersten vier handgeschriebenen »Poetischen Blätter« der Stadtschreiber: Gedichte von Wolfgang Koeppen, Karl Krolow, Peter Rühmkorf und Peter Härtling. Allein diese »Poetischen Blätter« sind eine Kostbarkeit, die nun im Stadtschreiberarchiv bewahrt werden.

Seit 1974 wurden 42 Schriftsteller und Schriftstellerinnen mit dem Preis: »Stadtschreiber von Bergen« ausgezeichnet. Und die Bergen-Enkheimer haben die Bücher »ihrer« Schriftsteller gelesen, sie haben mit ihnen diskutiert, in der Berger-Bücherstube, auf der Straße, in den Cafés, im Edeka-Lebensmittelladen, in den Kneipen oder bei Besuchen im Stadtschreiberhaus An der Oberpforte. Natürlich gab und gibt es Unterschiede: die einen werden geliebt und verehrt, die anderen gemocht, oder mal so und so hingenommen.

Ich wohnte in den neunziger Jahren in Enkheim, gehörte also zu den Bürgern dieses Stadtteils, in dem die Literatur eine solch große Rolle spielte. Mit der Schließung der Berger-Bücherstube geht sicher nicht das Interesse an der Literatur und an den Stadtschreibern verloren, aber es klafft nun eine riesengroße Lücke. Monika Steinkopf hat ja nicht nur mit unglaublichem Einsatz für die Büchertische beim Stadtschreiberfest oder bei Lesungen gesorgt, nicht nur den Stadtschreibern »Poetische Blätter« abgerungen oder sie stundenlang Bücher für den ewigen Vorrat, der dann doch immer schnell vergriffen war, signieren lassen; nein, sie hat die Autoren streng, liebevoll, fordernd, freundschaftlich durch das Stadtschreiberjahr begleitet. Und das 37 Jahre lang. Sie, die ein Leben lang mit Feuereifer die Geschichten von Schriftstellern angepriesen und verkauft hat, steckt selbst voller Geschichten. Was haben ihr die Autoren alles erzählt, anvertraut, unter Lachen, unter Weinen. Wer schreibt die Steinkopf'schen Literaturgeschichten?

1979/80 war Helga M. Novak Stadtschreiberin. Man traf sich nach der Preisverleihung noch am späten Abend im Stadtschreiberhaus. Ich gehöre nicht zu den Nachtschwärmern, was in diesem Fall von Vorteil war. Denn viele der Gäste, die in der Nacht oder vielleicht auch gegen Morgen nach Hause fahren wollten, standen fassungslos vor ihren Autos:

Fast allen Autos, die in der »Oberpforte« geparkt hatten, waren die Reifen zerstochen worden.

Hat sich das eigentlich jemals aufgeklärt? frage ich Monika Steinkopf.

Nein, die Täter wurden nie gefasst, aber es ist seitdem auch nie wieder so etwas passiert. Es gab andere Sachen, zum Beispiel wurde das Stadtschreiberhaus, als Jurek Becker darin wohnte, mit einem Sowjetstern besprüht. Er bekam auch anonyme Briefe mit antisemitischem Inhalt und realsozialistischem Schmäh.

Jurek Becker war 1982/83 Stadtschreiber. Da gab es die DDR noch. Und wie oft war man selbst in dieser Zeit bei einem kritischen, gesellschaftspolitischen Wort mit dem Satz konfrontiert: Geh doch in die DDR!

Auch Literatur schützt nicht vor Dummheit, selbst nicht in Bergen-Enkheim.

Zu meinen eindrücklichsten Erinnerungen gehört das Stadtschreiberfest, bei dem Peter Bichsel das Stadtschreiberamt übernommen hatte. Max Frisch hielt die Festrede. Und es war seine Rede oder vielmehr sein Auftritt, seine leibhaftige Anwesenheit, die sich mir stark eingeprägt hat. Er gehörte doch in meiner Jugendzeit zu den Autoren, die ich am meisten verehrt hatte. Und dass es diesen Schriftsteller als lebendigen Menschen gab, das hatte mich erstaunt und fasziniert. Und warum war ich nicht bei der Signierstunde in der Berger-Bücherstube? Ich weiß es nicht. Es war, wie Monika Steinkopf sagt, die einzige Signierstunde, die Frisch je zugelassen hat.

Und ebenfalls zu den eindrücklichen, schönen Bildern gehört, Peter Bichsel und Jörg Steiner zusammen in Bergen zu sehen. Jörg Steiner war 1997/98 Stadtschreiber. Die beiden, doch nicht mehr ganz jungen, Schriftsteller, liefen wie zwei Schuljungs durch die Marktstraße, oder sie saßen zusammen in der »Alten Post« und redeten, wenn andere dabei waren, höflicherweise eine Art Hochdeutsch.

1. April 2016 Neueröffnung: Aus der »Berger Bücherstube« von Monika Steinkopf ist die Buchhandlung »Bergen Erlesen« von Anna Doepfner geworden.

Glückauf!

›Berger-Kalbsleber‹

Zutaten:
2 große Gemüsezwiebeln in Scheiben geschnitten, 2 große entkernte Äpfel in Scheiben geschnitten, 2 EL Olivenöl, ½ Tasse Apfelwein, ½ TL Majoran, Salz, Pfeffer, 8 Scheiben dünne Kalbsleber, 2 EL Pflanzenöl, 1 EL Zitronensaft, 1 Prise Zucker, 50 g kalte Butter

Zubereitung:
In einer großen Pfanne das Olivenöl erhitzen, Gemüsezwiebeln und Äpfel andünsten, mit Apfelwein ablöschen und bei geschlossenem Deckel weich dünsten. Mit Salz, Pfeffer und Majoran würzen.
In einer anderen Pfanne das Pflanzenöl erhitzen und die Kalbsleber von beiden Seiten zügig hellbraun anbraten. Mit Zucker und Zitronensaft ablöschen, Butter zufügen und aufschäumen lassen.
Kalbsleber auf Tellern anrichten, mit Zitronenbutter beträufeln, Apfelweinzwiebeln dazugeben, mit Petersilie garnieren und servieren.

Tipp:
Reichen Sie dazu Kartoffelpüree, gemischten Blattsalat und einen Riesling.

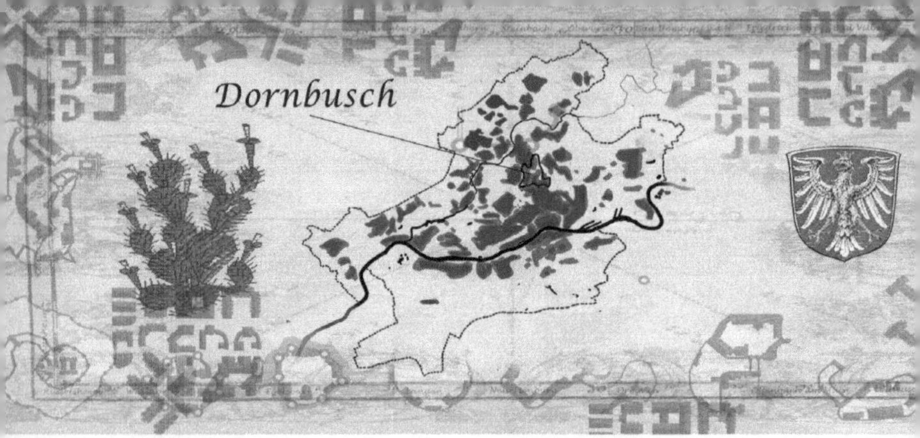

Susanne Konrad

Dort, wo die Dornenbüsche wachsen

Mein Dornbusch, mein Dornbusch,
fast wär ich an dir vorbeigehuscht.

Du bist der Stadtteil, wo die Dornenbüsche wachsen. Alles ist zugewuchert. Oder doch nicht? Wer bist du, zwischen Eschersheim, Eckenheim, Ginnheim, Westend und Nordend gelegen, irgendwo mittendrin? Du warst nie ein eigenständiges Dorf, hast keine barocke Kirche und kein Rathaus aus der Gründerzeit. Deine Grenzen sind verwaschen. Das berühmte »Funkhaus am Dornbusch« des Hessischen Rundfunks gehört zum Nordend. Und nördlich der *Hügelstraße* fühlt man sich schon in Eschersheim, obwohl du hier noch einen Ausläufer hast.

Lieber Dornbusch, es gab dich nicht schon immer. Du bist ein Produkt der Nachkriegszeit. 1946 mussten amerikanische Besatzungssoldaten untergebracht werden. Für die vielen Ausgebombten wurde Wohnraum gebraucht. So erfand man dich, indem man von Ginnheim und Eckenheim Teile ausgliederte und zu einer neuen Verwaltungseinheit zusammenschloss. Einer Einheit, die man »Dornbusch« nannte.

Die Erfindung eines Verwaltungsbeamten?

Nicht ganz. Denn zu dir gehört das Dichterviertel, das zu Beginn des 20. Jahrhunderts entstand, und dessen Straßen nach österreichischen Schriftstellern des 19. Jahrhunderts benannt wurden. Die Straße »Am Dornbusch«, die dieses idyllische Villenviertel mit den Gaslaternen und den im Frühjahr üppig blühenden Bäumen in südlicher Richtung begrenzt, trägt ihren Namen seit 1895. Davor war sie das östliche Ende des »Diebsgrundweg« gewesen. Es wird behauptet, dass hier einst die Dornenbüsche wuchsen, als zwischen Frankfurt und Eschersheim noch freies Land war und sich im 18. Jahrhundert zunächst die Jäger trafen. Später soll hier die Haltestelle einer Dampfbahn gewesen sein, die Eschersheim mit der Innenstadt verband und die hier einmal verschnaufen musste.

Man ist versucht zu fragen, ob es dich überhaupt gibt. Statt der Dornenbüsche gibt es Schilder an Laternenmasten, die signalisieren, hier beginnst du. Es gibt Menschen, die sagen, dass du niemand bist, denn du hast kein wirkliches Zentrum. Die Eschersheimer Landstraße jagt durch dich hindurch und diese wiederum ist durch den U-Bahn-Strang 1,2,3 und 8 geteilt. Gefährliches Pflaster. Die Ampelanlagen an den Fußgängerüberwegen Eckenheimer Landstraße und Fritz-Tarnow-Straße werden immer wieder auf den neuesten Stand gebracht. Mal darf man die Schienen bei grün überqueren, mal bei schwarz. Es hat schon zu viele Unfälle gegeben. Der Wunsch deiner Bewohner, die U-Bahn unterirdisch zu führen, ist nicht in Erfüllung gegangen.

Anderes wiederum hat sich erfüllt, um dir als Stadtteil ein Gesicht zu geben. So hast du doch eine Art Mitte, rund um das blaugrüne Haus Dornbusch und den kleinen Platz davor, den verschiedene Geschäfte säumen. Das Haus Dornbusch, 1959 eingeweiht, diente als Gemeinschaftshaus der Förderung und Entwicklung deiner Stadtteilidentität. Einer Identität, die brüchig war, weil sich deine Bewohner weder Eckenheimer noch Ginnheimer zugehörig fühlten. Man sprach von Dornbusch-Ost und Dornbusch-West. Immer wieder wurde verändert und gefeilt. Das Haus Dornbusch wurde 1999 abgerissen und durch das neue, bekannte, grün-blaue Gebäude ersetzt. Dieses beherbergt das Bürgeramt und die Stadtteilbibliothek. All das stärkt deine Infrastruktur. Eine Evangelische Dornbuschgemeinde aber existiert seit 1929, auch wenn es dich noch nicht als Stadtteil gab. Man sprach vom »Dornbuschgebiet«. Eine erste Kirche entstand 1930 an der Eschersheimer Landstraße 241. Die heute bekannte Dornbuschkirche wurde 1962 eingeweiht. Die katholische Gemeinde St. Albert besteht seit 1934, durfte aber nicht »Am Dornbusch« heißen. Die St. Albert-Kirche wurde 1938 geweiht.

Viele weltliche Einrichtungen tragen deinen Namen, denn viele Geschäfte nennen sich »am Dornbusch«. Wenn man hier unterwegs ist, fällt es nicht schwer zu erkennen, wo man ist, weil man den Schriftzug »Dornbusch« auf zahllosen Läden oder Lieferwagen lesen kann. Also bist du doch ein zusammenhängendes Gemeinwesen, oder?

Deine Bewohner sind recht unterschiedlich. Die rund 18.000 Bürger sind so vielfältig, dass es unangemessen wäre, sie die »Dornbuscher« zu nennen. Aufgrund deiner relativen Jugend als Stadtteil sind die meisten irgendwann erst zugezogen: Banker, Geschäftsleute, aber auch viele Kreative und Intellektuelle – rund um den Hessischen Rundfunk. Dieser Trend wurde in letzter Zeit aber auch durch die Nähe zum zur Jahrtausendwende eröffneten Universitätscampus Westend verstärkt. Du bist überhaupt recht literatur-affin: Bedeutende Persönlichkeiten wie Marcel Reich-Ranicki haben in deinem Gebiet gelebt – da frohlockt das kleine Literatenherz, wenn es auf seinen Fußstapfen durchs Dichterviertel streift. Für jeden ist etwas dabei. Elemente ganz unterschiedlicher urbaner Kulturen sind hier versprengt: Ein paar Restaurants (es könnten noch mehr sein), das legendäre Café Christine, das heute brachliegt, weil der letzte Inhaber mit seinem Konzept keine Wurzeln schlagen konnte.

Dann der dienstags stattfindende Markt am Fuß der Carl-Goerdeler-Straße, wo sich die Nachbarn auf eine Bratwurst oder ein Bier zum Plaudern treffen können. Copyshop, Internet-Café, Musikhaus und Pelzgeschäft – für jede Zielgruppe bietest du das richtige Ambiente. So sind deine Bürger aber auch etwas vereinzelt, denn jeder steuert andere Lieblingsplätze an.

Eine ländliche Tradition hast du nicht. Keine Kerb, keinen Gickelschmiss, kein Äppelwoi-Lokal. Dein Werdegang ist urban, dein Gebiet war zum Zeitpunkt deiner Gründung schon teilweise bebaut. Eine Betonwüste bist du nicht geworden, auch nicht Verkehrsknotenpunkt. Kein reines Wohngebiet. Aber du besitzt zahlreiche, zauberhafte Nischen und eine lebendige Infrastruktur.

Wer bist du also? Halb Großstadt, halb ein kleines Paradies. Großstadt mit den lauten, verkehrsreichen Straßen, Schnellimbissen, Pizzaservices. Großstadt auch mit den eiligen Menschen, die zur U-Bahn hasten oder sich mit ihren Autos durch den Stop-and-Go-Verkehr quälen. Dann aber die andere Seite: das Dichterviertel mit den hohen und sehr verschiedenartigen Bäumen und den kopfsteingepflasterten Seitenstraßen. Der Sinai-Park, benannt nach einem großen Gärtnereibetrieb, der 1890 gegründet und nach 1978 der Wohnbebauung an der Walter-Leiske-Straße wich, bietet seit 1986 deinen Bewohnern Erholung. Doch so laut die Eschersheimer Landstraße sein mag, die großen Gärten zwischen deinen im Laufe des 20. Jahrhunderts erbauten Häusern bieten einen beruhigenden Blick ins Grüne und lassen Freiheit atmen. Dann gibt es noch die Eisdiele an der Ecke, in der man hinter Sträuchern gut versteckt, seinen Cappuccino schlürfen kann.

Maria Regina Kaiser

Emma, verloren

Mir war klar, dass die Katastrophen, von denen man täglich in der Zeitung las, auch mir passieren könnten. Es war die Zeit vor dem Internet.
Er war ein mit Preisen gekrönter Autor, der nebenher an der Börse handelte, ein Broker. Das Wort hörte ich zum ersten Mal im Zusammenhang mit ihm. Eines Tages rief er an. Er hätte von mir gehört. Von meinem neuesten Buch. Er werde es lesen. Wir müssten uns unbedingt einmal kennenlernen. Ich sollte meine Unterlagen zurechtlegen. Er wollte mit mir über Versicherungen sprechen. Beim Abschluss mehrerer Verträge kämen Rabatte zustande. Intelligent versichern. Nicht bei vier verschiedenen Unternehmen, sondern alles bei einem.

Wir waren damals ziemlich neu in Unterliederbach, wo wir ein Reihenhaus hinter dem Lärmschutzwall der Autobahn bezogen hatten. Eine kindersichere Lage mit langgestrecktem Vorgarten und einem Grünstreifen zwischen Wall und Häuserreihe, in dem keine Autos fahren durften. Unser Sohn sollte dort mit dem Dreirad herumkurven und mit den Nachbarskindern spielen. So war die Planung, als mein Mann und ich das Haus zum ersten Mal sahen. Alle diese Reihenhäuser, Ende der 50er-, Anfang der 60er-Jahre gebaut, standen unter Denkmalschutz.

In nur wenigen Gehminuten konnte man einen kleinen Laden erreichen, in dem es Brot und Gemüse gab, Schokolade, Zeitungen und Brötchen. Ihm gegenüber lag der alte Marktplatz mit Fachwerkhäusern rundum. Etwas weiter befand sich die Königsteiner Straße mit kleinen Geschäften, Chemischer Reinigung und Lokalen. Zwei Schreibwaren- und Bürobedarfsgeschäfte waren zu Fuß zu erreichen. Anfang der 90er-Jahre hatten wir hier alles, was wir brauchten. Eine Birke, eine Kiefer und einen knorrigen alten Apfelbaum. Im Gehölz vor dem Wall, auf das ich vom Küchenfenster blickte, nisteten Eichelhäher.

Als der erfolgreiche Kollege mich aufsuchte, ein Riesenkerl mit Glatze, in Bügelfaltenhose und weißem Hemd, war es Sommer und ich schwanger, mein Bauch schon ziemlich kugelartig und meine Beweglichkeit leicht eingeschränkt. Es war morgens gegen elf.

Schweigend schaute er über den Garten, auf das Haus, auf mich und den Sandkasten, in dem unser Sohn Plastikautos hin und her schob.

»Ich hab Kaffee gekocht, gehn wir rein«, schlug ich vor.

»Der Kleine bleibt aber draußen«, sagte er, »der würde nur stören.«

»Keine Sorge«, sagte ich. »Der spielt stundenlang vor sich hin.«

»Passen Sie auf«, sagte er, als er am Wohnzimmertisch saß und breitete Prospekte aus. »Das Leben ist wie die Börse. Irgendwann geht der Zacken in die Höhe. Aber Sie wissen nie, wann der höchste Punkt erreicht ist. Nach dem Höhepunkt kommt der Absturz.« Das Unglück, erklärte er, lauere in irgendeiner Ecke. Es sei schon da, lange bevor es sichtbar würde.

Ich goss Kaffee nach und bewunderte den Parketthändler, der nebenher Romane schrieb. Er redete und ich lauschte. Es war drei, als er die Versicherungsangebote zu mir herüberschob. Draußen donnerte es.

Ich sprang auf und riss die Tür zum Garten auf. Mein Sohn saß nicht mehr im Sandkasten. Ich hatte ihn während des Gesprächs vollkommen vergessen. Der kleine Kerl musste jetzt Hunger haben. Ich rief seinen Namen. Eine Windböe fegte durch den Garten.

»Das Gewitter ist noch weit weg«, sagte der Börsenmakler.

Ich hastete durch den Garten, schaute unter den Büschen nach, riss die Tür zum Fahrradschuppen auf.

»Der kann nicht weit sein«, rief mein Kollege. Er stand jetzt auf der Terrasse und rührte sich nicht von der Stelle.

Die Nachbarn auf der rechten Seite waren in Urlaub gefahren. Auch ihr Garten war verlassen.

»Mein Sohn ist verschwunden«, rief ich einer anderen Nachbarin zu, die gerade mit dem Hund vorbeiging.

»Er war im Garten und jetzt ist er nicht mehr da.«

»Der kann nicht weit gekommen sein. Wie alt ist er? «

»Zweieinhalb«, sagte ich.

»Mein Gott, was hat er an?«

»Die grauen Jeans, oder doch die braunen? Ein weißes T-Shirt. Und blaue Turnschuhe, glaube ich.«

Oder vielleicht die Sandalen, das wusste ich gar nicht mehr genau, als ich es dem Polizisten erzählte, der eine halbe Stunde später eintraf.

»Wann haben Sie ihn zuletzt gesehen? Wie lange saß er allein da draußen?«

»Er ist hellblond, hat grünbraune Augen, kurzes Haar, nicht ganz kurz.« Meine Stimme zitterte, als ich meinen Sohn beschrieb. Sehr viele Nachbarn standen im Zimmer, sie kamen, sie gingen. Ich musste am Telefon bleiben, falls sich jemand meldete, bei dem der Junge aufgetaucht war.

Dass er aus dem Garten gelaufen war, war unmöglich, ängstlich und ungeschickt, wie er war.

»Er ist noch nie über den Zaun geklettert«, wiederholte ich.

»Haben Sie bei seinen Freunden nachgefragt? Vielleicht hat ihn jemand mitgenommen.«

Hatte ich natürlich. Max, sein bester Freund, war heute auf einem Tagesausflug mit den Großeltern unterwegs. Die angrenzenden Nachbarn waren im Urlaub.

Er musste längst Hunger bekommen haben und frieren.

»Und es regnet«, sagte ich. »Es muss etwas passiert sein. Vielleicht ist er bis zur Straße gelaufen und irgendwer hat ihn im Auto mitgenommen.«

Der Polizist erklärte, die Kollegen seien jetzt alle informiert. Per Polizeifunk sei die Nachricht durchgegeben. Doch bis jetzt sei das Kind nirgendwo aufgetaucht. Nein, auch nicht bei einer Polizeistelle abgegeben worden.

Der Brokerautor war ohne Abschied verschwunden.

Sie hätten den Bach abgesucht, berichtete der Nachbar von der anderen Seite, der nicht zu seiner Schicht gegangen war, um mit weiteren Leuten das Viertel nach meinem Sohn abzusuchen.

An den Liederbach hatte ich überhaupt nicht gedacht. So weit weg war der gar nicht. In den letzten Tagen hatte es geregnet. Er führte jetzt eine ganze Menge Wasser. Ich umklammerte die Stuhllehne neben mir. Der Junge war jetzt gegen Abend zu lange fort. Die harmlosen Erklärungen entfielen allesamt, das wusste ich. Ein Zweijähriger verschwindet nicht gerade mal so für vier oder fünf Stunden.

Und dann kam die Nachbarin, die zwei Häuserreihen weiter wohnte, und hielt ihn an der Hand. Auf dem Grundstück seines Freundes Max, der heute mit den Großeltern einen Tagesausflug unternahm, hatte er stundenlang auf der überdachten Terrasse mit den Autos seines Kumpels gespielt, verborgen hinter den Rosenstöcken. Nur weil sie auf dem Fahrrad langsam vorbeigefahren war, hatte sie ihn erspäht.

»Selig sei die Stadt genannt, in der ich meine Tochter Emma wiederfand«, soll Kaiser Karl vor Jahrhunderten gerufen haben, als er seiner durchgebrannten Tochter wieder begegnete. So macht es einer, der Kaiser ist.

Es lag nicht in meiner Hand, Unterliederbach neu zu benennen, ich war schließlich nicht Kaiser Karl. Der Junge hieß auch nicht Emma, sondern Thomas. Längst wohne ich nicht mehr in Unterliederbach. Aber wenn ich zurückdenke, fallen mir die hilfsbereiten Nachbarn von damals ein und der Moment, als mein Kind an der Hand seiner Finderin im Garten stand.

›Krokantpralinchen‹

Zutaten:
für den Krokant: 150 g Zucker, 50 g Butter, 150 g gehackte Haselnüsse, 1 Prise Zimtpulver, 1 Prise Nelkenpulver
für den Kuchen: 400 g Restekuchen (Biskuitboden, Marmorkuchen, Rührkuchen, Mürbeteig, Kekse, Löffelbiskuit), 300 g Kuvertüre, 50 g Kokosfett, 3 Pck. Vanillezucker, 6 EL Apfelbrand

Zubereitung:
In einer großen Pfanne Zucker und Butter schmelzen, rühren bis der Zucker vollständig geschmolzen ist, Haselnüsse zufügen, leicht karamellisieren lassen und die Masse auf eine glatte eingeölte Fläche streichen (Marmorplatte, oder Packpapier). Krokant richtig erkalten lassen und anschließend in einen Gefrierbeutel geben und mit dem Nudelholz zerbröckeln. In eine Schüssel geben und mit Zimt- und Nelkenpulver mischen.

Kuvertüre hacken und mit dem Kokosfett im Wasserbad schmelzen. In einer Schüssel den Restekuchen zerbröckeln, Vanillezucker, Apfelbrand und geschmolzene Kuvertüre unterheben. Masse gut mischen und kleine Kugeln formen. Diese im Krokant wälzen, leicht drücken und auf einen Blech legen. Pralinchen mindestens 3 Stunden in den Kühlschrank stellen.

Tipp:
Servieren Sie die Pralinchen zum Espresso oder zwischendurch.

Monika Carbe

Ein Spaziergang

Wo beginnen? An der U-Bahn-Station Westend an der Bockenheimer Landstraße und im Café Laumer in Gedenken an Theodor W. Adorno einen Kaffee trinken? Oder der Route des 36er Busses von der Hansaallee bis zum Palmengarten folgen? Oder abseits von den großen Straßen wie dem Reuterweg oder dem Grüneburgweg mit seinen zahllosen Läden – sogar eine Post gehört dazu! – über die stillen Seitenstraßen wie die lindenumsäumte Friedrichstraße gehen, um das Westend zu erkunden?

Von allem etwas. Und anfangen soll der Spaziergang vor der überlebensgroßen Skulptur von Jaume Plensa auf dem Unicampus Westend, auf dem weiträumigen Platz zwischen Mensa und Hörsaalgebäude. 2010 wurde »Body of Knowledge« aufgestellt, ein sitzender weiblicher Oberkörper, der aus Buchstaben aus acht Alphabeten der Welt besteht; von chinesischen Schriftzeichen über das Sanskrit und das Arabische bis hin zum Griechischen und Lateinischen ist hier alles zu einer Figur mit einem weit ausladenden Busen zusammengefügt, die die Kinder zum Klettern verführt.

Jugendliche rollen auf ihren Skateboards über den Platz, zum Teil mit waghalsigen Sprüngen, Kinder planschen im Wasserbecken mit der hoch aufsteigenden Fontäne, und aus einem Transistorradio am Beckenrand ertönt überlaut Rockmusik. Weiter geht es auf dem asphaltierten Weg zwischen dem House of Finance und der Juristischen sowie Wirtschaftswissenschaftlichen Fakultät in Richtung Grüneburgpark. Nach nicht allzu vielen Schritten ist man im Koreanischen Garten mit den beiden kleinen Tempeln und ihren geschwungenen Dächern, die zur Besinnung einladen. Der Koreanische Garten ist ein Geschenk Süd-Koreas an die Stadt Frankfurt am Main. Den Anlass stellte die Buchmesse von 2005 dar, als Süd-Korea Ehrengast war. Unweit davon steht die griechisch-orthodoxe Kirche, eine weitere Einladung zur Meditation.

Bevor man weitergeht, sollte man sich einen Kaffee unter einem der Sonnenschirme im Park-Café gönnen, sich behaglich zurücklehnen und den Blick über die Wiesen und Bäume schweifen lassen und über das Grün mit tollenden Kindern und Jugendlichen, die Federball spielen. Dann die Wanderung durch den Park, vorbei am Botanischen Garten und dem Fahrrad-Übungsplatz bis zur Kindertagesstätte. Und schon ist man am Haupteingang des Palmengartens angekommen. Die Gründerzeitvillen gegenüber sind wohl die imposantesten, die das Westend zu bieten hat. Die klassizistischen Fassaden sind zum Teil mit Säulen dekoriert und hier kann man sich vorstellen, wie elegante Flaneure, ein Nelke im Knopfloch, den Spazierstock schwingend, Ende des 19. Jahrhunderts eine Kutsche vorfahren ließen, um sich zum Opernhaus – heute der Alten Oper – zu begeben.

Dann durch die Rossert- und die Myliusstraße weiter. Hier sind kaum Passanten unterwegs, abgesehen von einigen wenigen alten Damen mit violett schimmernden Silberlöckchen, die ihre Hunde ausführen. Biegt man von der Myliusstraße in die belebte Feldbergstraße mit ihren vielen Restaurants ein, ist es, als nähme ein Gemälde von Max Beckmann Gestalt an, denn so wirken die Eckhäuser. Aber der Autoverkehr auf der Feldbergstraße bringt einen in die Gegenwart zurück. Überall ist es dasselbe: Die Fassaden der Altbauten, die in den 1970er Jahren verblasst waren und heruntergekommen wirkten, sind saniert, und an den Neubauten dazwischen erkennt man, wo die Bomben im Zweiten Weltkrieg eingeschlagen sind. An der Ecke zur Freiherr-vom-Stein-Straße fällt eine rechtwinklige Villa im Renaissancestil auf – ein Hauch von Italien! Biegt man hier nach rechts ab, gelangt man bald in die stille Friedrichstraße, die, wie oben erwähnt, von Linden umsäumt ist. Gepflegt sind die Vorgärten und nicht selten befindet sich zwischen Bambus und Eiben eine Skulptur. Blickt man zu Boden, sieht man »Stolpersteine«, die man besser Gedenksteine für von hier aus deportierte und ermordete Juden nennen sollte.

Nachdem man die Friedrichstraße überquert hat, steht man vor der Synagoge. Wie sehr wünschte man sich jetzt einen Hocker und einen Skizzenblock samt Stift, um die Kuppel der Synagoge mit dem eingemeißelten Löwen von Juda aufs Papier zu bringen! Erbaut wurde die Synagoge kurz vor dem Ersten Weltkrieg im assyrisch-ägyptischen Stil mit Zitaten des Klassizismus der Gründerzeit-Ära. Sie ist nicht nur Gotteshaus mit einem prachtvoll ausgeschmückten Tempelsaal, sondern beherbergt auch eine Jüdische Volkshochschule, die Kurse und Veranstaltungen anbietet. Auch Ivrit, das heutige Hebräisch, kann man hier lernen. Tag und Nacht wird die Synagoge von der Polizei überwacht.

Schlendert man nun über die Altkönigstraße und geht die Liebigstraße bis zur Staufenstraße entlang, um dort in Richtung Rothschildpark einzubiegen, fällt einem auf, wie sehr doch die Gegend solide Bürgerlichkeit, wenn nicht gar Behäbigkeit widerspiegelt. Und Erinnerungen an die frühen 1970er Jahre werden geweckt, als hier der Häuserkampf tobte und so manches Gebäude mit den damals abbröckelnden Fassaden besetzt war. Wer lebt heute hier? Wer kann sich die Mieten der Fünf-bis-Sieben-Zimmer-Wohnungen leisten? Manager, die bei Banken oder Versicherungen arbeiten, gut verdienende Redakteure und Freiberufler, auch Schauspieler und Musiker, sofern sie ein festes Engagement haben. Nicht zu vergessen sind die weniger Betuchten, die mit den Dachkammern und Souterrainwohnungen vorlieb nehmen. Viele Gebäude sind von den Bomben im Zweiten Weltkrieg verschont geblieben, das trifft allerdings nicht auf die südliche Ober- und Unterlindau zu, hier wurden in den 1950er oder 1960er Jahren Sozialbauten hochgezogen. Dadurch, dass sich auch weniger betuchte Familien die Mieten hier leisten können, ist dafür gesorgt, dass das Stadtviertel nicht allzu homogen großbürgerlich ist, sondern auch kleinbürgerliche Leute hier ein Zuhause finden. Frankfurt – das ist nicht die Liebe auf den ersten Blick, sondern eine Stadt, an die man sich erst gewöhnen muss. Wer Frankfurt-Skeptiker von der Stadt überzeugen will, sollte ihnen das Westend zeigen, als Vorzeige-Quartier und Juwel unter den Stadtteilen.

Am Rothschildpark in der Staufenstraße, Ecke Reuterweg, steht heute das Instituto Cervantes, das spanische Kulturinstitut, das in die Räume des ehemaligen Amerika-Hauses eingezogen ist. Und schräg gegenüber eine der vielen Galerien im Westend, die Galerie am Park, die alle paar Monate zu gut besuchten Vernissagen zeitgenössischer Kunst, aus vielen Ländern der Welt, einlädt. Der Rothschildpark ist zwar klein, hat aber auch seine Reize.

Außer einem großzügig angelegten Spielplatz fällt hier der Bettinaturm ins Auge, eine altertümelnde Ruine, welche Kinder zum Versteckspiel einlädt.

Überquert man die Bockenheimer Landstraße, befindet man sich im südlichen Westend, das östlich von der Taunusanlage und der Mainzer Landstraße, südlich von der Friedrich-Ebert-Anlage und westlich von der Senckenberg-Anlage umgrenzt wird. Auch hier, im Schatten der Hochhäuser des Bankenviertels, geht es beschaulich zu. Wer erinnert sich nicht an das Literaturhaus in der Bockenheimer Landstraße, gegenüber dem Hotel Palmenhof? Die frei stehende Villa ist seit langem eine Baustelle, und das Literaturhaus ist an den Main gezogen. Nicht weit davon entfernt die Lindenstraße, in der einst der Suhrkamp-Verlag residierte.

Nach Komponisten, Philosophen und Bäumen sind die Straßen im südlichen Westend benannt und die Häuser sind zwar stattlich und gepflegt, jedoch weniger imposant als im nördlichen Teil. Auch hier befinden sich vereinzelt Galerien, kleine Cafés, Boutiquen und Läden, vor allem aber auch Restaurants, die als Geheimtipp gelten. Außerdem sind hier die Bettinaschule und die Elsa-Brandström-Schule. Überdies gibt es Kinderläden, wie den »Zaubertiger« neben dem Café Laumer sowie Krabbelstuben. Und so begegnet man auf den Straßen immer wieder jungen Frauen, die in fröhlicher Runde miteinander plaudern.

Zwei Querstraßen ziehen von Ost nach West, der Kettenhofweg und die Westendstraße. Verwinkelt sind die Seitenwege, verwinkelt und voller Grün. Im Kettenhofweg 123 lebte einst Theodor W. Adorno, der 1969 starb. Viele Akademiker leben hier, Akademiker im engeren Sinn, das heißt, Professoren und Dozenten der Universität, auch viele Institute der Universität waren hier angesiedelt, bevor sie auf das neue Gelände des Campus Westend zogen. Zwei Plätze gehören zum Bild des Viertels, der Westendplatz, der mit seinen Bänken zum Verweilen einlädt und der

Beethovenplatz mit der Christuskirche, die der Ökumene vorbehalten ist.

Wenn Adorno gedacht wird, so seien auch die Dichter im nördlichen Westend nicht vergessen; in der Wiesenau 10 lebte einst Marie-Luise Kaschnitz und Horst Bingel war ihr Nachbar. Bevor Robert Gernhardt ins Nordend zog, bewohnte er eine lichte Atelierwohnung in der Telemannstraße, wo er mit seiner ersten Frau Almut bis weit nach Mitternacht dichtete und malte. Und so befinden wir uns wieder nördlich vom Rothschildpark, überqueren den verkehrsreichen Reuterweg und kommen an der katholischen St.-Ignatius-Kirche an. In diesem Teil des Westends liegt auch die Engelbert-Humperdinck-Schule, die auf der Rankingliste der jungen Eltern den ersten Platz einnimmt. Zu erwähnen sind in diesem Viertel vor allem die Hansaallee und die Körnerwiese mit ihren großzügig angelegten Bauten, die wiederum deutlich ans 19. Jahrhundert erinnern.

Ein Spaziergang durchs Westend – das kommt einem Traum von vergangenen Zeiten gleich, als alles weniger hektisch zuging. Und doch wird man gerade dort, wo die Hansaallee sich mit der Bremer Straße kreuzt, gleich hinter dem Lessing-Gymnasium wieder unmittelbar in die Gegenwart befördert, sind dort doch kaum übersehbare Scharen von Studentinnen und Studenten unterwegs, die von der U-Bahn-Station Holzhausenstraße auf dem Weg zum Universitätscampus sind. Würden wir ihnen folgen, kämen wir wieder bei Jaume Plensas »Body of Knowledge« an.

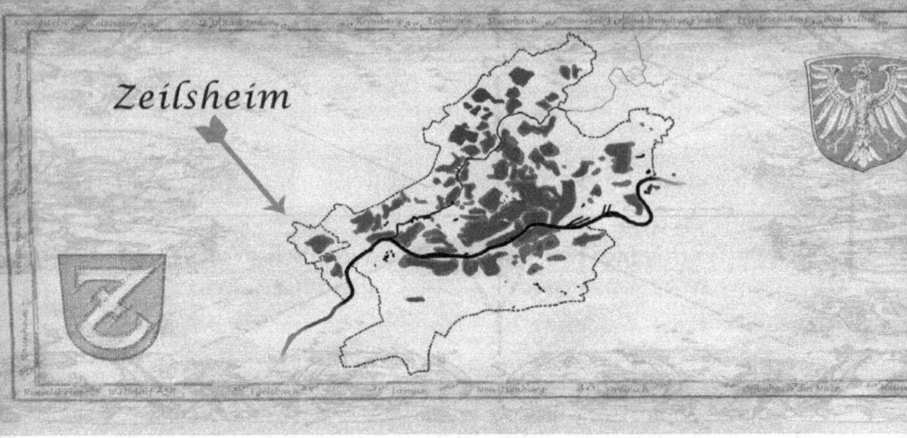

Reha Horn

Das Ausländerfest

Vergiss nie Deine Heimat,
wo Deine Wiege stand.
Du findest in der Fremde
Kein zweites Heimatland.
Volkslied

Tag für Tag begrüßte sie dieser Spruch, der direkt gegenüber der Eingangstür in der Diele hing und jeden, der die Wohnung betrat, immer daran erinnerte, sich ja nie heimisch zu fühlen. Fast noch auffallender als diese dezente Mahnung, war das Teil, auf dem sie gedruckt war: Ein schwarzes Stück Plastik in Holzoptik und mit goldener altertümlicher Schrift, der Spruch aufgedruckt. Ein verwandter Onkel, der kurze Zeit in Deutschland gelebt hatte und anschließend weiter nach Kanada ausgewandert war, hatte dieses Souvenir dagelassen. Ihr Vater hatte das Geschenk akkurat mit Wasserwaage und viel Sorgfalt an die Wand gebracht. Es war nun wie ein Schwur, der die ganze Familie, die überall auf der Welt verteilt war, für immer miteinander verbinden sollte.

Erschöpft warf sie ihre Sachen in die Ecke und lief in die Küche. Sie hatte großen Hunger, wie fast immer, wenn sie aus der Schule kam. Die Brote, die sie sich morgens selber machte, sahen weder appetitlich aus, noch schmeckten sie ihr. Meist zerbröselten sie in der Plastiktüte, in die sie sie steckte, und landeten einige Tage später im Müll. Ihre Mitschüler hatten hingegen tolle Brote dabei. Ein Schüler hatte sogar Gurken, Tomaten und Salatblätter auf seinen Stullen. Seine Eltern mussten ihn sehr lieben.

Wie so oft war sie allein zu Hause und machte sich schnell ein paar Spiegeleier. Ungeduldig hopste sie von einem Bein auf das andere und überlegte, was sie alles für Hausarbeiten von ihren Eltern aufgetragen bekommen hatte: Geschirr spülen, Küchenflächen wischen, Küchenboden saugen, im Wohnzimmer abstauben.

Sie wollte möglichst schnell fertig sein mit dem Haushalt, um rausgehen zu können und mit den anderen Kindern spielen zu können. So war es jeden Tag. Die Kinder aus dem Haus und den umgebenden Hochhäusern trafen sich und blieben meistens draußen, bis es dunkel wurde. Ob die deutschen Kinder wohl auch so viel im Haushalt machen müssen? – dachte sie.

Die anderen Kinder aus dem Haus, in dem sie wohnte und mit denen sie viel Zeit verbrachte, waren ja keine Deutschen. Sie mussten zwar auch ihren Müttern helfen, aber meistens war jemand von den Großen da und die Arbeiten wurden zusammen verrichtet. Aber sie traute sich nicht, jemanden aus ihrer Schule zu fragen. Die waren ja ganz anders und sie würde sich wohl bloß blamieren.

Sie nahm die Pfanne mit ins Wohnzimmer, legte sich noch zwei Scheiben Toast aufs Tablett und stellte alles auf den gläsernen Couchtisch.

Sie schaute sich um – es sah alles recht sauber aus. Sie musste nicht allzu viel von ihrer Freizeit für die Hausarbeiten verschwenden.

Dann schaltete sie den Fernseher an. Es lief die Kinderserie, die sie jeden Tag um diese Zeit schaute. Schon fühlte sie sich besser und fing an zu essen.

Als sie fertig war, räumte sie zügig das Geschirr in die Spüle und wusch es sorgfältig ab. Anschließend schrubbte sie die Spüle, denn so hatte sie es ja gelernt. Nur noch staubsaugen, abstauben und das Bad putzen. Dann gehörte der Tag endlich ihr.

Gerade als sie den Staubsauger weggeräumt hatte, klingelte es an der Tür. Sie hob den Hörer der Gegensprechanlage ab und fragte: »Hallo?«

»Sarina! Kommst Du runter?«, rief ihre Freundin Berrin.

»Ja, warte. Ich komm gleich! Wo seid ihr?«

»Wir warten auf dem kleinen Spielplatz und wollen dann zum Abenteuerspielplatz.«

»Okay, ich komme!«, rief Sarina und legte auf. Hastig zog sie sich ihre Schuhe und ihre Jacke an und kritzelte schnell für ihre Eltern aufs Papier: Bin draußen und komme gegen acht Uhr wieder.

Auf dem Spielplatz warteten schon fast alle Freundinnen aus Haus 31 und Haus 18, um gemeinsam für den großen Tag zu proben: Das Ausländerfest.

Das war jedes Jahr ein Riesenereignis für die Ausländer, denn sie standen plötzlich im Mittelpunkt. Sogar die örtliche Zeitung war immer da und berichtete mit Fotos und wenn man Glück hatte, kam man namentlich mit seinem Herkunftsland in die Zeitung.

Vor allem für die Kinder war es ein freudiger Anlass, denn das bedeutete, dass sich alle regelmäßig trafen und Pläne schmiedeten, was sie so auf dem Fest machen könnten.

Dieses Jahr waren sie ja nun auch schon sehr erwachsen, denn sie waren schon in der vierten Klasse und das bedeutete, dass im nächsten Jahr die eine oder die andere von ihnen auf eine andere Schule gehen konnte.

Die Mädchen hatten gemeinsam mit der Frau von der Stadt, die das Fest organisierte, geplant, dass sie eine Art Miniplayback-Show machen wollten und das zu einem türkischen Pop-Lied!

Es war das erste türkische Lied, das man sogar in den deutschen Radios hören konnte und zudem auch noch ein sehr modernes. Sarina war zwar keine Türkin und einige andere auch nicht, aber das war egal, denn aus ihren Ländern gab es nun mal keine Musik, die man nehmen konnte. Dieser Pop-Song stand für sie alle und alle identifizierten sich mit ihm.

Sie probten und probten unermüdlich. Eine gab die Sängerin und die anderen tanzten dazu. Eine Choreografie hatte man sich auch schon ausgedacht und nun musste nur noch jeder Schritt sitzen. Sogar die Verkleidung für den Auftritt stand schon fest und sie waren sehr aufgeregt und stolz, dass sie endlich mal zeigen konnten, was sie zu bieten hatten.

Noch genau zwei Tage und dann war es soweit.

Sarina schaute auf ihre Uhr und erschrak – es war bereits zwanzig nach acht und sie wusste, dass acht Uhr die Grenze war und nur nach Rücksprache und Verhandlungen eventuell eine Stunde drangehängt werden konnte. Sie verabschiedete sich von den anderen und rannte schnell nach Hause.

Sie kam atemlos am Aufzug an und zitterte am ganzen Körper. Endlich war der Aufzug da und sie überlegte sich auf dem Weg in den zehnten Stock eine Entschuldigung, weshalb sie zu spät war.

Oben angelangt lief sie auf die Tür zu und schaute sofort auf den Spion, sah aber, dass kein Licht brannte. Sie steckte den

Schlüssel ins Schloss und drehte ihn, doch er drehte sich noch zweimal weiter, bevor die Tür sich aufschloss.

Drinnen war es dunkel und die Wohnung schien leer. Sarina knipste das Licht an und sah, dass alles so war, wie sie die Wohnung heute Mittag verlassen hatte.

Umsonst beeilt, dachte sie sich. Sie lief ins Wohnzimmer und machte den Fernseher wieder an. Ihre Serien liefen jetzt nicht mehr. Doch wo waren ihre Eltern? Ihr Vater hatte wahrscheinlich Spätschicht und ihre Mutter war vielleicht nach der Arbeit einkaufen oder zu Freunden gegangen.

Plötzlich hörte sie das Türschloss sich ruckartig öffnen und das Licht im Flur ging an.

»Hallo!«, rief Sarina freudig und erleichtert und rannte in den Flur, »da seid Ihr ja!«

»Na, du guckst ja schon wieder fern. Was lernst du denn dabei? Hast du die Hausarbeiten erledigt?«, fragte ihre Mutter.

»Ja, hab ich und ich guck erst seit ein paar Minuten. Wir haben doch vorher geprobt für das Ausländerfest am Sonntag.«, erzählte sie aufgeregt. Endlich konnte sie ihren Eltern davon berichten.

»Ah ja. Hauptsache sinnlose Dinge tun den ganzen Tag«, sagte ihr Vater.

»Aber ich hab doch alles gemacht, was Ihr mir gesagt hattet«, verteidigte sich Sarina.

»Komm, hilf uns lieber die Einkäufe wegzuräumen. Wir wollen was essen«, sagte die Mutter. Sarina nahm sich eine Tüte und trug sie in die Küche, wo sie die Einkäufe wegräumte. »Bring mal das Tuch!«, rief ihre Mutter aus dem Wohnzimmer.

Sarina brachte ihr das Tuch, das eigentlich eine Tischdecke war. Ihre Eltern legten die Decke immer auf den Boden, wo sie dann auch saßen und gegessen wurde.

Ihr Vater brachte Tee aus der Küche und setze sich auch an die Decke. Es war, als würde Sarina gar nicht existieren. Die Eltern unterhielten sich untereinander über etwas, doch keiner redete mit ihr.

»Mama, Papa. Am Sonntag treten wir doch auf!«

»Wer ist ›wir‹ und wo tretet ihr auf?«, fragte ihr Vater streng.

»Das hab ich doch gesagt. Beim Ausländerfest. Und wir, die Mädchen aus Haus 31 und 18, singen und tanzen ein türkisches Poplied.«

»Wieso türkisch? Bist du Türkin?«, fragte ihr Vater.

»Nein, aber ich bin doch alleine aus unserer Heimat und Popmusik haben wir nicht«, antwortete Sarina sich verteidigend.

»So ein Quatsch«, sagte ihr Vater »Was trittst du denn mit Türken zu türkischen Liedern auf? Außerdem singen und tanzen auf der Bühne! Was soll das denn?! Kümmer dich lieber um deine Schule, damit du mal was Ordentliches machen kannst.«

»Aber Papa, ich hab doch so gute Noten in der Schule, und die Lehrer finden es ganz toll, dass wir so engagiert sind beim Ausländerfest.«

»Ja, klar, finden die das toll. Die wollen ja auch, dass die Ausländer alle dumm bleiben und nur putzen gehen.«

»Hol doch mal die Äpfel aus der Küche«, sagte ihre Mutter.

Sarina stand traurig auf und hatte schon Tränen in den Augen. Sie brachte die Schale mit dem Obst und stellte sie auf die Bodendecke. Ihre Mutter nahm einen Apfel, biss rein und sagte: »Noch nicht mal die Äpfel hier schmecken nach Äpfeln.«

Sarina wusste nicht, was sie damit meinte.

»Also, kann ich am Sonntag zum Ausländerfest?«, fragte sie fast flehend. Es war ihr mittlerweile egal, was ihre Eltern davon hielten, Hauptsache, sie konnte hingehen.

»Wir fahren doch morgen über das Wochenende nach Holland zu deinem Onkel«, sagte ihre Mutter, »Dein Vater hat frei.«

›Apfelsalat‹

Zutaten:
5 Äpfeln, 1 Möhre, 1 Selleriestange, 5 Radieschen, 1 Tasse kleingeschnittene Kräuter (Petersilie, Basilikum, Zitronenmelisse, Kerbel, Kresse), 1 Tasse Nüsse (Mandeln, Walnüsse, Haselnüsse), ½ Tasse Körner (Kürbis, Sonnenblumen, Sesam, Leinsamen),
Für die Vinaigrette: 4 EL Zitronensaft, 1 EL Apfelessig, 5 EL Olivenöl, 2 EL Rapsöl, 5 EL Apfelsaft, 1 TL Honig, 1 Prise Zimtpulver, 1 TL Tafelmeerrettich, 1 TL Senf, Salz, Pfeffer, ½ TL Thymian

Zubereitung:
In einer Pfanne ohne Fett zuerst die Nüsse, dann die Körner anrösten und erkalten lassen.
In eine Dose mit Verschluss Zitronensaft, Apfelessig, Olivenöl, Rapsöl, Apfelsaft, Honig, Zimtpulver, Tafelmeerrettich, Senf, Salz, Pfeffer und Thymian geben und kräftig zu einer Vinaigrette schlagen.
Möhren, Selleriestange und Radieschen waschen, putzen, schälen, raspeln und in eine große Schüssel geben. Äpfel schälen, vierteln, entkernen, grob raspeln und zu dem Gemüse mischen. Vinaigrette darüber schütteln und gut mischen. Salat im Kühlschrank ziehen lassen. Kurz vor dem Servieren Kräuter, Nüsse und Körner untermischen.

Jörg Engelhardt

Fern göttlisch Geschmäckelsche!

Die Skatrunde im Traditionslokal »Seppche« hatte sich gerade aufgelöst, als Dieter Neubecker seinen allerletzten Schluck über Zunge und Gaumen durch den ganzen Körper gleiten ließ. Kerle, Kerle! Was iss es doch immer widder fern göttlisch Geschmäckelsche! – dachte sich der unverbesserliche Alltagsgenießer, nachdem seine letzten Spielbrüder ihn verlassen hatten. Also beschloss er, seinen Tastsinn am Gerippten zu halten und in seinem Kopf, seine übrigen fünf Sinne auf eine Geschmacks- und Geruchserlebnisreise durch den Ort zu schicken.

Die Reise begann dort, wo die da hocke, die wo immer da hocke, an jedem zweiten Donnerstag im Monat. Nämlich hier in Alt-Schwanheim, dem kulinarisch interessantesten Straßendurchstich auf dem Weg von der historisch bedeutsamen Industriekultur in die zeitlos lebendige Natur, der Wälder, Felder, Auen und Dünen. Der säuerlich – apfeltrunkene Atem des stilvollen Trinkers mischte sich mit den an der frischen Luft eingesaugten Gerüchen, die aus den vielen Küchen, der einheimischen wie auch internationalen Lokalitäten, auf den fußgängerzonenfreien Asphalt der liebenswert nostalgischen Flaniermeile drangen. Denn anders als die viel bekanntere »Freßgass« hätte Alt-Schwanheim diesem Namen viel größere Ehre gemacht, zumal die Breite dieses historischen Ortskerns, trotz des Autoverkehrs dem Maß einer Gasse viel näher kommt.

Aus dem ehemaligen Frankfurter Hof heraus entwich des Schoppepetzers Atem und paarte sich mit den frischen Röstduft aus dem Caféhaus schräg gegenüber, nahm eine Prise Curry von »Hans Worscht« mit auf den Weg und ließ sich den Parmesan aus der Pizzeria dazwischen auf der Zunge zergehen. Egal, ob Deutsch, Italienisch oder Thai gekocht, der Atem und auch der Geruch gingen zusammen auf Freundschaftstour.

Nachdem Geruch und Geschmack sich verbrüdert hatten, sandte Dieter Neubecker, der immer noch da gehockt hat, wo er halt gehockt hat, sein inneres Auge aus, damit es sich hinzugesellte. Nun waren sie schon zu dritt. Der Atem, der Geruch und nun auch noch der Blick, der seine beiden Mitstreiter geradewegs im Zickzack über die Straße lockte, wo der schönste Schanigarten jenseits von Wien zum Verweilen lud. Frischester Rindsgulasch, flankiert von saftig-süßen Marillenknödeln, kreuzte sich mit kernig trockenem Blauen Zweigelt, bevor es weiter in den benachbarten Biergarten ging.

Der König der Biere rann die Kehlen hinunter und schickte die drei Sinnesreisenden kurz hinüber, wo duftender Basmatireis und lieblich süße Kokosmilch ihre Genießer fanden. Überall roch es, überall schmeckte es und überall sah es festlich aus, zumal man bei all diesen Lokalitäten draußen sitzen konnte. Draußen sitzen oder stehen, wie beim Wurststand gegenüber, wo sich der

»Schwanemer« gerne mal eine gute Frankfurter Rindswurst zwischendrin einverleibt.

Nicht, ohne auf der Straßenterrasse kurz davor noch einen frisch gemahlenen Cappuccino zu genießen.

Ein gut gefülltes türkisches Fladenbrot rundete das Genusserlebnis ab, ehe der Atem, der Geruch und der Anblick auf zwei neue Reisebegleiter stießen.

»Gestatten, ich bin das Gehör«, sagte der eine zu den drei anderen »und ich«, warf der Fünfte in der Runde ein, »bin der Verstand.«

So waren sie alle zusammen und bestaunten den eindrucksvollen Vereinsbaum, der sie an einen bayerischen Maibaum erinnern ließ.

»Überhaupt«, fügte der Verstand hinzu: »Ist ja Schwanheim sowieso die Hochburg des Frankfurter Baumwesens. Soviel Wald wie hier gibt es fast nirgends in Mainhattan und so viele Museen, immerhin zwei, gibt es am übrigen Stadtrand auch nicht. Von der Tatsache, dass gut sortierte Buchhandlungen jenseits von deutschen Innenstädten und synthetisch zusammengezimmerten Shoppingarkaden sowieso keine Zukunft haben, ganz zu schweigen. »Wenigstens«, so das Fazit des Verstandes, »hat hier eine davon ihre Gegenwart.«

»Typisch, der Verstand!«, warf plötzlich das Gehör in die Runde ein. »Hört ihr denn nicht das Krächzen der Papageien, das Wiehern der Wildpferde und das Meckern der Ziegen aus dem einzigen Stadtrandzoo, den es in Frankfurt gibt. Das alles ist hier und spielt sich vor euren Augen, Nasen, Mündern und Gehirnen ab. Ihr müsst es nur erfassen und durchleben.«

»Stimmt«, setzte der Anblick, der in diesem Moment zum Ausblick wurde, hinzu. »Hier siehst du noch moderne Straßenbahnen durch den vielfarbig grünen Wald fahren ... Aber unsereins muss auch nicht aufs teure Sylt verreisen, wenn er in den

Dünen liegen will. Hier tosen zwar keine Meereswellen an den Strand, aber dafür fließt der Main an ihnen vorbei. Denn Schwanheim ist nicht nur Wald, Wild und Sand, es ist auch Wasser. Nicht nur das Flusswasser, das seit Urzeiten auch die Lebensader dieses Stadtteils symbolisiert. Nein, sondern auch das Wasser aus den Fontänen im Waldspielpark, das sich im Sommer auf spielende Kinder ergießt. Aber jenseits vom Wasser brennt auch das Feuer, das die Holzkohle auf den Grillstationen im selben Park entfacht. Normalerweise grillt der Schwanheimer, so er denn sein Häuschen mit Garten hat – und das hat er öfter als anderswo – halt lieber zuhause und lädt sich dazu seine Familie, die Nachbarn oder auch die besten Freunde ein. Doch wenn er sich das nicht leisten kann, packt er sich Kind und Kegel und grillt im Wald an der dafür genehmigten Stelle.«

»Das riecht dann schon gut, obwohl die Äpfel der Pferde genauso gewöhnungsbedürftig stinken, wie die andere Wild – und Kleintierscheiße. Andererseits verteilt sich das auch wieder in die Weite, wo wir doch in dem nach Fläche gemessen, drittgrößten Frankfurter Stadtteil leben. Größer sind nur noch Sachsenhausen und der Flughafen, auf dem jeder arbeitet, aber niemand wohnt.«

»Da sagst du was, du alter Olfaktorischer!«, fiel dem Geruch sogleich das Gehör ins Wort. »Wenn der nicht wäre, wäre es noch viel schöner, weil es ja noch viel ruhiger wäre. Aber wer weiß, ohne diesen manchmal ungeliebten Nachbarn wären die Leute hier zwar ausgeruhter, aber dafür auch finanziell nicht so gut sortiert.«

»Aber man kann halt nicht alles haben, nicht mal hier, wo man ja wirklich immer alles hat!«, zog der Verstand das Fazit und schloss damit die Diskussion, wie auch die Tournee durch alle Sinnes- und Erlebnislandschaften im urwüchsig wilden Südwesten der großen Stadt.

So bedankten sich die fünf Reisefreunde und zogen sich gemeinsam in Dieter Neubeckers Kopf zurück. Der Dieter aber, hat immer noch da gehockt, wo er an jedem zweiten Donnerstag gehockt hat und blieb immer noch mit dem Tastsinn fest am Gerippten. Als er das Glas kurz darauf losließ, erwachte er aus seiner Fantasie der reisenden Sinne und freute sich auf den neuen Tag.

»Jeder Frankforter iss immer nur en Frankforter, aber en echte Frankforter wie isch, is aach noch en echte Schwanemer, un des iss viel mehr, als isch mit dem bissi Schoppegeld bezahle kann«.

In dieser Gewissheit verließ er das Lokal und wankte glückselig durch die Sommerluft in die fruchtig frische Nacht hinaus.

Tamara Labas-Primorac

idyll in rot

eine rote mohnblüte
liegt auf dem heuhaufen
rot, wie der mund der mutter
der lächelt
und das kind, selbstvergessen
zeichnet mondkreise mit einem
trockenen ästchen auf trockener erde
dabei summend wie eine hummel
und plötzlich
es steht auf
singt und hüpft
eine kuh muht in der ferne
das kind rennt zur oma
sie reicht ihm milch mit honig gesüßt
und der mund der mutter lächelt
rot, wie die mohnblüte
auf dem heuhaufen
nur der lärm der großstadt
durchbricht das idyll

Riederwald

Bruni Marx

»Wir kommen aus dem Negerdörfchen«

Ich wohne im Stadtteil Riederwald, tief im Osten der Stadt Frankfurt. Eigentlich lebe ich hier schon, seit ich das Licht der Welt erblickt habe, denn die ersten Monate nach meiner Geburt wohnten meine Eltern mit mir in der Mansarde meiner Großeltern in der Riederwälder Roscherstrasse. In deren Wohnung lebt heute meine Schwester. Meine Urgroßeltern väterlicherseits gehörten zu den ersten Bewohnern der Siedlung. Das sagt schon viel über den Riederwald aus.

Die Siedlung hat – man glaubt es kaum – Eingang in die Weltliteratur gefunden. Anna Seghers lässt ihren Helden Georg im Roman »Das siebte Kreuz« Unterschlupf vor den Nazis bei befreundeten Kommunisten in einer Wohnung im Riederwald finden. Und auch bundesweit hat es der Riederwald zu einiger Berühmtheit gebracht, zumindest unter Fußballfans: in den Sportnachrichten wird öfter von den »Riederwäldern« gesprochen und gemeint sind damit die Spieler der Frankfurter Eintracht, deren vereinseigenes Stadion hier beheimatet ist.

Anfang des letzten Jahrhunderts begann der Volks-, Bau- und Sparverein, eine Wohnungsbaugenossenschaft, auf sumpfigem Grund die Siedlung zu erbauen. Sie wuchs in drei Bauphasen zu ihrer jetzigen Größe. Vornehmliches Ziel war es, speziell für Arbeiterfamilien, hellen, für die damalige Zeit komfortablen und bezahlbaren Wohnraum zur Verfügung zu stellen. Wohnraum wurde dringend benötigt, denn die Wohnverhältnisse in der Innenstadt von Frankfurt wurden immer beengter und man baute gerade den Osthafen. Die Häuser haben in der Regel drei Geschosse. Über dem letzten Obergeschoß erheben sich die mit roten Ziegeln bedeckten, für die Siedlung typischen, Mansardendächer. Die zahlreichen Dachgauben bieten im Sommer Fledermäusen und Mauerseglern Heimstatt. Unmittelbar nach dem Ersten Weltkrieg wurde die Siedlung erweitert. Dieser Teil der Siedlung heißt im Volksmund »Gipsdielenhausen«, da er mit billigen, primitiven Baustoffen erbaut wurde. Auch der einstige Baustadtrat Ernst May hat seine Spuren im Riederwald hinterlassen. Die Straßenzüge, die Ende der zwanziger Jahre im Osten der »Keimzelle« entstanden, stehen seit einigen Jahren unter Denkmalschutz.

Die Kinder in der Siedlung hatten und haben zwischen den Häusern viel Raum zum Spielen, der nahegelegene Wald lud zu Entdeckungen ein. Da die meisten Kinder früher immer barfuß herumtollten und durch den ständigen Aufenthalt in freier Natur braungebrannt waren, behaupteten die Siedlungsbewohner gerne, dass sie in einem »Negerdörfchen« leben. Ein Begriff, den man heute sicher nicht mehr akzeptieren würde.

Der Zahn der Zeit nagt an den Siedlungshäusern. Leider wurden in den achtziger Jahren die ältesten Teile der Siedlung abgerissen. Sie sind seelenlosen Hochhäusern gewichen. Seit ein paar

Jahren sind die Eigentümer der beiden Siedlungsteile, der Volks-Bau- und Sparverein und die ABG Frankfurt aber eifrig darum bemüht, die Häuser Straßenzug um Straßenzug einigermaßen behutsam zu sanieren. Insbesondere in den ersten Jahren der Sanierungsmaßnahmen ging das nicht immer ohne Widerstand in der Bevölkerung ab. Zu ehrgeizig, zu modernistisch, den Charakter der Siedlung ignorierend, waren ursprünglich die Sanierungspläne. Man hat sich mittlerweile zusammengerauft.

Der Stadtteil ist nur von Osten oder Westen über eine Straße mit dem Auto erreichbar. Der idyllische Name »Am Erlenbruch« täuscht darüber hinweg, dass es sich hier um eine Hauptverkehrsstraße handelt, die morgens und abends chronisch verstopft ist und sowohl den im Stau stehenden Autofahrern, als auch den Anwohnern den letzten Nerv raubt. Nun soll die Autobahn gebaut werden. Man will uns Riederwäldern weismachen, dass dann alles besser wird mit dem Verkehr. Das werden wir leider erst wissen, wenn sie fertig ist.

Im Süden grenzt die Siedlung an einen kleinen Wald, der im Gegensatz zur Siedlung schon einige hundert Jahre existiert.

Die Siedlung hat somit beinahe einen Inselcharakter. Vielleicht ist das einer der Gründe, weshalb sich hier im Verlaufe der über hundert Jahre ihres Bestehens eine ganz besondere Siedlungsgemeinschaft herausgebildet hat.

Die Menschen leben zum Teil schon in der dritten oder vierten Generation in der Siedlung, sie machen das Leben hier so speziell. Es ist eine bunte Mischung, die trotz aller Unterschiedlichkeit in Beruf, sozialem Status, Lebenseinstellung etc. große Toleranz füreinander zeigt. Da gibt es Maria, eine große, kräftige Frau, die früher Jürgen hieß. Jack, dessen Großvater Sioux-Indianer ist, sorgt als Sozialpädagoge auf dem hiesigen Abenteuerspielplatz für authentisches »Western«-Feeling. Bernd hat an jeder Hand nur noch vier Finger (er ist Schreiner). Immer wenn wir uns begegnen, schlägt er mir so kräftig auf die Schultern, dass ich um Gleichgewicht ringen muss und erzählt mir den neuesten Beamtenwitz, über den er meist selbst am lautesten lacht.

Er und zwei weitere »Jungs«, mittlerweile mit Ende vierzig schon fast erwachsen, haben sich als Halbwüchsige durch meinen Kühlschrank gefuttert. Wenn sie nicht bei mir wie eine Plage Heuschrecken einfielen, so kehrten sie bei Jonas ein, dessen Wohnung als eine Art Jugendhaus fungierte. Von Beruf Sozialarbeiter, wurde er später Produzent von Honigwein. Wir alle bekamen die ersten Flaschen zum Ausprobieren. Die Freude darüber hielt sich in engen Grenzen: Regelmäßig platzten die Flaschen und das klebrige Zeug breitete sich auf unseren Fußböden aus und kroch in jede Ritze. In der Wohnung von Jonas lebt heute meine Freundin Petra und noch immer ist die Wohnung ein beliebter Treffpunkt. Petra hat meistens was Leckeres im Ofen, Wein und Bier bringen wir mit und im Sommer wird das Ganze in den Garten verlegt. Hier finden dann oft Debatten über Politik, das Leben und die Liebe statt. Immer lautstark, emotional, rustikal und manchmal unter der Gürtellinie. Aber wenn wir spät nachts auseinandergehen, sind wir meist leicht angeheitert und doch wieder miteinander versöhnt.

Zum Mittelpunkt der Siedlung, nicht nur in geographischer Hinsicht, hat sich das »Textilhaus Scheuer« herausgebildet. Nachdem sich im Laufe der letzten Jahre immer mehr Dienstleistung und Handel aus dem Stadtteil verabschiedeten, war der Inhaber (natürlich selbst eingefleischter Riederwälder, das Geschäft hat er von seinen Eltern übernommen) so vorausschauend und hat vieles in seinem Laden integriert. So fungiert er mittlerweile als Postfiliale, man kann dort Zeitungen und Schreibwaren erwerben, Lotto spielen, kalte Getränke kaufen und Wäsche zum Reinigen abgeben. Beim »Scheuer« erfährt man das Neueste aus der Siedlung und – ach ja – es gibt dort auch Textilien aller Art. Eine wahre Institution!

Die Heimatverbundenheit der Riederwälder wird am deutlichsten an Klaus. Im Alter von etwa 28 Jahren bekam er plötzlich Panik, dass er in zwanzig Jahren immer noch die gleichen Menschen an seinem Fenster vorbeilaufen sieht. Er begab sich auf seine eigene Odyssee. Sie führte ihn über Freiburg, in die Schweiz, schließlich nach Island und Kanada. Zehn Jahre später ist er zurückgekehrt und lebt nun mit Frau und zwei Kindern hier. Es sind tatsächlich immer noch die gleichen Menschen, denen er hier begegnet, aber die Angst etwas zu verpassen ist einem Gefühl von Geborgenheit gewichen. Und so geht es uns allen!

›Biersuppe Grundrezept‹

Zutaten:
1,5 l Bier, ¾ l Wasser, 1 Prise Zimt, 2 EL Zucker, 6 EL Mehl, 1 Prise Salz, ¼ l Milch, 1 Eigelb, 1 TL Rum

Zubereitung:
Bier und Wasser mit Zucker, Zimt und Salz kochen. Das Mehl wird in die Hälfte der kalten Milch eingerührt. Die andere Hälfte der Milch wird zum Kochen gebracht. Diese anschließend langsam zu der kalten Milch-Mehlmische geben, so dass es anzudicken beginnt. Danach das Bier-Wassergemisch langsam und unter Rühren hinzugeben, zum Schluss wird mit einem Eigelb abgezogen und durch ein Sieb abgegossen. Rum untermischen.

Tipp:
Biersuppe mit gerösteten Brotwürfeln servieren.

Info:
Das Rezept hat Edit Engelmann geliefert, das in dem Rezeptbuch ihrer Oma Christine enthalten ist, veröffentlicht im Buch »Es war einmal im Ringgau …« erschienen beim Größenwahn Verlag, Juni 2013.

Gertrude Kapellen

Carmen aus Niederursel

Da war jene Frau in mittlerem Alter, bekleidet mit einem hellgrauen Jogginganzug, die unvermittelt mit ihrem kleinen Rollkoffer in der Tür des Krankenzimmers steht, in dem Marga neben Frau Stark ein Bett zum Wieder-Heil-Werden belegt hatte und sagt: »Guten Tach, isch bin die Carmen, aus Niederursel!«

Damit hat sie sich ausreichend als zukünftige Belegung für das dritte, noch freie Bett in eben diesem Krankenzimmer vorgestellt. Und zielstrebig geht sie, ohne jede Eile und offensichtlich auch ohne jeden Zweifel, auf das noch ungenutzte Bett zu, parkt ihren Rollkoffer davor und setzt sich auf die Bettkante.

Irgendwie mochte Marga Carmen sofort. Vielleicht weil sie sich so gar nicht konform verhält und dabei oder gerade deswegen ungewöhnlich echt wirkt.

Sie duzt jeden. Sogar die mehr als siebzigjährige Frau Stark. Und natürlich alle Ärzte und Pfleger – völlig souverän und ohne

Ausnahme. So sagte sie zu der Stationsärztin: »Isch war ja schon vor vier Monat hier, waaste, da habbe die gesacht, es wär was mit meim Hern net in Ordnung, waaste. Wesche dem Alkohol, waaste. Awwer isch trink ja jetzt schon neun Monat nix mehr. Maanste des werd widder?«

Die Ärztin erstarrt – sehr zu Margas Freude.

»Das kann ich so nicht sagen. Da müssen wir Sie erst untersuchen.«

»Wie lang dauertn des?«, will Carmen wissen.

»Na, ein paar Tage wird das schon dauern, bis wir Genaueres wissen.« Die Ärztin hat ihre Fassung wieder.

»Waaste, isch habb nämlich nur 20 Euro debei. Des reischt net so lang, waaste.«

»Sie brauchen hier kein Geld«, bemerkt die Ärztin.

»Doch«, beharrt Carmen. »Isch habb nur noch zwaa Päckscher Zigarette. Des reischt net so lang, unn isch erreisch mein Freund net, waaste«.

»Sie sollten bei Ihren Gesundheitsproblemen nicht rauchen«, sagt die Ärztin matt. Solche Beschaffungsprobleme übersteigen ihr Know-how.

»Ei, da habb isch ja gar nix mehr«, begehrt Carmen auf. »Isch habb jetzt neun Monat kaan Troppe getrunke, waaste.«

Die Ärztin rettet sich auf sichereres Terrain: »Wir geben Ihnen jetzt erst einmal eine Infusion, dann sehen wir weiter.« Sie geht.

Carmen fragt, direkt an Marga gewandt: »Wie lang dauertn des?«

Die fühlt sich überfragt und bekennt das auch.

»Maanste, isch kann noch aa rauche gehn?«

Auch das kann sie nicht mit letzter Sicherheit beantworten.

Carmen geht also ohne eine klare Einschätzung des krankenhaustechnischen Zeitbedarfs von Marga als ihrer Krankenzimmermitbewohnerin und auch ohne deren ausdrückliche Erlaubnis in die Cafeteria.

Wenig später kommt der Pfleger mit der Infusion, die er in Carmen hineinlaufen lassen soll. Carmen aber ist abwesend. Er lässt das Gerät stehen.

Carmen kommt zurück, sieht das Ding und entwickelt eine spontane Abneigung.

»Isch vertrach des net«, weiß sie sofort. »Isch vertrach kei Nadele. Da krie isch sofort dicke Händ.«

Jetzt begehrt die sonst so moderate Frau Stark, ebenfalls bettlägerige Patientin hier im Krankenzimmer, auf: »Das gibt's doch gar nicht, dass jemand Nadeln nicht verträgt. Sie wollen einfach nicht. Sie wollen immer nur rauchen gehen. Bleiben Sie jetzt einfach mal da und warten Sie auf den Pfleger!«

Carmen setzt sich auf den Stuhl neben ihrem Bett und tut wie befohlen. Sie wartet. Sie vertreibt sich ein bisschen die Zeit, indem sie ins Krankenhauszimmer hinein zu niemandem direkt und doch zu jeder anwesenden Person persönlich spricht: »Isch kann net mehr so gut laafe, waaste. Aamol bin isch uffm Bahnhof umgefalle. Im Winder. Da habbe die misch in die Nerveklinik gebracht. Des war net so schee dort, awwer se habbe mer die Fiees gewäsche unn verbunne. Isch hatt nämlisch kaa Schuh aa, waaste. Des war schon gut.«

Sie erzählt auch von ihrem Freund, der noch mit 50 Jahren bei seiner Mutter wohne und eine sehr dicke Schwester habe und ihr keine Zigaretten bringe und sich am Telefon verleugnen lasse, um sie nicht besuchen zu müssen. »Was issn des fürn Freund?«, fragt sie. Ist aber nur eine rhetorische Frage, weil sie gleich weiter redet. »Der sorscht net für misch. Der denkt nur an sisch.«

So geht das weiter und weiter. Marga wirft ab und zu mal ein Wort der Anteilnahme ein, wie »Ja, das ist ja übel« oder »Wie halten Sie das nur aus?«, aber das könnte sie auch lassen, denn

Carmen lässt sich durch nichts in ihrem Vortrag irritieren. Auch nicht durch das missbilligende Kopfschütteln von Frau Stark, die längst begriffen hat, dass ihre erzieherischen Maßnahmen bei Carmen zum Scheitern verurteilt sind. Sie unterstreicht ihr Kopfschütteln mit dem einen oder anderen Seufzer: »Nee! Nee!« oder »Nicht zu fassen!« Klar ist, dass sie damit nicht auf den Inhalt von Carmens Ausführungen eingeht, sondern eher auf Carmen selbst.

Marga hat auch an Frau Starks Verhalten große Freude – wie sie mit ihrer über siebzigjährigen Lebenserfahrung zu punkten versucht und Carmen wie ein Kind, das sich nicht zu benehmen weiß, in den allgemein gültigen Anstand zwingen will. Nur um dann erkennen zu müssen, dass Carmen ihren Weg geht – unbelastet und unbeeindruckt von allen Wegweisern, die ihr empfohlen werden.

Schließlich entschließt Carmen sich, noch eine Zigarette rauchen zu gehen. »Was soll isch'n hier rumhocke? Der Fleescher kommt ja doch net«, konstatiert sie. Niemand hat dem etwas entgegenzusetzen.

Sie geht.

Wenig später kommt der Pfleger. War ja klar.

»Wo ist sie denn jetzt schon wieder?«

Frau Stark und Marga schützen Unkenntnis vor, um nicht womöglich noch zur Verantwortung gezogen zu werden. Fluchend geht der Pfleger wieder raus, kommt während seines Dienstes auch nicht mehr wieder. Erst die Nachtschwester nimmt sich des verwaisten Infusionsgeräts erneut an. Als Carmen gerade am Einschlafen ist – Frau Stark und Marga übrigens auch – kommt die Nachtschwester mit diesem forschen »So, da wollen wir doch mal!« zur Tür rein und verscheucht alle guten Träume.

Carmen wimmert, beschwört die Krankenhausangestellte matt, dass sie ihr die Nadel doch nicht jetzt ins Fleisch rammen könne. Aber die bleibt hart. Und ob sie das jetzt tun werde!

»Wenn Sie den ganzen Tag rumspazieren, müssen Sie halt nachts an die Infusion«, sagt sie.

Strafe muss sein, klar!

Aus dem Dunkel ertönt wenig später, untermalt vom Gluckern der Infusion, immer mal wieder Carmens bange Frage: »Wie lang dauert'n des noch?« Keine im Raum will sich auf eine Prognose festlegen.

Carmen zappelt schließlich so lange rum, bis die Nadel aus ihrem Arm rausgerutscht ist. Es gibt eine Mordssauerei. Frau Stark klingelt nach der Schwester. Die macht ein böses Geschrei, will Carmen die Nadel nun in die Handvene rammen, aber das lässt die nicht zu, wegen der schon mehrfach erwähnten zu erwartenden Schwellungen ihrer Greiforgane. Die Schwester gibt entnervt auf.

»Dann lassen wir das eben. Machen Sie das morgen früh mit der Ärztin aus! Gute Nacht!«

Marga ist fasziniert von Carmen. Nicht jeder würde sich das trauen, sich so konsequent unliebsamen Behandlungen zu entziehen. Ihre unverstellte Art bringt all die Regelsysteme, in denen sonst der Krankenhausalltag abläuft, durcheinander. Die Macht ist eindeutig bei Carmen. Sie wird Marga immer sympathischer. Den Kampf mit der Ärztin hat sie praktisch jetzt schon gewonnen. Sie wird einfach die Infusion verweigern mit dem Hinweis auf ihre anschwellenden Hände – ob die nun faktisch anschwellen würden oder nicht. Wer kann das schon beurteilen? Außer vielleicht Frau Stark.

Tatsächlich, nach der Visite wird der Infusionsapparat aus dem Zimmer gefahren. Carmen lächelt erleichtert – und geht eine rauchen.

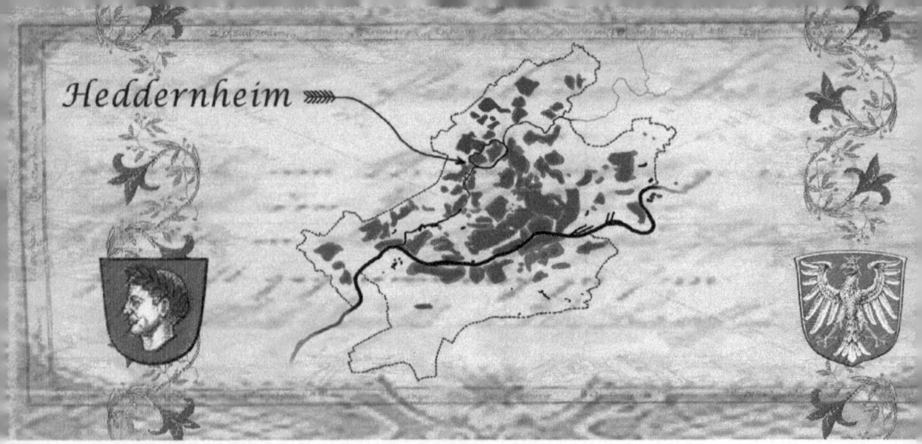

Oliver Ramonat

Auf der römische Seite des Lebens

Heddernheim ist der kleine, in sich geschlossene Ort an der Nidda im Norden Frankfurts. Hier siedelten die Römer, deren Aktivitäten durch Ausgrabungen gut dokumentiert sind. Erst neulich, als eine neue Feuerwache am Nordwestzentrum gebaut werden sollte, konnten die Stadtarchäologen wieder sehenswerte Funde machen. So ist Heddernheim mit Frankfurter Institutionen wie dem Archäologischen und dem Historischen Museum sehr eng verbunden. Überhaupt die Nidda, die schon die Römer als günstigen und schnellen Transportweg schätzen mochten. Auch damals lief nicht alles über die vorzüglichen Römerstraßen, wie wir sie heute noch zu Recht nennen. Die Nidda ist nicht nur wunderschön, und sie wird durch weitere Renaturierungen immer noch attraktiver, sie dient auch heute noch als Transportweg. Freilich vor allem für Radfahrer, die zur Arbeit wollen, und für Jogger und Walker, die ihre langen, gut ausgebauten Ufer nutzen. Und in der Tat: wer einmal einen Sonnenaufgang an der Nidda bei Heddernheim erlebt hat, der weiß schon, warum er auch einen kleinen Umweg in Kauf nimmt, und an dem Flüsschen entlang in die Innenstadt radelt – und nicht so furchtbar gerne über die Eschersheimer Landstraße.

Mit dem Verkehr nehmen auch die Konflikte zwischen den verschiedenen Transportmitteln zu, und an manchem Wochenende ist kaum noch ein Durchkommen. Auf der anderen Seite kann man ja nur froh sein, dass dieser schöne Weg genutzt wird und ansonsten darauf vertrauen, dass sich das Gegen- in ein Miteinander verwandeln wird. Die Nidda ist also heute wieder eine Lebensader für den Stadtteil und sie erhöht die Attraktivität Heddernheims als Wohngebiet.

Das alte Zentrum Heddernheims liegt rund um die katholische Kirche, wo es eine echte Altstadt und auch noch eine öffentliche Wasserpumpe gibt. Hier ist die Atmosphäre einer kleinstädtischen Altstadt, wenn man das so sagen möchte, noch gut nachvollziehbar. Kleine Häuser mit niedrigen Dächern – viel niedriger als in der neuerdings wieder erlebbaren Frankfurter Altstadt am Dom – allesamt nicht top herausgeputzt, eher bescheiden. Auf alten Bildern, die man im Institut für Stadtgeschichte finden kann, sieht man, dass das sozusagen schon immer so war. Blätternder Putz, Wasserflecken, fehlende Farbe, schiefe Dächer – so sieht eine lebendige Stadt, ein lebendiges Dorf schon immer aus. Früher gab es übrigens an der Kreuzung von Heddernheimer Landstraße und Alt-Heddernheim noch viel mehr Geschäfte und Läden als jetzt; hier ist ein Verlust für den heutigen Stadtteil zu beklagen. Immerhin eine privat geführte, renommierte Metzgerei gibt es noch, und vor wenigen Jahren hat ein italienischer Bäcker seine Backstube eröffnet, so dass man nicht nur auf Großbäckereien und Supermärkte angewiesen ist. Ein gutes Brot zu bekommen, das ist in unserer durchrationalisierten Welt ja gar nicht mehr so einfach …

Heddernheim liegt auf einer Anhöhe über der Nidda Richtung Taunus. Das wird einem deutlich, wenn man die Heddernheimer Landstraße von der Nidda aus nach Norden läuft. Oder mit dem Fahrrad fährt, dann wird erst klar, wie steil die Straße nach Norden ist. Auf dieser langen Straße streift man auch sämtliche historischen Zonen Heddernheims, von der eben genannten Altstadt über die großen Neubauten der Gründerzeit, vor allem in der Nassauer Straße, den Bauten der Nachkriegszeit, wenn man über die Antoninusstraße hinaus ist, die Siedlungen der Flüchtlinge nach dem Zweiten Weltkrieg an der Titusstraße, schließlich das Müllheizkraftwerk der Mainova und die Stadtteilgrenze, die durch die Unterführung unter der Rosa-Luxemburg-Straße markiert wird. Dort beginnt die Nordweststadt, die zum Teil auf Heddernheimer Gemarkung errichtet wurde. Übrigens heute eine grüne Oase mit tollen Spielplätzen und schönen Spazierwegen.

Überhaupt sind es die Ränder und Übergangszonen, die für mich eine besondere Faszination haben und die einen Stadtteil prägen. Die Nidda wurde schon genannt, dazu gehört aber auch der Heddernheimer Friedhof, der jenseits der Rosa-Luxemburg-Straße und beinahe in der Römerstadt liegt – oder eben zu liegen scheint. Eine andere Grenze ist das Eschersheimer Freibad, das von der U-Bahnstation »Heddernheim« aus am besten erreichbar ist. Fährt man vom Freibad aus an der Nidda entlang, kann man die Grenze zwischen Heddernheim und dem Mertonviertel, dem Riedberg und Bonames bzw. der Homburger Landstraße sehen, während man durch die Wiesen fährt. Dem Freibad gegenüber liegt Frankfurts einziger Campingplatz, ebenfalls direkt an der Nidda. Immer wieder fahren große Caravans durch den Stadtteil auf der Suche nach dem naturnahen Zwischenhalt an der A5. Hier am Fluss ist der Stadtteil klar und eindeutig abgegrenzt; auf der anderen Seite verschwimmen die Grenzen, die überbaut wurden, durch die breite, nach Rosa Luxemburg benannte Verbindungsstraße, die eine neue Grenze unabhängig von der Stadtteil-Logik errichtet.

Welche Perspektive hat der Stadtteil? Das ist nicht leicht zu sagen, denn er ist wie so viele Stellen in Frankfurt längst dicht bebaut. Ein immenser Wandel des Stadtteils hat aber über Jahrzehnte hin stattgefunden, als die Flächen des Metallwerkes nördlich der Sandelmühle bebaut wurden. Dieser Wandel ist gerade erst abgeschlossen; die Nachfolger der Metallgesellschaft bebauen gerade die letzten freien Grundstücke mit Wohngebäuden. Immer wieder kommt auch der gewerblich genutzte Teil des »Mertonviertels« als Entwicklungsgebiet ins Spiel. Hier, wo immer noch viele große Unternehmen Büros haben (das DER Deutsche Reisebüro, die Evangelische Publizistik GEP, die Bundesaufsicht für Finanzdienstleistungen BaFin, um nur diese zu nennen), könnten auch weitere Wohnungen in leerstehenden Gewerbeimmobilien entstehen. Studentenzimmer für den nahegelegenen Campus Riedberg sind dringend gesucht. Kurz: an dieser Ecke könnte aus Heddernheim etwas ganz anderes und Neues, etwas Innovativeres und Bunteres werden, wenn die Rahmenbedingungen und die Bedürfnisse, die uns die Zeitläufe bringen, ein entsprechendes Angebot nahelegen. Heddernheim ist zu Recht beliebt bei jungen Familien, die Nähe zu Nidda und Taunus, die guten Verbindungen in die Innenstadt, die guten Kindergärten und Schulen, all das macht den Stadtteil lebenswert und lebendig.

Eine Neuigkeit der letzten Jahre muss noch erwähnt werden: der Wochenmarkt am Freitag an der stadtteileigenen Landstraße. Dieser Markt ist nicht groß, aber er hat alle wichtigen Stände vor Ort, er fungiert sogar als Mittagsimbiss und Treffpunkt. Eine echte Bereicherung und endlich ein zentraler Platz für den Ortsteil.

›Blumenkohl-Pudding‹

Zutaten:
2 Blumenkohlköpfe, 2 EL Paniermehl, 2 EL Butter, ½ l Milch, 2 EL Mehl, 5 Eier, 1 Prise Salz, 1 Prise Muskatnuss

Zubereitung:
Blumenkohl in große Stücke zerteilen, fünf Minuten in gesalzenem Wasser kochen und auf ein Sieb zum Abtropfen legen. Eine Pudding- oder Kuchenform mit Butter bestreichen, mit Paniermehl ausstreuen und die abgetropften Blumenkohlstücke in der Form verteilen.
In einer Schüssel Milch, Mehl, Eier, Salz sowie Muskatnuss verquirlen und diese Flüssigkeit über den Blumenkohl gießen.
Puddingform für ½ Stunde im Wasserbad kochen oder 1 Stunde im Ofen backen lassen.

Info:
Das Rezept hat Edit Engelmann geliefert, das in dem Rezeptbuch ihrer Oma Christine enthalten ist, veröffentlicht im Buch »Es war einmal im Ringgau ...«, erschienen beim Größenwahn Verlag im Juni 2013.

Edgar Weick

Warum die Frankfurter neidisch auf Höchst sind

Höchst hat's, das ist wahr. Höchst hat vieles, auch das ist wahr. Und die Frankfurter sind neidisch auf Höchst, das ist auch wahr. Sie hören das nicht gerne, wenn sie darauf angesprochen werden, aber es ist so. Die Frankfurter sind weltoffen, kulturbetont, durchaus tolerant, aber auch selbstgefällig – und sie geben sich große Mühe, zu verbergen, wenn ihnen etwas fehlt.

Sie sind neidisch auf Höchst, doch das darf nicht rauskommen. Dass es jetzt Michael Quast ausgeplaudert hat, und das auch noch dazu in Höchst bei einer Premiere von »Barock am Main«, das wird er noch einmal bereuen. Aber es führt kein Weg mehr daran vorbei: Über diesen Neid auf Höchst muss endlich gesprochen werden. Denn Neid ist gefährlich, Neid macht unzufrieden, zerstört das Selbstwertgefühl, kann Ärger oder gar noch Schlimmeres auslösen. Wenn der Frieden in der Stadt erhalten bleiben soll, dann muss man wissen, was auf uns zukommt. Wir in Höchst müssen gewappnet sein, den Konflikt zu bewältigen, der da heraufziehen kann.

Was hat denn dieses Höchst, das die Frankfurter nicht haben und sie so neidisch werden lässt? Michael Quast hat es mit einem herausragenden Beispiel auf den Punkt gebracht. Höchst hat eine Altstadt, die seit 1972 unter Denkmalschutz steht. Das älteste Gebäude stammt aus dem 16. Jahrhundert. Es ist eine Altstadt, die sich mit ihren über 400 Fachwerkhäusern auf einem mittelalterlichen Stadtgrundriss sehen lassen kann – und die Frankfurter haben keine. Und deswegen wird jetzt in Frankfurt wieder eine aufgebaut, mit sehr viel Geld. Dieses »Comeback der Altstadt« ist den Frankfurtern 169 Millionen Euro wert, damit sie nicht ständig mit Neid nach Höchst schauen müssen. Vielleicht wird ja das, was jetzt in Frankfurt zwischen dem Römer und dem Dom gebaut wird, auch einmal unter Denkmalschutz gestellt, als ein architektonisches Disneyland des 21. Jahrhunderts.

Doch die Höchster Altstadt mit ihren schönen Fachwerkbauten ist nicht das einzige, worauf die Frankfurter neidisch sind. Höchst hat auch einen Palast, den es in Frankfurt nicht gibt. Der barocke Bolongaropalast, 1772 bis 1774 von den italienischen Kaufleuten und Tabakfabrikanten Josef Maria Markus und Jakob Philipp Bolongaro in Höchst gebaut, ist ein prächtiges Bauwerk mit einem wunderschönen Park. 117 Meter lang ist dieses Gebäude an seiner Nordseite. Es hat selbst eine bewegte Geschichte. Zurzeit steht es leider fast leer. Die notwendige Sanierung schleppt sich seit Jahren hin. Doch darauf einzugehen, das wäre ein eigenes Kapitel, das allerdings auch viel mit dem Verhältnis der Frankfurter zu Höchst zu tun hat.

Höchst hat auch ein Schloss, das die Frankfurter nicht haben. Es war einmal die Residenz der Amtsleute des Mainzer Erzbischofs. Der Schlossturm ist von weitem zu sehen. Das ist schon ein attraktiver Ort, dieses Schloss – und das Höchster Schlossfest, das jährlich stattfindet, gehört zu den schönsten Festen weit und breit. Da können die Frankfurter auch nicht mithalten. Weil sie kein solches Schloss haben, kamen sie auf die Idee mit einem großen Fest am Frankfurter Mainufer. Das ist natürlich auch ganz schön, aber es ist eben nur eine Verlegenheitslösung, auch wenn sich am Frankfurter Mainufer ganz schön feiern lässt.

Höchst hat die Justinuskirche, zwischen 829 und 850, also schon in der karolingischen Zeit gebaut. Es ist das älteste Bauwerk der Stadt überhaupt. Seit über 1000 Jahren wird diese Basilika als Gotteshaus benutzt. Wuchtig ragt sie empor, ein Wahrzeichen von Höchst voller Kunstschätze und mit einer berühmten Orgel. Das wurmt die Frankfurter auch, dass sie da nichts Vergleichbares anbieten können.

Und Höchst hat eine Fähre über den Main, um die uns die Frankfurter auch beneiden. Der Fährbetrieb über den Main lässt sich bis in das 16. Jahrhundert zurückverfolgen. Diese Fähre trägt auch noch den Namen »Walter Kolb«, den Namen eines hochangesehenen Frankfurter Oberbürgermeisters – der in Höchst im Westpavillon des Bolongaropalastes gewohnt hat. In diesem Pavillon ist übrigens das schönste Standesamt, das es in ganz Frankfurt gibt.

Höchst war bis 1928 eine eigenständige Stadt, mit Stadtrechten seit 1355. Und als »Stadt« blieb Höchst auch nach der Eingemeindung für den benachbarten Main-Taunus-Kreis noch lange Jahre so attraktiv, dass dieser Landkreis seinen Verwaltungssitz bis 1987 in Höchst hatte. Die Autos aus diesem Landkreis trugen das Kennzeichen »FH«, sie sind also mit »Frankfurt-Höchst« herumgefahren. Noch heute findet man manchmal auf den Feldern des Vordertaunus einen Traktor mit dem Kennzeichen »FH«.

Diesen wenigen Beispielen könnten viele weitere noch hinzugefügt werden. Kurz erwähnt seien nur die ehemaligen Farbwerke Höchst, die einmal als IG Farben in das finsterste Kapitel der deutschen Geschichte eingingen und sich 1974 den Namen Höchst AG zugelegt hatten. Jetzt ist der Industriepark Höchst mit seinen 90 Unternehmen der chemischen und pharmazeutischen Industrie immer noch einer der größte Steuerzahler der Stadt Frankfurt – und liegt eben auch in Höchst. Doch auch darüber müsste ein eigenes Kapitel geschrieben werden, vielleicht in einem nächsten Buch über Denk- und Merkwürdigkeiten in Frankfurt.

Wie kann man den Frankfurtern helfen, mit ihrem Neid auf Höchst besser fertig zu werden? So fertig zu werden, dass es die Höchster nicht immer wieder zu spüren bekommen? Das wäre ein großes kommunalpolitisches Programm, vielleicht sogar ein beispielgebendes Programm für eine gute städtische Nachbarschaft. Der jetzige Oberbürgermeister der Stadt Frankfurt Peter Feldmann, der ja zugleich Dezernent für die westlichen Stadtteile ist, wäre dafür sicherlich sehr dankbar, denn dieser Neid lastet auch auf seinem Amt.

Mich verbindet mit Höchst auf das Engste gerade dieses Spannungsverhältnis zwischen den Frankfurtern und Höchst. Es kommt darin etwas Menschlich-Allzumenschliches zum Ausdruck, geradezu etwas Existentielles. In Höchst gibt es eine wache und aufmerksame Öffentlichkeit, und das Spannungsverhältnis alltäglich in Höchst zu erleben, offenbart auch, warum die alten Höchster so selbstbewusst sind und den Frankfurtern so sicher von sich überzeugt gegenübertreten. Noch immer sagen sie, wenn sie in die Innenstadt fahren: Wir fahren nach Frankfurt. Da ist aus der früheren Selbständigkeit viel erhalten geblieben, und das ist gut so.

Der inzwischen größere Teil der Menschen, die in Höchst leben, ist übrigens aus fast allen Teilen der Welt zugewandert und hier heimisch geworden. Viele dieser »Migranten« haben sich hier mit Läden und Restaurants ihr eigenes Milieu geschaffen. Höchst ist bunt geworden. Wer durch die Fußgängerzone der Königsteiner Straße geht, hört buchstäblich die Vielfalt der Bevölkerung und erkennt in der Kleidung und im Auftreten die unterschiedlichsten Kulturen. Auf eine ganz andere Weise spannungsgeladen ist auch diese Atmosphäre. Ähnlich ist es auch in einigen anderen Stadtteilen Frankfurts. Höchst zeichnet sich im Ganzen dadurch aus, dass das verträgliche Miteinander und Nebeneinander recht stabil ist.

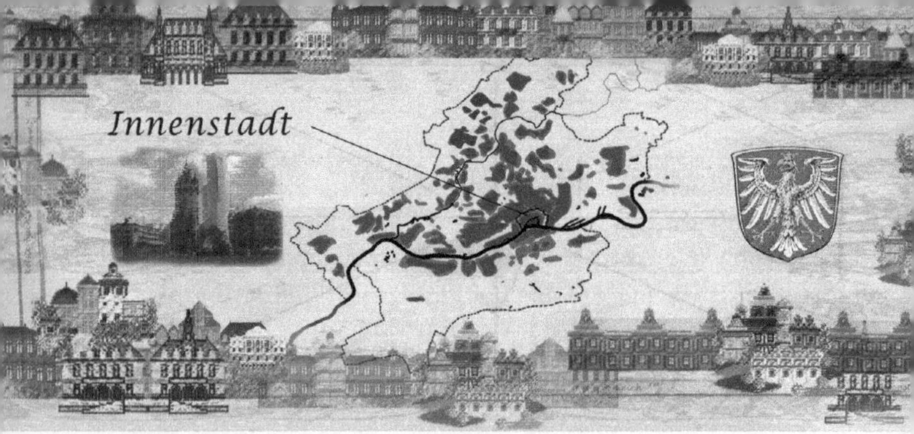

Petra Pfeuffer

Nichts hören, nichts sehen und nichts sagen …

Audi, vide, tace, si tu vis vivere in pace
höre, sieh und schweige, wenn du in Frieden leben willst
Lateinisches Sprichwort

Drei weise Affen aus dem alten Japan, die sich mit ihren Händen die Augen, Ohren und den Mund verbieten, stehen auf das Trefflichste für einen »Code«, der ungeschriebenen über den ungeliebten Teil von Frankfurts Innenstadt verfügt: Das Allerheiligenquartier.

Ende des 14. Jahrhunderts als wichtigste, erstmals gepflasterte Verkehrsader gen Osten im Neustadt-Gürtel um Frankfurts ursprünglichen Kern angelegt, zog sich die nach einer Kapelle als Allerheiligengasse benannte Achse vom gleichnamentlichen Tor, an welches heute noch der Abschnitt vor Kolpinghaus und Wallanlage erinnert, bis hin zum Viehmarkt, der heutigen Konstablerwache. Nicht unbedingt als ruhmreich aufzulistende, doch über die Jahrhunderte hinweg geschichtsträchtige Ereignisse haben sich hier zugetragen. Davon ist im von Politik und Öffentlichkeit vergessenen Viertel mit Einbettung in Lange Straße,

Ostzeil und Kurt-Schuhmacher-Straße sowie im Süden mit Begrenzung Battonstraße nach der Jahrtausendwende spürbar nichts mehr nachzuvollziehen.

Der werktäglich im Ampeltakt, einspurig bis Stoltze- oder Klingerstraße, von Autoblech durchpolterte Innenstadtkanal mündet in seiner amputierten Verstümmelung in die in den 1970er Jahren errichtete Nord-Südstraße hin zur Alten Brücke, die das einstmalig hier befindliche Jüdische Ghetto unter sich begräbt. Architektonisches Charakteristikum des Allerheiligenquartiers ist eine Vielzahl imposanter, denkmalgeschützter Miets- und Bürohausgebäude, zum Teil noch aus dem 19. Jahrhundert, gebrochen von der Tristesse zweckdienlich eingepflockter Wohn- und Gewerbebauten infolge nachkriegszeitlicher Gestaltung. Die schiefen, abgelebten Trottoirs neben den abgezäunten, ungepflegten Brachen der ebenso als Stumpf verbliebenen Breiten Gasse sind nicht gesäumt von allerorts umherziehenden Touristenscharen, die in Erweiterung der Altstadttour die City mit dem Bankenviertel, der Freßgass und der Einkaufsmeile auf eigene Faust erkunden und auf dem Bauernmarkt auf der Konstablerwache im Kreis von »Eingeplackten« einen Schoppen trinken. Ortskundige Müßiggänger lenken bewusst den Gang um das Quartier, obwohl fidele Sonntagsradler, joggende Freizeitsportler oder gar eine Schar an johlenden, herumtollenden Kindern nicht zu befürchten sind. Vorwiegend festen Schritts und zielgerichtet bahnen sich die Trainierten, vorbei am pöbelnden Gezischel der mehr und mehr in Hofeinfahrten und Hauseingängen herumlungernden Dealer, den Weg »hinaus« ins internationale Flair der Stadt, auch wenn die gut sortierten und freundlichen Geschäfte im Viertel annehmlich alles bieten, was man zum Leben braucht.

Von Mitte der 1990er an, elf Jahre lang zentral nahe der Kreuzung von Allerheiligen- mit Stoltzestraße und Breiter Gasse residierend, lernte ich schnell die Kunst des Nicht-Hinsehens und

Hinweghörens und wusste situationsbedingt geschwind, voreilige Beredtheit in Verstummung umzumünzen.

Nichts hören: An einem Abend nahm ich vom Ausguck meines Arbeitsplatzes den wie stets bei Dämmerung enormen Andrang vor dem Steh-Café »Bei Joco« wahr, derweil im Ladenfenster des Erotiksupermarkts pinksatt die Herzchen blinkten und nebenan im überfüllten »Grill« ein Spieß mit frischem Dönerfleisch aufgepflockt wurde. Wie immer baumelte das an die Bordellfassade genietete Schaufensterpuppenpaar in seinen biederen, verblichenen Kostümen lustlos über der Eingangstür herum, die jetzt zum Feierabend Gast um Gast verschluckte.

Klipp-Klapp. Nach dem Prinzip des »Laufhauses« war kundenorientiert die Sexdienstleistung organisiert, in dem zur Vorbesichtigung der Kunde, vorbei an den Offerten der unisono in Rot getauchten Zimmer, die Korridore abschritt, um seine Wahl zu treffen. In bester Funktionalität und somit jede Kollision vermeidend, sah sich nach dem vollzogenen Akt der Freier wie beim Verlassen einer Geisterbahn durch eine metallene Ausgangstür in die wahrhaftig nackten Tatsachen der Realität hinaus katapultiert. Klipp-Klapp.

Der Knall, wenn nur gewollt, hätte mir nicht entgehen dürfen. Nagten die nahtlos hingerotzten Wortkaskaden der Trinker, Streuner, Straßendealer mir wie die Motten am Gehör, zerrte besonders das nonverbale Spektrum an Pfiffen, Rülpsern, Hohngelächtern an den Nerven. Und seltsam. Den Knall – ein dumpfer Widerhall, ein Plumps, eine Art Platsch vielleicht auch nur, der sich sogleich in ungemein beschämtes Nichts auflöste –, den hatte ich geflissentlich überhört.

Das bald anschwellende Geschrei und Aufheulen der Sirenen unmittelbar vor meinem Haus, ließen mich wie mechanisch nach den Schlüsseln greifen und die Treppe runter laufen. Die Haustür aufgerissen, starrten mir Dutzende von Augenpaaren entgegen.

Ein Bündel Mensch, leblos, den Körper halb bedeckt von einem Mantel, lag hingestreckt zu meinen Füßen auf dem Asphalt des Bürgersteigs. Den blonden Haarschopf, der sich ergoss in einer Lache Blut, schien mir sofort vertraut. »Kennen Sie diese Frau?«, fragte ein Polizist. Ich sagte: »Ja, aus der Etage über mir. Die Frau ist meine Nachbarin.« Vermutlich war es Mord, doch wurde dieser Fall nie aufgeklärt. Ich aber hatte nichts gehört, auch nichts gesehen und damit nichts zur Lösung beizutragen.

Nichts sehen: Man konnte ab und an zu vorgerückt nächtlicher Stunde die Fehden zwischen einander spinnefeind gesinnten, kleinkriminellen Cliquen live wie die Übertragung eines Fußballspiels vom Fenster aus verfolgen. Mit Ketten, dorngespickten Ringen und gezückten Klingen in den geballten Fäusten rasten die ausgeflippten Typen unter den übelsten Beschimpfungen die »Allerheiligen« in Treibjagden rauf und wieder runter. Bis sich vom nahegelegenen 1. Polizeirevier, das sich zu jener Zeit noch in der Albusstraße in einem ramponierten Bau verschanzen musste, ein erstes Blaulicht ankündigte, war kraft beherzten Einschreitens der Kneipen-, Trinkhallen- und Hotelbetreiber, die »Paschas« unseres Viertels, der ganze Spuk meist schon vorbei. Wie immer hatte keiner etwas gehört, etwas gesehen und etwas inhaltlich Relevantes musste daher dann auch nicht mehr zu Protokoll gegeben werden.

Nichts sagen: Wer im Quartier der »Allerheiligen« flaniert, sucht eine andere Art als die gesellschaftlich als normativ erachteten Vergnügungen. Wer kommt, darf sich, wie immer auch, durchaus geborgen fühlen, denn niemand fragt, woher man käme, wohin man gehe, was man so allenthalben tue. Niemanden interessiert, weshalb man aus der Wohnung rausgeworfen worden ist, den Job verloren oder die Frau verprügelt hat oder warum man morgens seinen Tag mit einem Schnaps begrüßt. Man wird nicht angegafft, nur weil mal die Frisur zerzaust, das Hemd besudelt ist, der Absatz im Gebüsch verloren ging. Das ungesetzliche Geschäft von »Stoff« in breitem Angebot floriert aufs Prächtigste, die Lager in den Fenster- und Mauerritzen und unter losen Bodenplatten sind stets gut gefüllt. Doch so wie andernorts schrubbt man hier wöchentlich die Treppenhäuser, geht auf ein Schwätzchen zum Friseur und leiht sich nebenan ein Tässchen Mehl. Respekt, Moral und Achtsamkeit folgen in diesem Schutzraum eigenen Gesetzen und viele Einrichtungen, die man woanders ungern sieht, haben sich ausgerechnet in einem Kiez der Innenstadt von Frankfurt über Jahre etabliert. Man akzeptiert. Und man behaupte nicht, es kenne dieser Ort kein Mitgefühl.

Sehen, Hören, Sagen: Verheerend das Ereignis einer Gasexplosion, die zwei der ansehnlichen Wohnhäuser in der Stoltzestraße bis auf die unteren Etagen komplett zerstörte. Alles was laufen konnte, sammelte sich gegen 1 Uhr nachts auf der notdürftig zum Katastrophenort hin abgesperrten Kreuzung. Den betagten Nachbarn fest am Arm, der schamhaft stumm, da er vor Eile beim Verlassen unseres nachbebenden Gemäuers den Zahnersatz vergessen hatte, an meiner Seite im Pyjama schlotterte, verharrten wir inmitten der entsetzten, dicht gedrängten Menge. Es schmolzen, für eine knappe Stunde nur, die Menschen unseres Viertels der unterschiedlichsten Kulturen, Herkunft, Religionen, Generationen, Geschlechter und Berufe, verunsichert und in Hoffnung auf das Überleben der von dem Unglück Heimgesuchten, zu einem wunderlichen Knäuel zusammen, das seinesgleichen sich so nie wieder fügen würde. Die Pulks handfester, derber Kerle aus den Betrieben des Milieus, bereit, die Bataillone bleicher Hausfrauen in den geblümten Morgenröcken zu verteidigen, schleppten aus den Lokalen Sitzgelegenheiten ran für nachtgewandete, ältere Mitmenschen. Spärlich unter den Jäckchen bekleidete, fröstelnde Huren waren bemüht, Muslimas mit hastig über den Kopf gestreiften Tüchern und ängstlich an die Brust gedrücktem Sprösslingen, so gut sie es vermochten, zu beruhigen. Halbstarke Rotznasen, die noch ihr Bett nicht aufgesucht und müde Schniefer, die noch ihr Bett nicht aufgeschlagen hatten, verharrten zwischen schlaftrunkenen Schichtarbeitern, Studenten, Bankern, Lebenskünstlern: ein kaleidoskopisch buntes Repräsentativ der Metropole im Rhein-Main-Gebiet. Aufmunternd oder verständnisvoll lächelnd hörten wir uns einander zu, wechselten Blicke und sprachen aus, was uns in diesen Augenblicken innerlich bewegte.

Der »Code« war außer Kraft gesetzt.

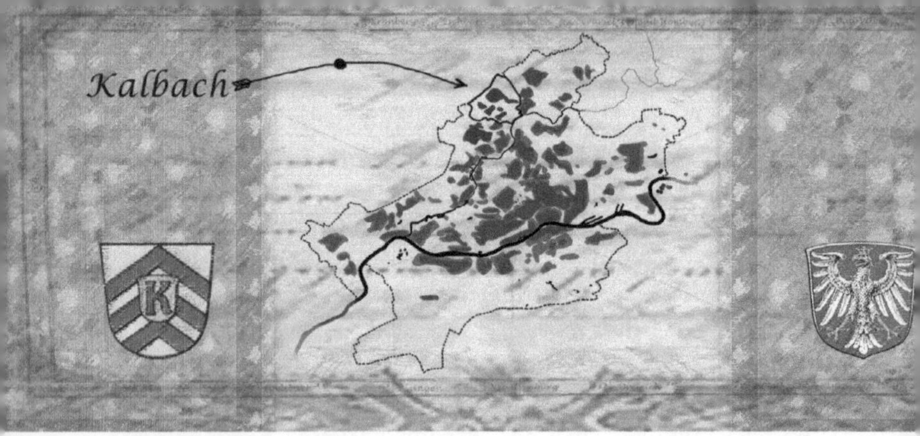

Susanne Konrad

Eingeplackte und Co

Es war an einem dunklen Spätabend, als Mireille zum ersten Mal die Talstraße entlanglief. Besser gesagt, sie trottete, mit gesenktem Kopf. Eine Reisetasche lastete an ihrem Arm. Mireille war weggelaufen aus ihrer einsamen Wohnung in einem Stadtteil, den sie nicht mochte und den sie als düster und bedrückend empfand. Sie hatte nichts bei sich, außer der Reisetasche und der Visitenkarte ihrer Freundin Gundula, die seit kurzem in Kalbach wohnte und die zu ihr gesagt hatte: »Wenn du nicht weiter weißt, dann komm vorbei.« Und Mireille hatte nicht weitergewusst. Nicht gewusst, wen sie anrufen sollte. Keine Ahnung gehabt, was sie in ihrer Wohnung jetzt tun sollte. So war sie in die U-Bahn gestiegen. Die U2 führte aus der Stadt nach Kalbach. Es war ein weiter Weg, besonders im Dunkeln. Nach einiger Zeit ließ man die Stadt Frankfurt zurück und fuhr ins Leere. Fuhr so lange durchs Leere, bis wieder etwas kam, die U-Bahn-Station Kalbach. Dort begann die Talstraße. Die Talstraße war lang.

Mireilles Weg endete vor einem zweistöckigen Haus. Es gab zwei Klingeln und eine war die richtige. Nach kurzem Warten wurde Mireille die Tür geöffnet. Gundula wirkte überrascht. Sie deutete aber eine leichte Umarmung an und nahm Mireille die Tasche ab. Die 25-jährige Studentin Mireille kannte die knapp 20 Jahre ältere Lehrerin seit einigen Jahren. Sie hatten sich gemeinsam in der Innenstadt getroffen, waren ins Kino, ins Theater gegangen. Dann hatte Gundula eine neue Stelle im Taunus angetreten. »Besuch mich gern mal in Kalbach«, das war ihr ernstgemeintes Angebot gewesen. Aber gleich spätabends und ohne Anmeldung? Gundula sagte: »Morgen habe ich etwas Zeit«, und richtete für Mireille die Couch als Schlafplatz ein.

Am anderen Morgen weckte sie ihren Gast mit einem Kaffee. Jetzt schien die Sonne durch die Fenster. Durch die Scheiben zeigte sich ein großer Garten mit viel Gras. »Frühstück erst mal«, sagte Gundula zu Mireille. »Dann zeige ich dir Kalbach.«

Sie gingen spazieren.

»Kalbach ist ein schöner Ort«, sagte Gundula. »Alles hier hat einen Zusammenhang, eine Geschichte.«

Sie spazierten die Talstraße weiter entlang, noch weiter weg von der U-Bahn, in die Richtung des Ortskerns. Hier wurden die Häuser älter und niedriger. Die Ein- und Zweifamilienhäuser aus den 60-er Jahren hatten die beiden hinter sich gelassen. Alles sah beschaulich aus. Die kleinen Baustellen an den Straßenrändern erinnerten Mireille an Playmobil.

Was war mit dem Stadtteil, in dem sie lebte? Sie dachte an die düsteren, hohen Altbauten, den Verkehrslärm, an ihre Zwei-Zimmer-Wohnung mit Blick zur Friedhofsmauer, die sie mit ihrem Freund geteilt hatte, bis er vor kurzem ausgezogen war. Jetzt lief sie durch Kalbach. Die Sonne schien auf verwinkelte Fachwerkhäuschen und andere kleine Bauten. Zwischendurch waren Läden und Gaststätten zu sehen.

»In Kalbach gibt es noch viele lebendige Traditionen. Die zahlreichen Vereine existieren schon sehr lange, unter anderem die Sängergemeinschaft und der Fußballverein«, berichtete Gundula.

Sie gingen weiter und verließen den Ort in südliche Richtung. Hinter einem schmalen Grünstreifen erhob sich moderne Wohnbebauung. »Hier war der Riedberg«, sagte Gundula. »Der Riedberg war der Hausberg der Kalbacher. Aber die Stadt Frankfurt hat hier einen neuen Stadtteil errichtet.«

Es schauderte Mireille, als sie das hörte. Die grünen Wiesen und die Äcker, die das Dorf umgaben, sie gehörten doch dazu!

»Wir versuchen den Charakter des Stadtteils zu bewahren, so gut es geht«, sagte Gundula. »Ich bin hier in die Bürgerinitiative und in die Kalbacher Wählergemeinschaft eingetreten.«

Mireille wollte über ihren Freund Daniel reden, aber Gundula war mit Kalbach beschäftigt.

Sie lud Mireille in den Gasthof »Zur Linde« ein. Er befand sich am Fuße der Talstraße, gegenüber der Metzgerei Kaiser. Vielleicht bestand jetzt die Gelegenheit für ein Gespräch!

Beide Frauen bestellten ein paniertes Schnitzel. Mireille setzte an, Gundula von ihrem Kummer zu berichten, als die Freundin wieder die Aufmerksamkeit verlor und in die Mitte des Raumes blickte. Ein etwa 60-jähriger Mann stand dort, der kräftig war und eine schwarze Kordweste trug, darunter ein dunkelgrünes Hemd. Seine Daumen steckten in den Gürtelschlaufen seiner Hose. Der Mann grüßte, fing den Blick von Gundula auf, die ihm mit einer Kopfbewegung bedeutete, näherzukommen. »Das ist Herr Röder«, erklärte sie Mireille, »Ein Kalbacher Urgestein«, setzte sie flüsternd hinzu.

Gundula stand auf, um ihn zu begrüßen und forderte ihn auf, sich mit an den Tisch zu setzen. Behäbig nahm Herr Röder Platz.

Gundula wies in Mireilles Richtung und sagte: »Mein Gast interessiert sich sehr für Kalbach.«

Mireille schluckte und nickte. Herr Röder sagte: »Kalbachs Gründung wird auf das Jahr 776 datiert. Seitdem bestand hier ein Dorf mit eigenständiger Verwaltung.«

Er zeigte auf ein vierteiliges Wappen, das zwischen Postkarten und Wimpeln an der Wand über dem Tresen angebracht war: »Das ist das Kalbacher Wappen. Es besteht aus einem viergeteilten Schild mit dem Kurmainzer Rad, den drei Eppsteiner Sparren, dem Balkenkreuz der Abtei Fulda und dem ›K‹ für Kalbach.«

Mireille spürte, dass Kalbach ein Ort mit Heimatcharakter war, in dem es sich wohl zu leben lohnte. Also stellte sie ihre eigenen Sorgen für einen Augenblick zurück und hörte Herrn Röder zu.

»Waren Sie schon in der St.-Laurentius-Kirche? Sie ist eine der schönsten Bauernbarock-Kirchen in der Region.«

Mireille schüttelte den Kopf.

»Kalbach war traditionell ein katholisches Dorf. Ab 1733 wurde die St. Laurentius-Kirche durch den Tiroler Fritz errichtet und am 11. August 1765 geweiht. Noch zu Beginn des 20. Jahrhunderts war nur ein Siebtel der Bevölkerung evangelisch. Die Protestanten besuchten die Kirche im benachbarten Bonames, das 1910 nach Frankfurt eingemeindet wurde.«

Stolz darauf, so viel zu wissen, blickte er die Frauen an. Gleichzeitig schien es für ihn selbstverständlich zu sein, denn er identifizierte sich mit seiner Heimat. Herr Röder wollte noch einmal ansetzen, da wurden die Schnitzel serviert und er erhob sich mit einem Abschiedsgruß.

Mireille und Gundula aßen eine Weile schweigend. Dann analysierte Gundula die Situation des Ortes: »Die Kalbacher waren immer sehr stolz auf ihre Eigenständigkeit. Der letzte Bürgermeister Kalbachs hieß Rudolf Lade. Im Dezember 1971 hat er den

Grenzänderungsvertrag mit der Stadt Frankfurt unterzeichnet. Rudolf Lade war wohl nicht so sehr Traditionalist wie die eher konservativen Landwirte und Handwerker. Er förderte die moderne Wohnbebauung und kam der Stadt Frankfurt bei den Eingemeindungsverhandlungen entgegen. Doch mit dem Anschluss an Frankfurt verlor Kalbach seine Eigenständigkeit, damit auch seinen Stolz auf die gut funktionierende Selbstverwaltung.«

»Du scheinst hier richtig angekommen zu sein.«

Gundula lächelte. »Ich bemühe mich, Anschluss zu finden. Aber so viel du auch tust, du bleibst immer eine ›Eingeplackte‹. Die Familien, die seit Generationen hier leben, sind sich ihrer Traditionen wohl bewusst.«

Mireille dachte nach. Sie verspürte einen Wunsch: nach Kalbach zu ziehen – raus aus der Stadt! Konnte das eine Perspektive für sie sein? Jetzt, wo Daniel nicht mehr da war?

»Kalbach ist teuer«, riss Gundula Mireille aus ihren Gedanken, als hätte sie diese gelesen.

Mireille betupfte ihre Lippen mit einer Serviette.

»Gundula, ich bin sehr traurig ... Daniel hat mich verlassen.«

»Ich hatte auch schon schwere Zeiten, wegen eines Mannes. Manchmal, wenn man denkt, dass es nicht weitergeht, zeigen sich ungeahnte Perspektiven.«

Mireille fühlte sich nur zum Teil getröstet. Gundula sagte etwas unvermittelt: »Gleich habe ich einen Termin. Besuch' mich aber gern mal wieder. Komm, wir holen deine Tasche und dann bringe ich dich zur U-Bahn.«

Wenig später fuhr Mireille in die Frankfurter Innenstadt zurück. Sie schaute aus dem Fenster. Die Felder zwischen Kalbach und dem Mertonviertel lagen jetzt in hellem Sonnenlicht. Mireille atmete tief. Sie hatte sich nicht wirklich aussprechen können. Trotzdem fühlte sie sich besser. Lag das an Kalbach? Was auch kommen mochte, es würde etwas Neues sein.

Volkhard Brandes

Im Abseits

In den 1980er Jahren erschien im VSA-Verlag ein Stadtführer mit mehreren hundert Seiten: Frankfurt zu Fuß. Kein Weg führte darin den Wanderer nach Sossenheim. Jahre später wurde Sossenheim zwar nicht welt-, wohl aber deutschlandweit berühmt. »Last Exit Sossenheim« hieß das Buch, das das vollbrachte. Chlodwig Poth, einen der bedeutendsten Zeichner der Neuen Frankfurter Schule, hatte es 1990 von Nordend nach Sossenheim verschlagen. Statt, wie so viele, Sossenheim zum Unort zu erklären, bemächtigte er sich dessen mit spitzer Feder. Monat für Monat erschienen seine bissigen Alltagsskizzen in der Titanic, dann auch in Buchform. Poth starb 2004, das Buch ist vergriffen und zu Liebhaberpreisen im Internet zu finden. In den Niddawiesen unterhalb von Sossenheim erinnern einige Stelen an den Künstler.

Mich selbst verschlug es 1973 nach Sossenheim. Da es damals die Rechtschreibreform noch nicht gab, habe ich Sossenheim angesichts des ss statt des ß vermutlich von Anfang an korrekt ausgesprochen, wenn auch sicher ein wenig irritiert, welche Bedeutung sich hinter diesem Namen verbergen mochte. In jenem Jahr zog ich von München nach Frankfurt, zunächst in eine WG in der Berger Straße, damals ein Ort infernalischen Lärms: die U4 wurde gerade gebaut. Später zog ich dann mit meiner Lebensabschnittsgefährtin (wie das in jenen Jahren oder vielleicht auch erst etwas später hieß), ein Wohnungsangebot nutzend, nach Sossenheim. In eine Dachwohnung im Flurscheideweg. Der vorsichtige Hausbesitzer – noch galt der »Kuppeleiparagraf« – ließ uns im Mietvertrag unterschreiben: »Die Verlobten wollen baldigst heiraten.«

Wir waren weder verlobt, noch wollten wir heiraten. Stattdessen trennten wir uns einige Jahre später. Doch zunächst einmal hatten wir die Wohnung.

Wenn der Wind von Osten wehte, umrauschte uns der Autobahnlärm – besonders bei geöffneten Fenstern – die ganze Nacht hindurch. Kam der Wind von Westen, was häufiger der Fall war, zog penetranter Chemiegestank von den Farbwerken Höchst durch uns hindurch: dort wurden offensichtlich zu später Stunde die Ventile geöffnet, in der Annahme, dass ein schlafender Mensch leichter zu vergiften sei als ein wacher.

Doch all das nahm ich irgendwie hin. Nach Sossenheim kam ich, um zu schlafen. Ansonsten war ich global orientiert und vernetzt. Im Gegensatz zu Poth nahm ich Sossenheim kaum wahr. Und selbst wenn mein alter VW-Käfer, bereits in den späten 1950er Jahren gebaut, mal wieder nicht ansprang und mir Nachbarn halfen, das Gefährt anzuschieben, weitergehende Kontakte entstanden zwischen uns trotz derartiger Anknüpfungspunkte nicht. Auch die Mitbewohner im Haus blieben mir unbekannt.

An den autofreien Sonntagen, als Teil der Inszenierung der Ölkrise 1973, war für uns wie für viele andere ein Spaziergang auf der Autobahn vor unserer Haustür angesagt; manchmal ging's auch durch die Wiesen hinunter zur Nidda oder ein Apfelwein wurde im alten Dorf getrunken und dazu ein Handkäs mit Musik gegessen. In manche Teile von Sossenheim kam ich überhaupt nicht. Ich wollte dazu beitragen, die Welt zu verändern, nicht Sossenheim (was dann ja im Schlepptau sowieso dabei gewesen wäre).

Als gesichtslose Trabantenstadt bezeichneten in jener Zeit viele den Stadtteil (und manche tun es auch heute noch). In Wirklichkeit war Sossenheim mehr als das: Reste des jahrhundertealten Ortes mit dem Alten Rathaus aus dem 17. Jahrhundert, dem klassizistischen ehemaligen Rathaus aus dem 19. Jahrhundert und dem Kirchberg mit seinem bizarren Architekturmix; die Nothelferkapelle an der Straße nach Höchst und unterhalb des alten Ortskerns die Wiesen zur Nidda hin. In der Ferne die aus dem Smog emporwachsenden Türme der Frankfurter City. Im Norden war Sossenheim von den Autobahnen abgeriegelt, aufgrund der neuen Hochhausagglomerationen wie der Carl Sonnenschein-, der Henri-Dunant- und der Otto-Brenner-Siedlung. Gesichtslos fand und finde ich das alles nicht. Im Gegenteil. Doch man muss schon ein Freund des Disparaten, des auf den ersten Blick nicht Zusammenpassenden und irgendwie doch, wenn auch vielleicht nicht harmonisch Zusammengefügten sein, um so etwas wie Sossenheim zu schätzen. Kein besonderer Stadtteil, eher einer wie viele am Frankfurter Stadtrand, die ähnliche Transformationsprozesse erlebten.

Und was für die Architektur galt, galt auch für die Menschen. Längst war Sossenheim mehr als nur ein Ort der Alteingesessenen. Insbesondere die Farbwerke mit ihrem Arbeitskräftebedarf zogen Menschen aus vielen Ländern an. Sossenheim wurde mehr und mehr zu einem – keineswegs konfliktfreien – multikulturellen Stadtteil: die Spannungen zwischen Alteingesessenen und Zuwanderern lösten sich nicht einfach im Nichts auf. Krisenmanagement war zunehmend angesagt.

Ich lebte dort noch einige Jahre, hatte eine neue Lebensabschnittsgefährtin. Und als wir ein Kind erwarteten – das war im Jahr 1980 – war uns die Wohnung zu klein, und uns verschlug es (anders als Poth einige Jahre später in umgekehrte Richtung) in eine größere und günstigere Altbauwohnung im Nordend. Plötzlich befanden wir uns in einem uns fremden Teil Frankfurts: versnobt und teuer (von unserer Wohnung mal abgesehen). Doch wir lernten, auch dort zurechtzukommen.

Bis heute komme ich allerdings gern nach Sossenheim, sei's wenn ich dort zu tun habe oder wenn ich einfach mal wieder da sein will. Mit öffentlichen Verkehrsmitteln ist es inzwischen leichter zu erreichen. Mein Favorit ist die »Krone« neben dem Alten Rathaus: eine seit Jahrzehnten unveränderte kleine Gaststube, ein kleiner Wirtsgarten hinter dem Haus und eine kleine Speisekarte, die allerdings das bietet, was mir schmeckt: knuspriges Huhn, gegrillte Schweinerippchen oder Leiterchen, Handkäs mit Musik, Sauerkraut und Äppelwoi.

Wer sucht, der findet, sagt ein Sprichwort. Und wer mit Interesse auf die vielen Gesichter dieses Stadtteils im Abseits blickt und nicht gleich drauflosschimpft, wenn ihm das alles nicht zueinander zu passen scheint, wird so manches finden, das ihm vielleicht sogar gefällt.

›Handkäs mit Musik‹

Zutaten:
8 Stück durchgereifter Harzer Käse, 8 EL Pflanzenöl, 8 EL Essig, 8 EL Apfelwein, 1 feingewürfelte Zwiebel, 1 Feingewürfelter Apfel, Salz, Pfeffer, 2 TL Kümmel, Schnittlauchröllchen zum Garnieren

Zubereitung:
Harzer Käse in eine Auflaufform legen. Aus Apfelwein, Essig, Pflanzenöl, Zwiebelwürfelchen und Apfelwürfelchen eine Marinade (Musik) zubereiten und diese über den Harzer Käse gießen. Abgedeckt mindestens einen Tag an einem kühlen Ort durchziehen lassen.
Je 2 Harzer Käse auf einem Teller anrichten und einige Löffel Musik darauf verteilen. Mit Schnittlauchröllchen und Kümmel garnieren.

Tipp:
Servieren Sie frisches Bauernbrot und Butter. Salz und Pfeffer dazu reichen.

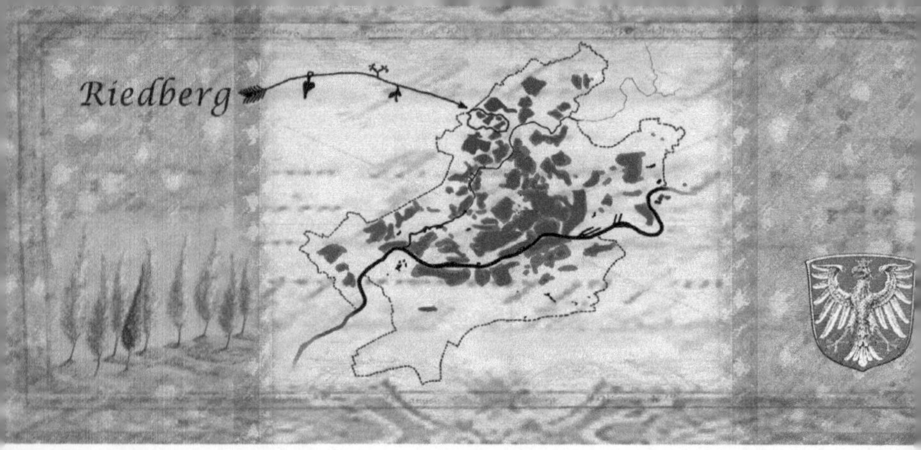

Gerda Jäger

Eine Aufzählung

Hoch über den früheren Feuchtwiesen.
Ein neues Quartier. Teil von Kalbach.
Unfertig noch. Giraffen die Baukräne.
An den Rändern des erschlossenen Gebiets.
Frei der Blick. Auf den Feldberg. Im Westen.
Abwechslungsreiche Sonnenuntergänge wie gemalt.
Häuser gleichförmig. Verwechselbar. Gesichtslos.
Man kennt den Grundriss des Nachbarhauses.
Den Zuschnitt der Wohnung.
Weiß wo Küche, Bad und Kinderzimmer.

Richtung Süden flirrt die Skyline am Horizont. Mainhattan.
Naturnah wohnen ist reizvoll für Bürohengste.
Taunushügel. Pferdekoppeln gen Nordost.
Ein Reiterhof für Töchter gut verdienender Eltern.
(Andere wird es hier kaum geben bei den Grundstückspreisen).
Reichlich Spielplätze. Für den noch jungen Nachwuchs.
Asphaltierte Feldwege. Für Radfahrer und Jogger.

Fast vor der Haustüre. Die U-Bahn oberirdisch. Gut.
Autobahnen hörbar. Je nach Windrichtung.
Schaffen die Menschen an ihre Arbeitsplätze.
Das Haus muss abbezahlt werden. Das Studium finanziert.
Die Miete erwirtschaftet für das Miniapartment.

Uni. Campus. Kirche. Ladenpassage.
Eine Apotheke. Die Sparkasse. Das Ärztehaus.
Restaurants. Blumenladen und Eisdiele.
Ein bekanntes Frankfurter Café. Ein Discounter.
Wer hier wohnt, sorgt sich nicht. Versorgen.
Mit Lebensnotwendigem. Man lebt hier nicht
in der Atmosphäre des über Jahre Gewachsenen.
Bewohner betrachten es nüchtern und praktisch.

Samstags ist Markttag auf dem großen Platz im Zentrum.
Libanesische Spezialitäten. Fleisch und Wurst aus der Rhön.
Vis à Vis. Ein Wagen mit Backwaren. Ein nächster.
Mit Gemüse und Obst. Ein Winzer. Mit Ausschank.
Die Menschen. An langen Tischen. Trinken. Leben.
Andernorts. Rentner zumeist. Auf Märkten oft anzutreffen.

An Sommertagen herrscht hier nicht nur Markt-Leben.
Kinder planschen. Ausgelassen an den kleinen Fontänen.
Auf weichem Gummiboden. Ihr Lachen steckt an.
Heute an einem grauen Vorfrühlingstag indes.
Leere. Ordnung. Aufgeräumte Tristesse.
Manchmal im Winter verirren sich drei Schneeflocken
hierher. Dafür hat man schließlich den SUV.

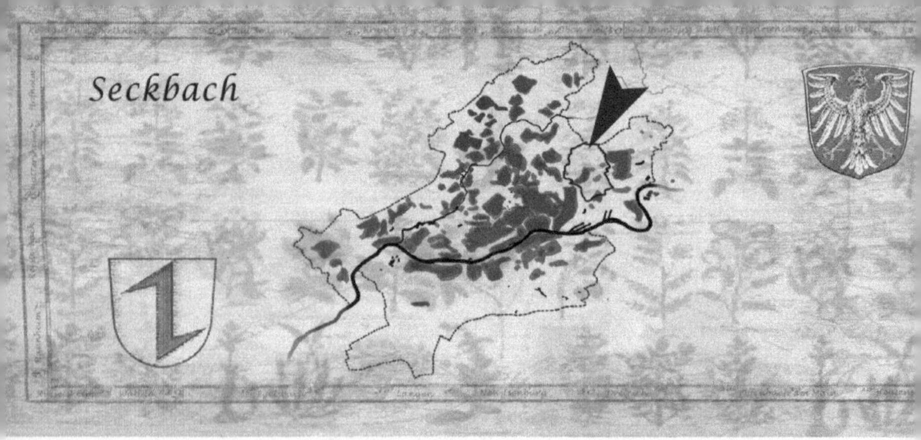

Ulrike Ladnar

Wo fließt der Seckbach?

Am letzten Abend seines Urlaubs lernte Wilhelm K. eine Frau kennen, mit der er sich so leicht und offen unterhielt, dass er das Gefühl hatte, mehr gesprochen zu haben als während seines gesamten Aufenthalts, vielleicht sogar mehr als während des gesamten Jahres.

Erst lange nach seiner Rückkehr, nach einigen wieder meist schweigend verbrachten Wochen, wurde ihm klar, dass er sie hätte nach ihrem Namen fragen sollen oder nach ihrer Adresse oder Telefonnummer. Denn dass sie wie er aus Frankfurt kam, das hatten sie wie einen lustigen Zufall belacht, aber nicht zum Austausch von Kontaktdaten, wie das jetzt hieß, genutzt. Wilhelm K. fand den Ausdruck immer noch komisch und irgendwie unanständig.

Er verbrachte viel Zeit mit Versuchen, das Gespräch zu rekonstruieren. Dabei wollte er Hinweise finden, wo denn in Frankfurt sie zu Hause war. Aber ihre Gesprächsthemen waren wenig konkret gewesen. Sie fanden schnell gemeinsame Themen. Literatur. Museen. Oper. Theater. Und er hatte sein eigenes Thema, das er zu offen vor der Fremden ausbreitete. Einsamkeit. Und dann fiel ihm ihr Thema ein. Ja. Natur. Sie sprach über Felder, zwischen denen sie gerne entlang ging und die immer wieder einen überraschenden weiten Blick auf Frankfurt eröffneten, wobei jetzt der schwere Block der Europäischen Zentralbank dort zu sehen war, wo früher der Henninger Turm stand, und sie erzählte von Wiesen mit Obstbäumen, von Wegen, gesäumt von Brombeerhecken. Endlich hatte er Spuren, und dann fiel ihm noch ein Satz ein, den sie gesagt hatte: »Manchmal fühle ich mich dort wie alleine auf der Welt, und dann erschrecke ich, wenn über mir dröhnend der Hubschrauber des Krankenhauses hinweg fliegt.« Und er wusste, von welchen Feldern, Wiesen und Hecken sie gesprochen hatte.

Ein Blick auf den Stadtplan in einem alten Telefonbuch bewies ihm, dass seine Schlussfolgerungen zutrafen. Die Felder und Wiesen und Hecken befanden sich zwischen dem Huthpark im Norden Seckbachs und dem nordöstlich davon gelegenen Lohrberg. Sie kam also aus Seckbach.

Am nächsten Tag fuhr er dorthin. Natürlich würde er die Frau dort nicht so einfach finden, zumindest nicht zufällig. Wollte er dem Zufall wirklich nachhelfen, triebe er sich besser abends vor der Oper herum oder vor dem Schauspielhaus. Aber inzwischen war ihm einiges andere eingefallen, das ihn nach Seckbach lockte. Kindheitserinnerungen. Mit seinem Vater ließ er vor Jahrzehnten ein paar Jahre lang seinen selbst gebauten Drachen auf dem Lohrberg steigen. Sie waren mit den Rädern hingefahren, auch die Mutter, die dann irgendwo über einem Weinberg Nüsse sammelte. Einem Weinberg in Frankfurt? Da brachte er bestimmt etwas durcheinander. Aber er wusste noch genau, dass es zu Weihnachten Nussplätzchen gab, die die Mutter die Seckbächer nannte, weil sie mit den Nüssen vom Lohrberg gebacken waren. Einmal waren die Eltern auch mit ihm in der Gaststätte dort oben auf dem Berg eingekehrt. Er meinte, dass der Gastraum rund gewesen sein musste. Ganz sicher war er, dass davor Nussbäume standen und große fingerförmige Blätter über ihm ausbreiteten, als er wie die Mutter nach Nüssen suchte. Vergeblich allerdings.

Wilhelm K. hatte sich mit dem Auto auf den Weg gemacht. Denn er wollte den Stadtteil zuerst ein wenig abfahren, durchqueren, dann vielleicht umkreisen, bevor er dann einen Spaziergang durch den Huthpark und über die Felder und Wiesen zum Lohrberg machte.

Natürlich war Kindheitserinnerungen nicht zu trauen, seinen auch nicht, aber als er sich Seckbach näherte, über eine Autobahnbrücke fuhr und vor sich eine Siedlung mit einigen Hochhäusern erblickte, war er sich sehr sicher, diese noch nie gesehen zu haben. Er ließ die Siedlung links liegen und bog auf einer schmalen Straße, die aber offensichtlich die zentrale Straße Seckbachs war, nach rechts ab. Er fuhr sehr langsam, es waren sowieso nur 30 Stundenkilometer erlaubt, vorbei an Nachkriegsgebäuden und einigen noch älteren Häusern. Im Erdgeschoss warteten, hinter den Auslagenfenstern, oft keine attraktiven Angebote mehr auf Kunden. Das übliche Bild der Vorstädte, der Rückgang kleiner Geschäfte und Familienbetriebe. Doch noch gab es einige, mehr als in anderen Stadtteilen, dachte er.

Plötzlich stellte sich ein Gefühl von Vertrautheit ein. Das hier kannte er. Diese Ansammlung schöner Fachwerkhäuser. Postkartenmotive, nur dass ja niemand mehr Postkarten kaufte, weil man mit seinem Smartphone alles so fotografieren und versenden konnte, wie man es gerade sah. Und was Wilhelm K. gerade sah, war die reinste Idylle, die ihn nicht nur in seine Kindheit zurückversetzte, sondern noch viel weiter zurück. Als Bauern hier gewohnt hatten. Spuren ihrer Scheunen und Stallungen gab es noch. Die Hauptstraße, auf der ihre Kutschen und Karren rumpelten und ratterten. Man hat sich einen Gruß zugerufen, wenn man sich dort begegnete. Ja, das hier war ein Dorf geblieben. Aber die Hauptstraße des Dorfs von damals war nicht mehr breit genug für einen Stadtteil des neuen Frankfurt. Wilhelm K. hörte das laute Hupen, das sein kurzes Innehalten zur Folge hatte, und er bog nach links ab, vorbei an weiteren eng beieinanderstehenden Fachwerkhäusern. Bei einem Blick in den Rückspiegel sah er, wie die Autos auf der Hauptstraße in beide Richtungen eine nicht abreißende Kette bildeten.

Zwischen die alten Häuschen weiter oben, denn die Straße führte sacht bergauf, waren neue gebaut, hineingeklemmt, und die Häuser standen nicht wie anderswo ordentlich in rechten Winkeln zur Straße oder zur Gasse oder zueinander, sondern so, dass man meinte, jeder Quadratmeter eines Hinterhofs oder Gartens sei für einen Anbau oder einen Zubau genutzt worden, in welche Himmelsrichtung auch immer danach die Fassade blickte. Dort kannte man sich bestimmt so gut wie früher im Dorf. Vielleicht zu gut, dachte er.

Wilhelm K. bog um und fuhr zurück zur Hauptstraße, um in die Siedlung zu fahren, die ihm auf der Herfahrt so unangenehm aufgefallen war. Von dort aus müsste es einen Weg in den Huthpark geben. Die Siedlung bestand aus einer kurvenreichen Straße, auf deren beiden Seiten helle drei- oder vierstöckige Häuser mit flachen Dächern standen. Häuser standen auch in zweiter Reihe. Überall dazwischen schimmerte es grün, gab es kleine Wiesenflächen und Bäume. Ungepflegt wirkte die Siedlung nicht. In der Mitte standen die Hochhäuser, und er stellte sein Auto ab und ging zwischen zwei Häusern durch und gelangte zu einem recht großen Platz. Alles war neu gepflastert, ein paar genau gleich große Bäumchen standen in einer geraden Reihe. Der Platz wirkte so, als wüssten die Bewohner und Bewohnerinnen der

Siedlung noch nicht so recht, was sie mit dieser großen gepflasterten Fläche anfangen sollten. Nur ein paar Jungens schienen es zu wissen, denn sie kickten sehr zufrieden und wild mit einem Ball herum, und ein paar kleine Kinder, die sich an diesem warmen Tag damit vergnügten, über ein paar Düsen, die Wasser aus dem Boden sprühten, zu hüpfen. Erst später nahm er eine ältere Frau wahr, die auf einer Mauer saß und von dort aus auf die kleinen Kinder aufpasste. Er nahm, eine schickliche Entfernung einhaltend, ebenfalls Platz.

»Schön hier oben«, sagte er unverbindlich. Doch die Frau griff sein Gesprächsangebot gerne auf und erzählte ihm, dass es früher hier auf dem Platz alles gegeben hätte, was man gebraucht hätte, einen Lebensmittelmarkt, eine Apotheke, eine Bank, eine Drogerie, eine Reinigung, mehr noch, aber manches hätte sie schon vergessen. Und dass man früher alle gekannt hätte, die auf dem Atzelberg gewohnt hätten. Alle seien sie gleichaltrig gewesen, viele bei der Stadt beschäftigt, und sie hätten kleine Kinder gehabt und gute Nachbarschaft gehalten. Inzwischen seien viele dieser ersten Bewohner in irgendeinem Altersheim oder sogar schon gestorben. Und von denen, die neu hierher gezogen seien, kenne sie keinen mehr. Viele Fremde. Aber es gäbe doch noch die alten Seckbacher aus dem Dorf, wandte er ein. Da jammerte sie noch mehr. Die hätten nie mit ihnen viel gemein gehabt, erst hätten sie ihre Äcker hier oben teuer verkaufen können, damit die Siedlung gebaut werden konnte, und dann hätten sie sich kaum einmal hier oben sehen lassen und etwas auf sie hier oben herabgeblickt. Wilhelm K. ließ sie weiter klagen, und später, als er weiterfuhr, sah er, was sie meinte. Viele der Menschen hier oben waren noch recht jung und manche kamen bestimmt von sehr weit her. Das sah er ihren Gesichtszügen und ihren Hautfarben an. Das hatte die Frau also mit Fremden gemeint. Wie sich die

Geschichte fortsetzt, dachte er. Immer wird den Neuen zuerst mit Misstrauen begegnet.

Wilhelm K. fuhr ein paar Kurven weiter, vorbei an einem Discountermarkt und einer Schule, die an diesem Tag, einem Samstagmorgen, ruhig und leer vor sich hin döste. Er ließ sein Auto stehen und stieg hinauf; in diesem Stadtteil schien es überall immer ein wenig bergauf zu gehen. Jetzt nach rechts, durch gepflegte Gärten, mit vielen Obstbäumen. Kleine dunkelrote Kirschen lagen auf dem Weg. Und dann der Park. Das musste der Huthpark sein. Sein Blick fiel auf einige Jogger, die sich in einem gleichförmigen Rhythmus bewegten. Ihre Gesichter waren ernst und konzentriert und sie schienen wenig zu sehen von der Schönheit der sehr großen ansteigenden Wiesenfläche, die von Sommerblumen bunt gesprenkelt war und von vielen Bäumen umrahmt wurde, vor allem von Rotbuchen, die in der Sonne glitzerten, geheimnisvoll, lockend, und die eigentlich eher zum Innehalten einluden als zum Vorbeirennen.

Und zum Verweilen entschloss er sich auch, als er völlig unvermutet ein Café vor sich sah, einen schlichten Rundbau, den er aufgrund seiner klaren Struktur und Schnörkellosigkeit den 20er Jahren zuordnete. Er hätte gerne auf der Galerie Platz genommen, dachte aber, dass er an einem der neben dem Weg stehenden Tische eher mit jemandem ins Gespräch kommen könnte. Doch worüber eigentlich? Sollte er fragen, in welchem Teil Seckbachs eine Frau über 60, die die Natur liebte und die Oper, am ehesten wohnen würde? Das wäre so absurd wie zu fragen, wo eigentlich der Seckbach flösse. Denn den, das wusste er, gab es gar nicht. Sein Vater hatte ihn immer dazu aufgefordert, den Seckbach zu suchen, und wirklich hatte er damals allerlei Gewässer gefunden auf ihren Wegen durch das Seckbacher Ried und zum Lohrberg hinauf und viele Quellen dort oben. Eines Tages, es war vielleicht ihr letzter Familienausflug dorthin gewesen, Wilhelm fühlte sich dem Drachenalter entwachsen, hatte sein Vater ihn aufgeklärt. Mit einem Bach nämlich habe der Name Seckbach nichts zu tun, und der Bach, den er auf dem Lohrberg hatte fließen sehen, hieße Mühlbach. Wo der Name herkomme, hatte sein Vater auch erklärt, aber das hatte er längst vergessen. Was ihm alles so einfiel heute, dachte er. Er könnte also heute genauso gut wieder nach dem Seckbach suchen, hier in Seckbach wie nach der Frau, mit der er vor ein paar Wochen in den ersten Ferien, die er als Witwer gemacht hatte, ein Glas Wein getrunken und sich dabei unterhalten hatte. Den Bach konnte er nicht finden, weil es ihn nicht gab, und die Frau nicht, weil er nicht wusste, wo er sie suchen sollte. Und das konnte ihm auch niemand sagen. Also musste er sich auch nicht an die Tische unten setzen, sondern konnte auf die Galerie gehen und dort mit sich und seinen Erinnerungen alleine bleiben.

Danach fuhr er noch ein wenig ziellos durch den Ort, auch durch die Siedlungen südlich der Hauptstraße. Ein Tümpel war dort, eher ein feuchter Fleck innerhalb der grünen Fläche, und das Ried, an das er sich erinnerte und wo er die zarten lanzenförmigen Blätter von Silberweiden sich so heftig bewegen sah, dass er meinte, man müsse sie hören. Dann gab es da noch ein größeres Industriegebiet, das noch keinen geschlossenen Eindruck machte, aber zu florieren schien. Auf den Lohrberg ging er nicht mehr.

Am Abend unternahm Wilhelm K. intensive Recherchen im Internet. Er wollte seine zufälligen Wahrnehmungen einordnen, mit Fakten anfüttern. Mit Namen. Mit Zahlen. Über zehntausend Einwohner hatte Seckbach; mehr als ein Fünftel davon in seinem Alter oder älter. Bezeichnenderweise stand ein Altersheim am Anfang und eines am Ende von Seckbach. Verschiedene Siedlungen, aber das alles hatte er gesehen. Gut, jetzt wusste er auch die Namen dazu. Gelasiedlung. Hofhaussiedlung. Festeburgsiedlung, aber da schien er nicht gewesen zu sein. Die Hauptstraße hieß Wilhelmshöher Straße. Ach ja, und der Tümpel Sausee. Apfelweinkneipen waren noch erwähnt. Viele Vereine. Geschichte des Stadtteils. Die Etymologie des Namens Seckbach fand er: Sickerwasser. Auch den Stadtplan studierte er. Straßenführungen, die den Stadtteil veränderten. Beschnitten. Durchschnitten. Vor allem den südlichen Grüngürtel. Die Autobahn dort. Aber kein direkter Anschluss für die Seckbacher. Die mussten fast alle ein Stück auf der Wilhelmshöher Straße fahren, wenn sie irgendwohin gelangen wollten. Und es führte auch keine U-Bahn in den Stadtteil hinein. Nur Busse.

Am nächsten Abend fuhr er wirklich wieder nach Seckbach. Wegen der Bilder im Netz. Apfelweinkneipen mit Gärten, in denen Bänke und Tische unter alten Kastanien standen. Früher gingen seine Frau und er manchmal zum Abendessen aus. Jetzt ging er nur noch gelegentlich ins Theater oder in die Oper, denn das Abonnement hatte er noch nicht gekündigt. Und links von ihm blieb immer ein Stuhl frei. Sonst verbrachte er seine Abende zuhause. Aber heute wollte er nicht in seiner Wohnung essen.

Der Bus brachte ihn fast an sein Ziel. Im Gastgarten spielten Kinder, lagen Hunde träge herum, unterhielten sich viele Menschen an langen Tischen, lachten. Die Baumkronen verliehen den Menschen darunter ein gemeinsames Dach, sodass es so schien, als befänden sich alle in einem Raum, der allen gehörte, und in dem man zwar schweigen durfte, aber keine Ruhe erwarten konnte. Und gutes und reichliches Essen trug ebenfalls zu einer entspannten, zufriedenen Stimmung bei. Und der Apfelwein.

Wilhelm überlegte, wo er sich hinsetzen sollte. An einem Tisch weit hinten war noch alles frei. Da hätte er seine Ruhe. Und einen Blick auf den Hofeingang und auf die Menschen. Er könnte dort wie gestern im Park alleine über Unmögliches sinnieren. Er könnte sich aber auch irgendwo dazusetzen.

Entschlossen trat Wilhelm K. an einen Tisch, grüßte höflich und fragte dann: »Sind Sie von hier?« Als die Angesprochenen nickten, fuhr er fort: »Können Sie mir sagen, wo der Seckbach fließt?«

Die Leute an dem Tisch schauten erst ein wenig irritiert drein, dann brach ein befreiendes Gelächter aus und einer der Gäste wies auf einen freien Platz neben sich.

Wilhelm K. lachte mit.

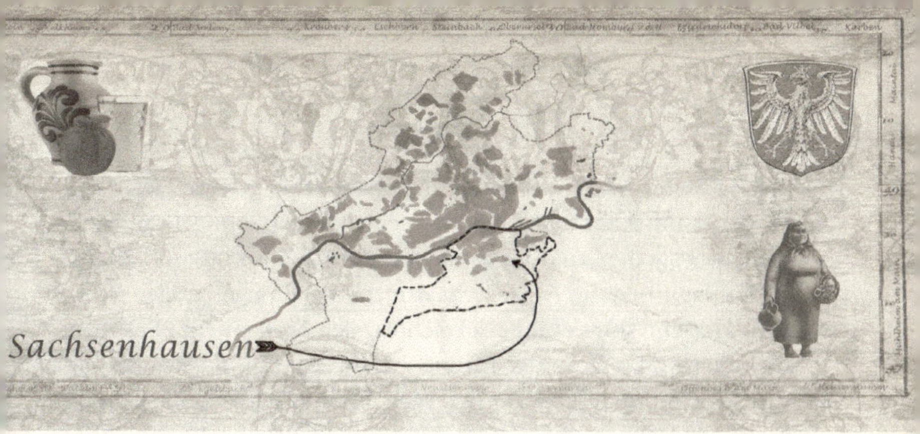

Monika Carbe

Vom Goetheturm springen

Die Zeiten, in denen Alice sich ins Grab wünschte, waren vorbei, auch wenn sie manches Mal, wenn sie in ihrer Dachkammer im Westend saß, überlegte, ob sie ihr Fahrrad nehmen und in der Abenddämmerung durch den Rothschildpark mit seiner altertümelnden Ruine zur Alten Oper radeln sollte, dann über die Fressgass' an den eleganten Flaneuren vorbei bis zur Hauptwache. Auf der Zeil angekommen, würde sie in die Neue Kräme einbiegen, das Rad durch das Gedränge an Bettlern und Obdachlosen vorbeischieben, die Berliner Straße überqueren, zwischen den Cafés am Paulsplatz hindurch zum Römer radeln und einen letzten Blick auf die Justitia werfen, die auf dem Brunnen thronte. Zwischen Historischem Museum und Haus Wertheim würde sie zum Main fahren, das Rad die Stufen zum Eisernen Steg emportragen, und, am Schaumainkai angekommen, ihren Weg zum Goetheturm finden. Der Goetheturm, knapp über vierzig Meter hoch, am Rande des Stadtwalds gelegen, ganz aus Holz gebaut, erinnerte Alice mit seinen Verstrebungen an fernöstliche Pagoden, und hätte sie erst einmal die zahllosen Stufen erklommen und die Aussichtsplattform mit ihrer niedrigen Brüstung erreicht, wäre es ihr ein Leichtes, sich nach einem Blick über die Stadt in das Grün der Bäume zu stürzen. Ein todsicherer Ort für Selbstmörder. Wer diesen Weg wählte, hatte keine Sorgen mehr. Zugegeben, mit dieser Möglichkeit liebäugelte sie. Aber was vor Jahren bitterer Ernst war, war längst Gedankenspiel geworden.

Sie stellte die Leiter an die Mauer, kletterte hinauf, riss wucherndes Grün heraus, Vogelmiere und Löwenzahn, und warf es auf den Boden. Eigentlich war sie froh über diese einfachen Tätigkeiten. Nur keine Verantwortung, sagte sie sich, brav auf Anweisung arbeiten und ruhig schlafen. Mehr wollte sie nicht. Wieder wanderten ihre Gedanken zurück. Nach fast zwei Jahren Arbeitslosigkeit, in denen sie sich mühsam über Wasser gehalten hatte, trat sie mit Ende zwanzig die erste Stelle an, die ihrer Ausbildung entsprach. Man erwartete viel von ihr, und sie bemühte sich, diesen Erwartungen gerecht zu werden. Vor lauter Übereifer wurde sie krank – und ihr wurde gekündigt. Inzwischen kannte sie das Arbeitsleben, hatte in den Büroalltag hineingeschnuppert, bewarb sich aufs Neue, und siehe da, es gelang ihr nicht nur, einen Job in einer großen Künstleragentur zu ergattern. Sie lernte auch Verantwortung zu übernehmen, ohne sich zu überlasten und stieg in der Hierarchie unablässig auf, bis sie an den Intrigen ihrer Gegner scheiterte.

Obwohl das schon viele Jahre zurücklag, ließen die Gespenster der Vergangenheit sie nicht los. Ob sie abends aus dem Dachfenster ihrer Mansarde auf die Kuppel der Synagoge blickte, allmählich vergilbende Fotos betrachtete oder ihr Adressbuch durchblätterte, vieles erinnerte sie an die Zeit, als sie nahe daran gewesen war, vom Goetheturm zu springen.

Als sie die provisorische Wahlkabine berat, um die Partei ihrer Wahl anzukreuzen, musste sie sich auf den Hocker setzen. Mit zitternden Händen klebte sie den grünlich-grauen Umschlag zu, ging auf die Schulbänke zu, an denen die Wahlhelfer saßen und zückte ihren Personalausweis. Das wäre nicht nötig gewesen, da die Sachbearbeiterin im Jil-Sander-Kostüm sie längst erkannt hatte. Alice, die schmuddelige Gartenarbeiterin, der man, gewiss zu Recht, Beihilfe zu Drogengeschäften vorwarf. Die junge Frau lächelte süffisant. Alice sagte kein Wort, steckte ihren Umschlag in die Wahlurne, und verließ den Raum.

Draußen angekommen, nestelte sie tränenüberströmt an ihrem Fahrradschloss. Nur weg, weit weg, irgendwohin, wo man sie nicht kannte. Wie gehetzt radelte sie zum Opernplatz, wich Fußgängern und bellenden Hunden aus, kam zur Hauptwache, bog auf der Zeil in die Neue Kräme ein, die seltsam unbelebt war, überquerte die Berliner Straße und fuhr Richtung Main. Sie trug das Rad die Stufen zum Eisernen Steg empor, geriet außer Atem, blieb stehen und heulte hemmungslos. Sie wischte die Tränen nicht ab. In Sachsenhausen schaute sie weder links noch rechts, wollte an nichts erinnert werden, nicht an die Künstleragentur in der Schweizer Straße, nicht an die Cafés und Bars, nicht ans *Taj Mahal* oder ans *Tandoori*, Lokale, in denen sie oft mit Dichtern, Malern und Musikern gesessen hatte.

Das alles war lange her, viele Cafés hatten mittlerweile Namen, Pächter und Personal gewechselt, und niemand würde sich mehr an sie erinnern. Sie schob das Rad die Darmstädter Landstraße hinauf, sah ein Hinweisschild zum Hühnerweg, bedauerte, dass sie nie die Zeit gefunden hatte, das Willemerhäuschen zu besichtigen, fuhr wieder ein Stück und bog dann in den Feldweg zum Goetheturm ein.

Heute würde sie springen. Es war so einfach. Das Fahrrad brauchte sie nicht abzuschließen. Wer es fand, sollte seine Freude daran haben. Die Kette müsste geölt werden, und die Gangschaltung funktionierte nicht mehr, aber eine Weile würde man noch damit fahren können. Sie würde die Augen schließen und sich ins Herbstlaub fallen lassen. Was hatte sie zu verlieren?

Eigentlich wäre das nichts anderes als ein Sprung vom Zehnmeterbrett im Schwimmbad. Als junges Mädchen hatte sie sich nur einmal getraut, aus dieser schwindelnden Höhe ins Wasser zu springen: Als sie aber damals allen ihren Mut zusammengenommen hatte und gesprungen war, war es ein Genuss. Als flöge man auf dieses unendliche Blau zu. Hier war es das bunte Laub – und darunter der steinige Boden. Die Höhe stimmte, und ein Schädelbasisbruch war garantiert. Das war der Exitus, den sie sich wünschte. Aber als sie an dem hölzernen Turm ankam, war er gesperrt. Ein Schild zu seinen Füßen verkündete: *Wegen Bauarbeiten nicht zugänglich*.

Stundenlang fuhr sie ziellos durch den Stadtwald, radelte an Paaren vorbei, die schweigend Hand in Hand durch das Herbstlaub wanderten, überholte einsame Männer und Frauen, die ihren Hunden pfiffen, musste bremsen und vom Rad steigen, wenn ihr Familien mit Kindern entgegenkamen, Kindern, die ihr mit einem fröhlichen Lachen den Weg versperrten. Alice fühlte sich verlassener denn je. Sie hatte keine Aufgabe, nichts, was ihrem Alltag einen Rhythmus gab, und das Geld ging auch zur Neige. Und wieder einmal wurde sie beschuldigt und wusste nicht, wie sie sich verteidigen sollte. Wieder hatte sie Regeln verletzt, wieder stand sie draußen. Schlimmer noch, sie hatte eine Anklage zu befürchten. Wie gehetzt radelte sie weiter. Sie musste sich dem stellen, was auf sie zukam.

Die Herbstluft tat gut. Wieder stieg sie vom Rad, setzte sich auf eine Bank und zündete sich eine Zigarette an. Sie musste ihr Leben irgendwie in den Griff bekommen. Und das war das Schwierigste. Vielleicht sollte sie einfach Vertrauen haben. Einfach leben, weiter leben – und daran denken, dass dies allein schon ein Wert war? Das reichte ihr nicht.

Das Harken und Fegen der Wege auf dem Friedhof hatte etwas stetig Wiederkehrendes, etwas unabänderlich Gleiches gehabt. Und im Kreis von Abdul, Camillo, Yusuf und den anderen hatte sie sich wohlgefühlt. Sie war gern für andere da, half, und wenn sie gebraucht wurde, sprang sie ein. Jetzt aber musste sie nur noch für sich sorgen, war nur noch dafür verantwortlich, sich selbst zu erhalten und wusste nicht mehr, wie.

Ihre Mutter würde vielleicht gar nicht realisieren, wenn Alice nicht mehr da wäre. Aber – Tabletten nehmen? Sich die Pulsadern aufschneiden? Vom Kaiserdom springen? Die Steinmauern auf der Plattform unterhalb der Turmspitze waren zu hoch. Alice war nicht gelenkig genug, und Touristen würden sie festhalten. Die Hochhäuser der Banken? An Pförtnern in Uniformen vorbei in den Aufzug steigen und bis zur obersten Etage vordringen, unter dem Vorwand, sie wolle sich die Stadt von oben anschauen, dann mit einem überheblichen Lächeln abgewiesen werden …

Alice trat ihre Zigarette mit der Fußspitze aus und stand langsam auf. Sie wollte sich Zeit lassen. Vielleicht ließ sich aus dem bisschen Leben doch noch etwas machen. Mühsam fand sie den Weg zurück zum Goetheturm, verirrte sich ein paar Mal, schlug die falsche Richtung ein und kam dann doch wieder auf der Darmstädter Landstraße an. Sie nahm die rechte Hand vom Lenker und tastete nach ihren Schlüsseln in der Hosentasche. Es war später Nachmittag, und die Straßen waren belebt wie an Wochentagen.

Erregung lag in der Luft. Der Ausgang der Wahlen war noch unsicher, gegen achtzehn Uhr würde man die ersten Hochrechnungen bekannt geben, alle Parteien würden Wahlpartys veranstalten, überall würden aufgeregte Politiker und ihre Anhänger sich vor den Fernsehschirmen versammeln.

Alice war darauf gefasst, dass sich an der Regierungsspitze wenig ändern würde. Ihre Stimme galt der Opposition. Aber was für eine Rolle spielte das jetzt noch? Sie musste erst einmal sehen, wie sie Körper, Geist und Seele zusammenhielt. Nein, sie wollte sich nicht aufgeben. Sie würde abwarten, was auf sie zukäme.

Auf keinen der Anrufe ihrer Kollegen hatte sie bisher reagiert.

Was nützten diese Treffen mit Yusuf, Camillo und Abdul noch? Sie wollten kämpfen, für ihre Ehre, um ihre Arbeit. Alice wollte nicht zurück.

Jan-Erik Grebe

Zerfallene Häuser

Die Autofahrt erschien ihr länger als sonst. Vielleicht lag es daran, dass sie nicht sprachen. Das kannte sie ja schon von ihm, das Schweigen, wenn er sich schuldig fühlte. Draußen wurde der Himmel langsam dunkelblau. Die Straßenlaternen waren schon angegangen. Ein Jogger spuckte in hohem Bogen auf den Boden, der Wagen glitt an ihm vorbei. Die Abendluft zog ihr kalt über Hals und Brust. Sie schob den Knopf nach oben, und das Fenster, das bis eben noch einen Spalt breit offen gewesen war, schloss sich ganz.

Von ihrem Platz aus konnte sie seine Augen im Rückspiegel sehen. Er stellte ihn immer so ein, dass er sie beobachten konnte, auf der Rückbank, ganz rechts. Eigentlich hat er schöne Augen – dachte sie und sah schnell wieder zum Fenster hinaus.

Der Schmerz kam plötzlich, erst spitz und dann in dumpfen Wellen, als er über eine der Straßenschwellen fuhr. Sie musste sich auf die Unterlippe beißen, um nicht aufzuschreien. Auf der Straße, in der Nähe der Ampel, lag ein toter Fuchs. Rot. Sie mussten warten.

»Wir sind bald da«, sagte er mit warmer Stimme. Er hatte sicher gesehen, wie sie das Gesicht verzog.

»Kann ich nicht doch eine Tablette haben?«, fragte sie. Er schüttelte den Kopf. Nein. Natürlich nicht. Er hatte ihr nicht in die Augen geblickt. Das traute er sich nicht. Der Schmerz wurde spitzer.

Sie hatte noch nie einen Fuchs gesehen, keinen echten jedenfalls. Nur einmal zwei Waschbären im Dunkeln. Sie erinnerte sich an eine Tierdokumentation, in der ein Fuchs seine Welpen – nannte man die bei Füchsen so? – vor einem anderen Tier beschützte. Sie wusste nicht mehr, vor welchem. Sie erinnerte sich an das rote Fell. Der tote Fuchs war sicher von einem Auto erwischt worden. Seine Eingeweide hingen grau aus ihm heraus, aber das Fell war noch immer so schön wie bei dem Fuchs in dem Film.

Als der Wagen wieder anfuhr, schaute sie den kleinen Körper so lange an, wie sie konnte, und fragte sich, ob sich noch jemand für das tote Tier interessieren würde? Vielleicht darüber nachdachte, wo es gelebt hatte? Was mit ihm geschehen würde und ob es noch immer dort läge, wenn sie das nächste Mal hier sein würde? Und in ihrer Brust tat etwas weh, das sie nicht kannte und ihr Angst machte, und sie fühlte sich so klein wie schon lange nicht mehr. Beinahe hätte sie angefangen zu weinen, drückte sich aber auf ihren Oberschenkel, bis es so sehr schmerzte, dass das Gefühl wegging.

»Was?« Seine Stimme klang gereizt.

»Es tut nur weh«, sagte sie und biss sich wieder auf die Unterlippe.

Er blickte sie durch den Spiegel an. Seine Augenbrauen waren ganz breit und dunkel. Erst dachte sie, er würde wütend schauen und wurde schon ganz vorsichtig, aber er sah sich nur ihren Körper an. An seinen Augen konnte sie sehen, dass sie ihm gefiel. Das war besser. Trotzig blickte sie aus dem Fenster.

Manchmal fuhr sie allein nach der Schule mit der Straßenbahn hierher, es war das erste Mal, dass er sie fuhr. Haltestelle Preungesheim und dann mit dem Bus weiter. Oder zu Fuß, wenn es nicht regnete.

»Du weißt, dass ich dich liebe, oder? Das weißt du.« Sein Lächeln war anziehend und ließ auch sie lächeln, bis sie sagen musste: »Ja, das weiß ich.«

Später würde sie sich ärgern, das gesagt zu haben. Aber wenn er sie so ansah, dann konnte sie nicht anders, dann liebte sie ihn, ganz egal, wie er sonst war. Sie betrachtete eine Weile lang seine rechte Hand, die auf dem Schaltknüppel ruhte. Der Anblick seiner Hände, die kräftig waren, gaben ihr stets das Gefühl, keine Luft zu bekommen. Sie atmete mehrmals tief ein und aus, um den Anblick zu ertragen.

Außerhalb des Laternenscheins sah sie nun kaum mehr etwas. Es hatte angefangen, leicht zu regnen. Als sie ihn darauf ansprach, antwortete er nur, dass sie nicht lange würde warten müssen.

Sie bogen in den Wickenweg ein. Eine Kurve später konnte sie ihn bereits sehen, den Spielplatz. Er sah gruseliger aus, als sie ihn in Erinnerung hatte. Von ein paar Straßenlaternen beleuchtet, gerade genug, um die Gerüste zu sehen, die im Halblicht wie zerfallene Häuser aussahen. Häuser, an denen Rutschen befestigt waren. Sie hoffte, dass keine Junkies dort waren. Sie hatte gehört, dass nachts manchmal Junkies auf die Spielplätze kamen und ihre Spritzen in die Sandkästen warfen.

Leise ließ er den Wagen bis an den Spielplatz gleiten. Nachdem er überprüft hatte, dass keiner sie sah, hielt er an. Vorsichtig löste sie den Sicherheitsgurt, während er um den Wagen ging. Er öffnete ihre Tür und beugte sich zu ihr hinein. Als er sie aus dem Wagen hob, musste sie die Luft scharf einziehen, und die Tränen schossen ihr in die Augen.

»Du hättest mich nicht provozieren dürfen«, sagte er.

Sie nickte nur stumm, biss die Zähne zusammen.

Er legte sie unter einen der Bäume, in die Nähe der Rutsche.

»Das hättest du nicht tun dürfen. Das weißt du, nicht wahr?«

Sie nickte.

»Denk dran: Du bist vom Baum gefallen!«, sagte er, dann stieg er in den Wagen und fuhr fort.

Nachdem sie beim Notdienst angerufen hatte, sah sie noch eine Weile dem Regen zu, der dunkle Punkte auf dem Boden hinterließ. Sie fragte sich, ob der Fuchs noch da war oder ob ihn vielleicht jemand aufgehoben und an einen warmen, trockenen Ort gebracht hatte?

›Zwiebelkuchen‹

Zutaten:
für den Teig: 500 g Mehl, Salz, 2 EL Pflanzenöl, 1 Pck. Hefe, 1 Tasse lauwarmes Wasser
für die Füllung: 300 g gewürfelten, durchwachsenen Speck, 3 mittelgroße Zwiebeln, 2 EL Kümmel, 3 EL Semmelbrösel, ½ Liter saure Sahne oder Schmand, 3 Eier

Zubereitung:
Mehl, Hefe, Salz, Öl und Wasser zu einem glatten Teig verarbeiten. Brotteig auf einem Blech mit hohem Rand verteilen und an einen warmen Ort stellen, sodass er leicht aufgehen kann. In der Zwischenzeit Speck in einer Pfanne auslassen, bis er glasig wird, und beiseitelegen. In derselben Pfanne die Zwiebeln anschwitzen, Semmelbrösel hinzugeben und rösten. Anschließend Speck und Zwiebeln über den Teig verteilen und mit dem Kümmel bestreuen. Eier mit dem Schmand oder saurer Sahne verquirlen, salzen, pfeffern und die Mischung über den Teig verteilen. Im vorgeheizten Ofen bei 200 Grad etwa 20 Minuten backen. Vor dem Servieren mit Schnittlauchröllchen bestreuen. Zwiebelkuchen isst man vorzugsweise, solange er noch warm ist. Dazu gab es bei uns Milchkaffee mit Zucker.

Info:
Das Rezept hat Edit Engelmann geliefert, das in dem Rezeptbuch ihrer Oma Christine enthalten ist, veröffentlicht im Buch »Es war einmal im Ringgau ...«, erschienen beim Größenwahn Verlag im Juni 2013.

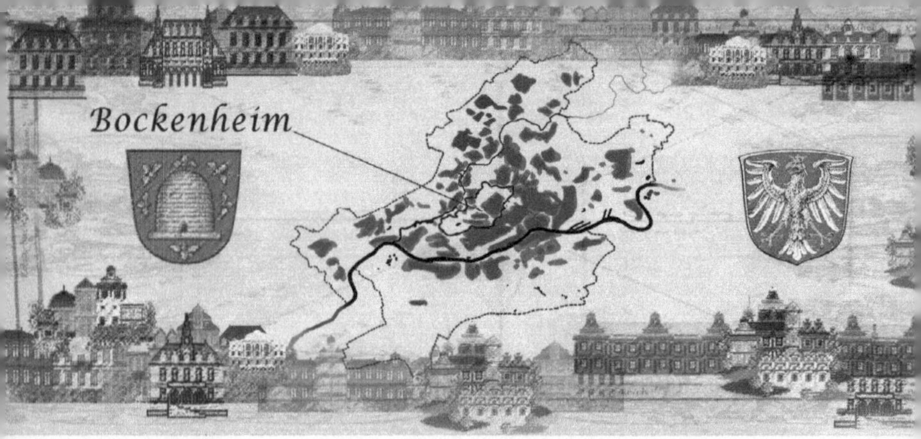

Norbert Saßmannshausen

Immer quer

Dany ist immer quer durch Bockenheim gefahren.

Das *Kulturzentrum* befand sich in der Kurfürstenstraße 16, ein Hinterhaus. Es galt die Nullnummer vorzubereiten, im Sommer 1976. Die Nullnummer des späteren Metropolenmagazins *Pflasterstrand*, Zeitung der Linksradikalen Frankfurts, Zeitung für Krankfurt. Im Dezember erschien die Nummer 1. Die Redaktion zog in die Hamburger Allee 45.

Udo Riechmann ist immer quer durch Bockenheim gefahren. Er brachte mir ein Handtuch mit, als ich mit einem Leistenbruch im Elisabethenkrankenhaus lag. Nach dem Neujahrs-Feuerwerk in der Fressgass landeten wir um 4 Uhr im *Doctor Flotte*. Zur Feier des Tages stimmt Udo die *Internationale* an und reißt die Faust empor. Der letzte Gast, der außer uns noch im *Flotte* sitzt, tritt wütend gegen unsere Bank und unseren Tisch. Er stammt aus Prag und lässt sich auf eine Erklärung über unseren Blick auf den Sozialismus nicht ein.

Der SDS (Sozialistischer Deutscher Studentenbund, aufgelöst 1970) traf sich in einem Kellerraum in der Kurfürstenstraße 8. Eine Druckmaschine stand dort für die Papers und Flugblätter. Die Sitzungen verliefen ordentlich: Diskussionsleitung, Protokoll, Anwesenheitsliste. Sitzungsende um 22 Uhr. Der spätere *Robespierre von Bockenheim*, Hans-Jürgen Krahl, führt die Nachsitzungen in den Kneipen ein. Die SDSler fahren zum Club. Oder gehen ins Hesseneck. Oder ins Basalteck. Oder in den Keller des Kolbheims. Oder zum Nutten-Loui, nein, nicht zum *Doctor Flotte*, der kommt erst 1973/74, sondern »Zur Straßenbahn« an der Warte. In der Musikbox wartete 1968 Heintje.

Walter Gerlach spielte in den Trümmern neben der Schanzenbach-Fabrik in der Adalbertstraße. Im *BB-Club* trafen sich, wie Heiner sagt, alte Männer mit jungen Männern. *BB* stand für *Böse Buben*. In der *Fabrik* wohnten Angela Davis, David Wittenberg und Eberhard Fiebig. Das war damals die Adalbertstraße 10. Aus dem *Schlagbaum* wurde ein *McDonald's* und aus dem das *Extrablatt*. Die Universität wird umgewidmet. Das Depot ist jetzt ein Theater. Die Deutsche Bibliothek stand neben dem *Mackie Messer*. Der Block gehört der *KfW*. Das gehört alles eigentlich zum Westend, so wie Adorno. Der Platz mit seinem Namen wurde geräumt. Der AfE-Turm ist schon gefallen. *Jeder Stein, der abgerissen, wird von uns zurückgeschmissen*.

Peter, den einige Jesus nennen, sitzt wieder in seinem dicken Mantel mit einer Milchtüte vor dem Türken an der Ecke. Andererseits hat sich die *Drogerie Englert* (Wolle + Drogerie) irgendwie erhalten. Und der *Carl Topp* (Bürsten-Pinsel-Fußmatten).

Wolfgang Becker fuhr auch immer quer durch Bockenheim. Wilhelm Genazino holt seine gereinigten Hemden in der wohl günstigsten Reinigung der Welt in der Leipziger Straße 24 ab. Im *Café Crumble* stellte Rembert Baumann mit den Freunden vom Basisdruck-Verlag Ernst Fuhrmann vor. Mit Bert Papenfuß spielten wir im *Tannenbaum* eine Runde Kicker. In der *Huss'schen Buchhandlung* gingen alle ein und aus. Der *Frauenbuchladen* hat dicht gemacht. Wir aßen in der *Volkswirtschaft* die letzten Würstchen. Boris musste das *Andalucia* leider verlassen. Beim *Galicia* erinnert nur die Fassade an das *Gargantua*. Im *EXIL* trat Shantell auf. Volker Erbes klebt Hinweise auf seine Lesung im *StattCafé* an den Bücherschrank. Wir gingen gerne zum Griechen. Der hieß und war wo genau?

Max Weinberg sitzt neben dem Tibeter in der Leipziger 85, da, wo jetzt der Indonesier ist, während der Tibeter jetzt da ist, wo der *Figaro* war. Im *StattCafé* diskutierte Winnie Becker mit Matthias Horx über Computerkids. Die Redaktion des *user-magazins* der A.U.G.E. war in der Leipziger 65 H. Unten war die Druckerei des Persers, die hatte Klaus Becke übernommen. Obendrüber war Friedhelm Spiecker, der aus dem Nordend kam. Er wohnte da auch.

Hartmut Holzapfel fährt immer mit einem Jaguar durch Bockenheim. Herr Wissmüller sitzt vor seinem Rollator und nimmt für mich den Hut ab. Die *Titanic*-Redaktion war in der Sophienstraße. Das letzte autonome Zentrum der Hauptstadt der Revolte heißt *exzess* und bleibt. Der *Wiesengrund* wurde mit einem Flohmarkt beendet. Wertform-Backhaus verlässt den *dm*. Beim *Berrys* löffelt Hinzpeter ein Eis. Das *Celsius* ist einfach verschwunden. Das *Dalli-Dalli-Stübchen* wurde gerettet. Die Grempstraße 1-3 gibt es nicht. Klaus Gietinger trägt immer einen Hut. Im *Lüsterweibchen* sitzen zwei Wolfgangs an der Theke. Asbach immer in der Ecke. Das *Hesseneck* ist aus einem 100-jährigen Schlaf erwacht. Das Graffiti *Rache für Günter Sare* ist überpinselt. Immerhin: *Guten Morgen, liebe Gabi* lesen wir seit 12 Jahren jeden Morgen. Und hinter dem Westbahnhof? War da nicht ein Walzwerk und du hast da Flugblätter verteilt? Und der

Mongole? Sag nur, demnach wäre die U-Bahn-Station Bockenheimer Warte eigentlich im Westend?

Vor dem Penny berichtet Manfred Wittmeier über die Beerdigung von Horst-Dieter Zahn. Joscha Schmierer trug immer einen Hut. Das Erbe des KBW finanzierte die Commerzbank und schuf das *k1. Zalando* in Bockenheim finde ich gut. Und den *Käseladen 34* erwähnst Du gar nicht? Detlev Nyga spielte in der *Dramatischen Bühne*. Neben den Alt-Katholiken ist das *Titania*. Good bye, Michael Rieth. Richtung Ginnheim, das Studentenheim, ist das denn wenigstens noch Bockenheim? Da, wo hinter dem Abenteuerspielplatz Cricket gespielt wird?

Wir treffen Else Gromball und Heiner Halberstadt zufällig im *Biondo* bzw. im *HeckMeck*. Endlich gibt es eine *Huck*-Niederlassung. Der *Chaos-Computer-Club* hat sich im ehemaligen Schlecker am Kirchplatz angesiedelt. Den Königreichsaal habe ich nicht mehr gefunden. Neben *Orfeos Erben* war der *BDP* im Dachgeschoss der Hamburger Allee 49. Nach oben ging's mit dem Lastenaufzug. Unten Blodingers Teppichlager *SIBLO*. Zwei Häuser weiter war immer die *Moltke-Stube*. Die ist jetzt weg.

Irgendwo muss jeder ja anfangen: Michi Herl schlug in der *Karl-Marx-Buchhandlung* auf. Oder war's beim Pflasterstrand in der Hamburger Allee? Bei anderen fing es im *Weinkontor* an. Oder endete dort.

Das *diesseits* war auch mal neu. Das *Café Bauer* heißt jetzt *Freunde*. Ilja Kamphues liebt die *Pappnase*. Frank Wolff steigt im Kirchplatz in die U-Bahn. Er kommt gerade von Aufnahmen aus den Staaten. Am Stadtteilbüro stellt ein Plakat die Frage »Wem gehört die Stadt?«. Das *Tibethaus* feiert den Geburtstag des Dalai Lama. Es gibt Dinge, die will man gar nicht wissen.

Andererseits. Andererseits begegnet mir Falk Bayerl, der früher auch Studententheater gemacht hat, immer noch. Wir könnten auch am Mittwoch ins *Casablanca* gehen mit Blick auf die angebauten Balkone der WG in der Großen Seestraße 46. Das war damals ja das *Casa di Cultura*, oder?

Wenn jetzt noch der *Hessen Shop* genannt wird, oder *Hartmann & Braun*, oder Peter Kurzeck erwähnt wird und Jochen Bruhn und Maria, die Anna heißt, und Rudolf Sievers und Karlheinz Braun und Gisbert Leppert und Michael Hintz und *Radio X* und der *Woolworth* und, dann ...

Niklas Fiedler ist immer quer durch Bockenheim gefahren.

Sylvia Schopf

Nosferatu von Nieder-Erlenbach

Hauptkommissar Christian Voss trat kräftiger in die Pedale. Noch die kleine Anhöhe, dann ging es abwärts. Nach Hause. Besonders in den Sommermonaten genoss er die Heimfahrt mit dem Rad von seiner Arbeitsstätte, dem Polizeipräsidium am Alleenring, zurück nach Nieder-Erlenbach. Wohltuend dieser langsame, gleitende Übergang vom Trubel der Stadt in die Natur: am idyllischen Ufer der Nidda entlang, die meist gelassen Richtung Main floss, bis er schließlich das dörfliche Nieder-Erlenbach erreichte. Und da war er auch schon, der Anblick, den er so mochte. Voss' Blick schweifte über die weiten Felder bis zum Horizont, wo sich der Taunus mit seiner höchsten Erhebung, dem großen Feldberg samt Gipfelturm, gen Himmel reckte. Wann war er eigentlich das letzte Mal dort oben gewesen? Voss beschleunigte, um die Grünphase der Ampel noch zu erreichen und schon grüßte ihn das Ortsschild »Nieder-Erlenbach«.

Ganz bewusst hatten er und seine Frau Elisa sich entschieden, aus der Stadt hinaus zu ziehen. In Nieder-Erlenbach fühlte man sich ein bisschen wie auf dem Land. Hier tickte das Leben noch anders. Es war weniger hektisch – und vielleicht war das auch einer der Gründe, warum einige Politiker, wie zum Beispiel die ehemalige Frankfurter Oberbürgermeisterin, hier ihr Domizil hatten. Einer der Fußballspieler der Eintracht wohnte ebenfalls in Nieder-Erlenbach, dem einstigen Haufendorf, das sogar ein ansehnliches Schloss aufzuweisen hat und seit 1972 zu Frankfurt gehört.

Für Voss war es ein idealer Ort, um von seiner Arbeit abzuschalten, sich der Familie und seinem Privatleben zu widmen: seiner Frau, den Kindern, dem Garten. Eine Welt fern von seinem Berufsalltag, in dem Gewalttätigkeiten und Brutalitäten, Mord und Totschlag, Heimtücke und Niedertracht herrschten. Unbeschwerte Idylle. Aber insgeheim wusste er, dass dem nicht so war. Voss schlug den Weg zur Eisdiele ein. Noch rasch zwei Kugeln *Malaga.* Eisschleckend radelte er durch den alten Ortskern, vorbei an proper herausgeputzten Fachwerkhäusern, am renovierten Lersner'schen Schloss, Richtung Erlenbach und dann - in leichter Hanglage – stand das großzügige Einfamilienhaus mit weitläufigem Garten. Es befand sich in guter Gesellschaft. Hier in diesem Teil des Ortes war Wohlstand, dezent und ohne Protz, zuhause. Neulich hatte er gelesen, dass Nieder-Erlenbach ein Stadtteil mit einem besonders hohen Anteil an Eigenheimbesitzern sei. Er schloss die Haustür auf. Home sweet home. Es roch nach frischem Apfelkuchen.

»Elisa?«

Keine Antwort. Auf dem Küchentisch lag eine Notiz, dass sie mit einer Freundin auf's Feld gefahren sei; zur Tomatenernte. Voss runzelte die Stirn. Dann fiel es ihm ein. Seit einiger Zeit vermietete ein Nieder-Erlenbacher Bauer Teile seines Ackers an

Privatleute. Die konnten dann, unterstützt durch fachkundigen Bauernrat, auf dem gemieteten Feld ihr eigenes Gemüse pflanzen und pflegen. Diese Idee hatte vor allem bei den naturentfremdeten Städtern Furore gemacht und inzwischen kamen sogar Leute aus dem Taunus, um sich als bio-öko-dynamischer Hobbybauer zu erproben. Elisa schlug vor, sich später im »Obsthof am Steinberg« zu treffen. Die Schoppenwirtschaft lag etwas außerhalb von Nieder-Erlenbach, idyllisch zwischen Feldern und Obstwiesen und weit weg von der Großstadt, deren Hochhauskulisse sich schemenhaft in der Ferne abzeichnete. Zwischen knorzigen Apfelbäumen saß man ungezwungen auf Bierbänken und ließ sich das «Bio-*Stöffsche*« mit Äpfeln aus eigenem Anbau schmecken. Ein Blick auf die Uhr. Voss hatte noch Zeit für eine Erfrischungsdusche und ein bisschen Ausruhen.

In einer geschützten Ecke des Gartens stand gut versteckt, hinter dem üppig bestückten Sauerkirschbaum, seine bequeme Gartenliege. Frisch geduscht ließ er sich darauf nieder, schloss die Augen, wollte gerade ein wenig entspannen ... Doch es kam anders.

Er schreckt auf. Sein Smartphone klingelt. Ein Kollege vom Morddezernat. Er traut seinen Ohren nicht. Unten im alten Ortskern hat man eine Tote gefunden. Anna Gruber. Ob er sie kenne? Und vielleicht behilflich sein könne und ...

Jaja. Na klar. Keine Frage. Bin gleich bei euch.

Die Spurensicherung hat ihre Arbeit so gut wie abgeschlossen, als er das alte, graue Haus betritt, das aus der Reihe der proper renovierten Nachbarshäuser unschön heraussticht. Er trifft seinen Kollegen auf der Terrasse, die zum Garten führt, in dem Unkraut keine Chance hat. Uneingeschränkte Herrscher des Terrains sind Gartenzwerge aller Art. »An der rückwärtigen Terrassentür gibt es Einbruchsspuren sowie einen Eins A Fußabdruck am Zaun zum

Nachbarhaus. Birkenstocksandale Größe 43«, informiert Kollege Münkler.

Weitere Spuren? Münkler schüttelt den Kopf. »Bisher noch nicht. Verletzungen weist die Tote keine auf. Möglicherweise ein Schock mit Herzstillstand, meint der Amtsarzt.«

Doch was ist der Grund für den Schock?

Anna Gruber lebt seit dem Tod ihres Mannes alleine in dem Haus und verlässt es nur selten. Dafür weiß sie alles, was in der Nachbarschaft geschieht, dank ihres Beobachtungspostens am Fenster. Mit den Nachbarn linker Hand, einer Familie, die alternativ-bio-ökologisch lebt, gibt es seit längerem Querelen. Wegen der Kinder, der Katze, dem Hund, dem Unkraut....und so weiter. Also der typische Krieg am Gartenzaun. Zugespitzt haben sich die Streitigkeiten, als Anna Gruber vor kurzem einen so genannten Frustzwerg in ihrem Gartenzwerg-Idyll fand. Was für eine Unverschämtheit! Ein Zwerg mit Stinkefinger! Der konnte nur von den linken Nachbarn stammen. Ordnungsamt, Polizei, Gerichte und Anwälte wurden von Anna Gruber beschäftigt. Und jetzt hat Kommissar Münkler drei Briefe im Haus gefunden, mit Drohungen gegen die Tote. Sie soll endlich mit ihren Schikanen aufhören, warnt der Schreiber.

Wie ein Vergleich von Fingerabdrücken auf den Briefen und der Haustür nebenan beweist, stammen die Drohbriefe von dort. Auch der Fußabdruck der Birkenstocksandale kann eindeutig dem bio-ökologischen Familienvater zugeordnet werden. Und die fehlende Geldkassette geht dann wohl auch auf sein Konto. Die Sache ist klar. Und natürlich ist der Schuldige geflohen. Gleich nach der Tat mit Sack und Pack abgehauen, wie ein Ortsansässiger gesehen hat. »Midde in de Nachd fluchdardisch alles ins Audo gebackt, Kinner und des Viechzeuch. Alles enei gestobbt – und los ging's. Da hat werklich nix mehr neigebasst. Des Audo war überlaade. Des aalans wär ja schon en Fall für die Bollizei.«

Die Fahndung nach der flüchtigen Familie wird eingeleitet. Es dauert nicht lange und man hat sie in ihrem Ferienhaus in Südfrankreich ausfindig gemacht. »Kein sehr fantasievolles Versteck. Die haben es uns sehr einfach gemacht!«, bemerkt Kollege Münkler und berichtet, dass das Ehepaar, als es von der französischen Polizei zum Verhör abgeholt wurde, sehr ahnungslos tat und sich vehement gegen alle Vorwürfe wehrte. Sie seien am Tag der Tat gar nicht mehr in Nieder-Erlenbach gewesen.

Und siehe da! Das stimmt. Der Mann, der die Familie bei ihrer Abreise gesehen hat, hat sich im Tag geirrt. Die Verwirrung im Ort ist nun groß, denn jetzt fehlt ein Schuldiger. Dabei wäre es doch so einfach gewesen! Wer außer der Nachbarsfamilie hätte einen Grund gehabt, der alten Anna Gruber etwas anzutun? In den Kneipen und Lokalitäten am Ort – vom Schützenhaus über »Die Erholung« bis zum Bäcker und Supermarkt – wird gerätselt und gemunkelt. Manche bedauern die Familie, die diesen Sommerurlaub bestimmt nicht so schnell vergessen wird. Andere meinen, dass es Anna Gruber noch ein letztes Mal gelungen sei, ihren Nachbarn Ärger zu machen.

Als die Tote begraben ist und es keine Neuigkeiten mehr im Fall Gruber gibt, geraten die Ereignisse in Vergessenheit. Doch dann geschieht, womit niemand mehr gerechnet hat.

Es ist bereits Herbst, viel Wasser die Nidda flussabwärts geflossen und die Felder und Apfelbäume auf den Streuobstwiesen abgeerntet, da meldet sich Kollege Münkler erneut. Im nahen Bad Vilbel wurde ein Einbrecher auf frischer Tat ertappt und seine Fingerabdrücke stimmen mit denen an der Terrassentür von Anna Gruber in Nieder-Erlenbach überein. »Und wenn du den Mann siehst, verstehst du, dass sich Anna Gruber bei seinem Anblick zu Tode erschrocken hat«, sagt Kollege Münkler mit einer Stimme, die vom Grauen erfüllt ist. »Der Typ ist ein wahrhafter Nosferatu!«

Ein ohrenbetäubendes Scheppern und Klirren. Hauptkommissar Voss saß im nächsten Augenblick senkrecht auf seiner Liege im heimatlichen Garten. Ein heftiger Wind tobte über das Gelände, dicke Regentropfen platschten vom Himmel auf ihn und seine Gartenliege und am Haus sah er den Schatten einer unheimlichen Gestalt, die auf ihn zukam. Der Nosferatu von Nieder-Erlenbach!, schoss es Voss durch den Kopf.

»Was ist?«, tönte es durch den Garten und der Wind heulte sein Lied dazu. »Brauchst du eine Regendusche? Oder warum kommst du nicht ins Haus?«, rief ihm seine Frau zu.

»Ein Traum! Alles nur ein Traum!«, seufzte Voss erleichtert und eilte ins Haus.

Mario Gesiarz

Und vor allem: weit weg von der Stadt!

Es gibt sicher viele verschiedene Perspektiven, einen Stadtteil zu beschreiben. Die meisten würden richtig sein, doch keine vollständig. Sindlingen ist mit fast zehntausend Einwohnern im Westen Frankfurts der kleinste Stadtteil. Dahinter hört Frankfurt auf. Sindlingen ist weit weg von der Stadt, nichtsdestotrotz sehr vielfältig: Männer, Frauen, Jugendliche, Kinder, Christen, Moslems, Atheisten, Eritreer, Luxemburger, Marokkaner, Russen, Berber, Türken, Deutsche, Kroaten, Polen, Bayern, Italiener, Spanier uvm.

Ein älterer Sindlinger sagte neulich zu mir: »Merr kann hier gud un vielfältisch esse: Merr habbe drei Pizzerie, enn leckere Vietnames, enn gude Kebab. Merr habbe aach schon seit ewig enn Kroat da hinne beim Ruderclub unn sogar e indisch Restaurant – abber en Handkäs, en Handkäs kriehste nerschends mehr!« So ist Sindlingen.

Sindlingen ist durch eine Bahnlinie in zwei Hälften zerschnitten. Im Süden liegt der alte hübsche Ortskern mit der katholischen Kirche, einer historischen Altenwohnanlage im ehemaligen Zehnthof, den letzten beiden Bauern, den Mainwiesen und der Villa Meister. Eine Prachtvilla mit toller Parkanlage, 1904 von Herbert von Meister an Stelle eines alten Herrenhauses errichtet. Dieses Herrenhaus gehörte der Familie Allesina und muss hier pflichtschuldigst erwähnt werden, denn dank ihnen kam, anlässlich einer Feier, 1774 Johann Wolfgang Goethe nach Sindlingen. Die große Welt streift Sindlingen!

Der Vater von Herbert von Meister war 1863 einer der drei Gründer der chemischen Fabrik Meister, Lucius & Brüning. Diese hieß später Farbwerke, dann IG Farben. Nach ihrer kriminellen Verwicklung in der Nazi-Zeit wurde sie umbenannt in Hoechst AG, ab 1994 »umgebaut« und schließlich ganz zerlegt. Der Volksmund nennt sie »Rotfabrik«. Generationen arbeiteten hier. Jeder Sindlinger hat irgendetwas in Haus oder Garten, das ursprünglich zum Bestand der Fabrik gehörte, eine Wassertonne in grün oder blau oder ein Eisengestell, dessen Material aus dem Werk war und dort zusammengeschweißt wurde. Der Karnevalsverein gestaltete häufig sein Bühnenbild mit Stoffen aus den Tiefen des Betriebes (»Wie viel Meter brauche merr? Gut, 10 Meter rote, 10 Meter blaue und 20 Meter weiße Stoff. Bring ich mit«). Dass wir uns recht verstehen, Diebstahl war das nicht, das war selbstverständlich. Quasi Vergesellschaftung auf proletarische Art. Und es führte dazu, dass die Arbeiter sich für den Betrieb zerreißen ließen (»... schließlich hat mein Bub und mein Enkel dort e Lehrstell krieht ...«). So war das. Aber es endete ziemlich abrupt Mitte der neunziger Jahre. Der Groll war groß.

Überhaupt die »Rotfabrik«. Sie dominiert auch heute, umgebaut in einen »Industrie-Park«. In den 60er Jahren wurde sogar der alte Sportplatz geopfert. Man erhielt dafür einen neuen und moderneren. Heute wird er wieder in Frage gestellt, er soll ein paar hundert Meter weiter verschoben werden und Wohnungen weichen. So jedenfalls ein merkwürdiger Gedankengang eines Stadtpolitikers, der Sindlingen vermutlich noch nie gesehen hat. Man kümmert sich bevorzugt um die Quartiere »weit weg in der Stadt«, die »schick« oder »hip« sind. Der Westen ist da nicht so wichtig, der kann warten. Eine Klage, die hier in Frankfurts Westen seit der Eingemeindung 1928 öfter zu hören ist. Man fühlt sich immer mal wieder in der einen oder anderen Sache benachteiligt. Nicht ganz zu unrecht.

Auch die Familie Meister, denen man irgendwann das »von« angehängt hat (genau wie Johann Wolfgang von Goethe) hat bleibende Spuren hinterlassen. Schöne Spuren. Da wären zunächst die evangelische Kirche zu nennen, die 1906 erbaut wurde und die Meisterschule. Ein bis heute wunderschönes Schulgebäude mit einer Schulglocke, die – fast romantisch – von morgens um 7 bis abends um 22 Uhr zur vollen und halben Stunde zart anschlägt. Ich liebe sie!

Und natürlich die Villa Meister, die auch Villa unter den Linden genannt wird. Hier wurden schon einige Szenen für Spielfilme gedreht, denn der Park bietet eine beeindruckende Kulisse: Eine mächtige Kastanienallee führt direkt auf die Villa zu. Eigentlich müsste der Name »Villa unter Kastanien« heißen. Das Ganze wird ergänzt durch ein Gärtnerhaus am Eingang, einen Eiskeller, die Orangerie, den Reitstall und einige versteckt gelegene Hundegräber. Der Park ist herrlich – und immer der Öffentlichkeit zugänglich – außer, wenn eben Filme gedreht werden.

Dass das so ist, verdankt Sindlingen der letzten Tochter der Familie. Sie lebte bis Mitte der 80er Jahre hochbetagt in einer kleinen Wohnung über dem Reitstall. In ihrem Testament vermachte sie die Villa einer Organisation, die seither dort drogenabhängige Menschen betreut und therapiert. Außerdem verfügte

Fräulein von Meister, dass der Park der Sindlinger Bevölkerung stets offen zu stehen habe. Das war natürlich sehr nobel. Einige Sindlinger hegen aber bis heute eine gewisse Scheu, den Park zu betreten, denn »merr waaß ja net, wem merr da begechne duhe könnt!« Nach Einzug der Suchtklinik soll der damalige holländische Pfarrer immer eine vordere Reihe in der katholischen Kirche für die Patienten frei gehalten haben, was bei einigen im Ort nicht so gut ankam.

Inzwischen ist das Verhältnis wesentlich entspannter. Das liegt auch daran, dass der Reitverein seit einiger Zeit im Park Reiten für Kinder anbietet und dass man in der ehemaligen Orangerie, die inzwischen ein drogenfreies Café beherbergt, unter der Woche und einmal im Monat auch sonntags lecker zu Mittag essen kann. Zwei Spitzenköche sind für die sehr preisgünstigen Gerichte verantwortlich. Kulinarische Vielfalt in Sindlingen.

Hier im alten Teil von Sindlingen Süd gibt es rund um die katholische Gemeinde ein reges Vereinsleben. Hinzurechnen könnte man da auch noch den Gesangsverein Germania mit seinen beiden Chören, dem stimmgewaltigen Männerchor und dem sehr lebendigen, jung und modern daher kommenden Frauenchor.

Bis vor rund 25 Jahren war Sindlingen auch anderweitig tief gespalten: in den katholischen Süden und den proletarischen Norden. In diesem wurden in den 20er Jahren Wohnungen für Rotfabriker gebaut. Lange Zeit bestimmte hier die Sozialdemokratie - der man wiederum den hier ansässigen Bauverein und den 1. Sindlinger Karnevalsverein hinzurechnen könnte - das Vereins- und damit auch das gesellschaftliche Leben. Noch bis in die neunziger Jahre war an eine Zusammenarbeit in Sachen Fastnacht nicht zu denken, ganz im Gegenteil. Vor allem der Karnevalsverein beschwerte sich regelmäßig darüber, dass just wenn er im Norden seine Sitzungen durchführte, auch im Gemeindehaus im Süden Fastnachtsveranstaltungen stattfänden. Insider sagen, dass es dort sogar wesentlich deftiger zugegangen sein sollte. Das verwundert wiederum niemanden, der sich mit der Geschichte des Karnevals auskennt – er gedeiht am besten in katholischen Gegenden. Ein ehemaliger Sitzungspräsident vertritt bis heute die These, »... dass da mol e Vorstandsmitglied von de Karnevaliste em Vorstandsmitglied von de Katholike e Medsche ausgespannt hot – odder umgekehrt. Heut waaß zwar niemand mehr, wer des war unn ob des stimme dhut, aber zusammekomme sinn die beide Gruppe im Stadtteil lang net!« Heute ist dies alles Geschichte, längst schätzt, respektiert und hilft man sich gegenseitig. Was womöglich auch damit zusammenhängt, dass die Mitgliedszahlen bei allen beteiligten Vereinen mehr oder weniger stark zurückgehen.

Wären noch die Sportvereine zu nennen. Neben Ruderclub, Tennis- und Schwimmverein in erster Linie der FC Viktoria Sindlingen und, mit über tausend Mitgliedern größter Verein im Ort, der Turnverein Sindlingen. Vor wenigen Jahren baute der TVS aus eigener Kraft eine eigene eindrucksvolle Sporthalle. Hier wird Handball, Volleyball, Badminton und Tischtennis gespielt. Geturnt wird natürlich auch und sogar getanzt, es sei denn, man zieht Judo vor. Bei manchen Tanzpärchen soll das ja manchmal ähnlich aussehen und nicht genau zu unterscheiden sein. Solche Tänzer findet man aber nicht beim Turnverein. Wenn es um Vielfalt geht, ist vor allem die Turnabteilung des Vereins zu nennen: Es gibt Baby-, Kinder- und Eltern-Kind-Turnen, Zumba, Fit-Boxen und sogar ein »Fit bis 100-Turnen« für die älteren Jahrgänge. Laufend kommen neue Kurse hinzu – der Turnverein hält den halben Stadtteil fit.

Nicht so viele Mitglieder hat der Fußballverein. Doch auch hier gibt es Bemerkenswertes. Zwar hat die 1. Mannschaft ihre besten Zeiten lange hinter sich und der Weg führte zuletzt nur nach unten bis in die A-Klasse. Aber eindrucksvoll ist es, die ethnische Vielfalt im Verein zu sehen: von rund 280 Mitgliedern sind über 130 Jugendliche in neun Mannschaften. Weit mehr als die Hälfte von ihnen kommen aus der Türkei, Italien, Eritrea, Pakistan, Marokko, Syrien und Spanien. Ein eritreischer Junge ohne Fußball ist im Stadtteil so gut wie nie zu sehen, mit Ball jedoch sehr häufig. Während eines Punktspiels, es war gerade Ramadan, wurde ich einmal Ohrenzeuge, wie sich türkische, berbische und marokkanische Nachwuchskicker munter über den Fastenmonat und die häuslichen Abläufe austauschten.

Wenn man dann noch weiß, dass vierzehn von zwanzig Übungsleitern ebenfalls aus diesen Ländern kommen, dann ist der Verein durchaus ein Spiegelbild der Sindlinger Bevölkerung. Der Vorsitzende antwortete mir auf eine entsprechende Frage stolz: »Die Zusammenarbeit klappt hervorragend. Die Nationalität spielt keine Rolle. Religiöse Besonderheiten, z.B. Ramadan, werden bei der Trainingsarbeit berücksichtigt.«

Es ist genau das, was ich an diesem Verein, diesem Stadtteil und dieser Stadt so liebe: die wie selbstverständlich gelebte Vielfältigkeit. Still und bescheiden wird von diesen Vereinen eine Integrationsleistung vollbracht, die viel zu wenig öffentlich gewürdigt wird.

Einen kleinen Wermutstropfen hatte der Chef des Fußballvereins aber dennoch: »Die Eltern aller Kinder, unabhängig vom Herkunftsland, könnten sich noch mehr einbringen.« Aber damit sind wir bei einer gesellschaftlichen Entwicklung, die wohl alle Vereine und Institutionen zu spüren bekommen: Die öffentliche Teilhabe nimmt ab. Von vier Kirchengemeinden bestehen noch zwei, von vier Gesangvereinen nur noch einer. Auch so manch anderer Verein steht kurz vor dem Aus, sind einige doch so stark überaltert, dass man mit 75 noch Jugendsprecher werden könnte. Bemerkbar macht sich das natürlich beim Veranstaltungsangebot, es wird immer weniger, die Beteiligung dünner. Das traditionelle

Stadtteilfest, das Ranzenbrunnenfest, spürt das genauso wie der Weihnachtsmarkt oder die Karnevalssitzungen.

Umso bemerkenswerter ist es, dass 2014 und 2015 eine neue Veranstaltung den Stadtteil in Bewegung brachte: »Musik uff de Gass.« Auf Initiative einer einzelnen Sindlinger Bürgerin präsentierten sich zahlreiche Musik- und Tanzgruppen. Auch hier war die Vielfalt das Dominierende: vom Chorgesang über Akkordeonmusik und Folk bis hin zu zwei Rockgruppen, von Hip-Hop über Gardetanz bis zu schottischem Volkstanz. Alle Gruppen hatten irgendetwas mit Sindlingen zu tun, spielten ohne Gage, über den ganzen Stadtteil, in Nord und Süd, verteilt an diversen privaten Auftrittsorten.

Im Norden Sindlingens wird oft beklagt, man komme zu kurz. Es stimmt, eine Einkaufs-Infrastruktur gibt es praktisch nicht mehr. Aber es gibt zwei S-Bahnhöfe und die Wohnsiedlung des Bauvereins, einst errichtet für die Angestellten der »Rotfabrik«, ergänzt vom Richard-Weidlich-Platz. Hier gilt es noch ein absolutes Highlight Sindlingens zu würdigen: Die italienische Eisdiele. Die ist so hervorragend, dass ihr Ruf weit über Sindlingen hinaus wirkt. Sehr zum Verdruss der hier Wohnenden, muss man bei schönem Wetter doch mit einer riesigen Menschenschlange rechnen, bevor man ans leckere Eis kommt.

Dieser Platz, zerschnitten von einer funktionalen, aber unschönen Bahnunterführung, hat noch einiges mehr zu bieten: Läden, ein Kinder- und Jugendhaus, die städtische Bücherei und das ehemalige Bürgerhaus. Alle Einrichtungen bilden eine bauliche Einheit, dominiert vom äußerlich recht hässlichen Betonbau des ehemaligen Bürgerhauses. Auch so eine Geschichte: Weil im Norden errichtet, haben sich die Vereine im Süden nie damit angefreundet und sind lieber im wesentlich kleineren katholischen Gemeindehaus im Süden geblieben. Schließlich wurde es von der Stadt in liebloser Weise verscherbelt, natürlich unter der

Abgabe zahlreicher Versprechen, die nie eingehalten wurden. Der Sindlinger Karnevalsverein musste dann einige Jahre in den benachbarten Stadtteil Zeilsheim ausweichen - eine Schmach für manche. Inzwischen ist er jedoch, nach zwei Besitzerwechseln im Betonklotz, wieder zurückgekehrt. In diesem Gebäude ist inzwischen noch ein Puppentheater beheimatet und ab und an wird in dem akustisch sehr bemerkenswerten großen Saal (mit Orchestergraben) auch Kleinkunst geboten.

Wenig Unterhaltungscharakter hatte in den 70er Jahren ein zwei Jahre dauernder RAF-Terroristenprozess. Das ganze Bürgerhaus wurde aufwändig und teuer erst um- und dann wieder zurückgebaut. Die große Politik streifte Sindlingen. Übrigens später noch einmal indirekt: Der DDR-Spion Günther Guillaume wohnte viele Jahre hier und begann im Sindlinger Ortsverein der Willy-Brandt-Partei seine politische (Unterwanderungs-) Arbeit.

Vor rund zehn Jahren bekam Sindlingen dann noch im Norden eine private »Internationale Schule« aufs Auge gedrückt. Deren Schüler kommen zwar auch aus aller Welt, aber in den Stadtteil will sich die Schule bisher nicht integrieren. So hat Sindlingen, nur wenige Meter entfernt von einer recht maroden städtischen Grundschule, nun Anschauungsmaterial dafür bekommen, wie gut Schulen ausgestattet sein könnten, würden Stadt und Land nur ordentlich in die Bildung investieren.

Bleibt zum Schluss noch anzumerken, dass es natürlich auch im Norden Sindlingens »kaan Handkäs net gibt«. Denn es gibt inzwischen gar keine Gaststätte mehr. Schön ist es hier aber trotzdem – wie im ganzen Stadtteil. Und vor allem: weit weg von der Stadt!

Fechenheim

Michael Bloeck

Ein Muss

Eigentlich konnte ich es verstehen, dass mein Vater 1972 seine Stelle wechselte, doch für mich war es die Hölle. Wir mussten umziehen. Umziehen nach Fechenheim-Nord. Weg von Bergen mit seinen Altstadtgassen und den Ausflügen ins Feld. Weg von der Wiese hinter dem Haus und der großen Terrasse.

Ich war auf einmal nicht mehr der Sohn eines Malers, der in der Grundschule Schönschreiben und Wanderlieder lernte. Ich war auf einmal der Sohn eines Verputzers mit kaputtem Rücken, der nun Hausmeister und Lagermeister einer kleinen Halle mit Wohnung in der Salzschlirferstraße war.

In Fechenheim. Dort wurde gearbeitet. Abends und am Wochenende war es menschenleer. Man wohnte dort nicht, es sei denn, man war Hausmeister. Ich kam auf die Konrad-Haenisch-Schule. Hauptschule, 40 Kinder, davon drei Mädchen, 8 Nationalitäten.

Es gab keine Loser oder »Du Opfer!« Man war es oder war es nicht. Es gab kein reich oder arm, denn es gab kein reich. Wir beschimpften uns mit »Kanake« und »Asozialer«. Ich lernte dort meine ersten italienischen Worte. Schimpfworte. Selbst die Italiener wussten nicht, was sie bedeuteten. Es ging um homosexuelle Handlungen und keiner wusste, was Homosexuelle waren. Das änderte sich erst im Sexualkundeunterricht. Doch auch danach konnte sich keiner vorstellen, dass es auch italienische Homosexuelle gab. Die meisten Italiener arbeiteten bei der Casella und wohnten in kleinen alten Arbeiterbacksteinhäusern mit Kohleofen und vielen Wäscheleinen.

So muss es in Italien aussehen, dachte ich mir. Monate später wurden die Häuser abgerissen, und ordentliche Betonkästen gebaut.

Wir spielten viel im Heinrich-Kraft-Park. Dort gab es Karussells zum Anschieben und eine Minigolfanlage. Anfangs jagten wir durch das Labyrinth aus Hecken. Es wurde bald abgeschnitten und durch Tennisplätze ersetzt. Wir tranken Spezi und lagen auf der Wiese. Es war schön da. Manchmal gingen wir durch den Wald nach Enkheim ins Hessen-Center. Ich war bei der Eröffnung dabei, doch wir hatten kaum Geld und konnten nur mit den Einkaufswagen Rennen fahren, bis man uns vertrieb. Drinnen war es warm und wir wurden nicht nass.

Später liefen wir oft über die Casellabrücke, der längsten Fußgängerbrücke Frankfurts. Sie führt über die Chemiefabrik. Es roch sauer, und aus den Schornsteinen kam bunter Qualm.

Im richtigen Fechenheim war das Schwimmbad – Parkbad im Bauhausstil. Ich lernte dort schwimmen. An der Balustrade war das Drei-Meter-Brett. Als ich zögerte zu springen, wackelte der Bademeister mit dem Brett, so dass ich fast runterfiel. Ich sprang. Heute gibt es kaum Drei-Meter-Sprungtürme in Hallenbädern.

Mich stört das nicht. Mich stört, dass es keine Einmeterbretter gibt.

Im alten Rathaus gab es ein Jugendzentrum mit Tischtennisplatten. Im Keller habe ich töpfern gelernt. Ich merkte bald, dass ich zu alt dafür war. Es gab auch ein selbstverwaltetes Jugendzentrum. Da trauten wir uns nicht rein. Wir kamen von drüben.

Anfangs waren wir am Main. Doch die Steine waren schwarz und spitz. Die Wellen stanken und schäumten stark. Bald sahen wir auch die Ratten. Ich mag keine Ratten.

Im richtigen Fechenheim gab es aber auch Geschäfte und Gaststätten und ein Fahrradgeschäft mit Mofas und Mopeds. Wenn ich Geld verdiene, so dachte ich mir, kaufe ich ein Moped, um rauszufahren.

Vor der Schule stand ein großer schwarzer Citroën DS. Er gehörte unserem Lehrer. Einem engagierten Sozialdemokraten. Er sorgte dafür, dass jede/r Hauptschüler/in einen Ausbildungsplatz bekam. All das ist heute sehr selten. Mein erstes Auto war eine Ente von Citroën.

Oft ging ich in den Riederwald in die Stadtbücherei. Ich las sehr viel. Meine Eltern hatten drei Bücher und einen alten Ford und arbeiteten sehr viel. Bald zog die Firma mit meinen Eltern und mir nach Bischofsheim. Die Halle wurde zu klein.

In Bischofsheim haben viele Facharbeiter aus Fechenheim mit ihren Gehältern Häuser für sich und ihre Familie gebaut. Das ist heute nicht selten, sondern unmöglich. Wer nicht in einer Fabrik oder in der Casella, in Fechenheim arbeitete, arbeitete bei Neckermann.

Langsam lachte ich wieder. Ich liebte die Gesamtschule und bald bekam ich ein Mofa.

2015. Frankfurter Ateliertage. Wir besuchen eine bekannte französische Künstlerin in der Salzschlirfer Straße. In den Hallen und Büros sind einige Künstler, ein Verlag und ein Möbelrestaurator untergekommen. Nebenan ist die Zentrale von Wacker-Kaffee.

Es folgt das Gebäude, in dem ich als Kind lebte. Es steht leer und ist zu vermieten. Gegenüber ist eine neue Moschee untergebracht. Viele Hallen und Fabriken stehen leer. Die 60er-Jahre-Hallen mit Büros sind zu klein. Logistik und Lagerhaltung funktioniert heute anders. Just in Time.

Die Zulieferfirmen sind geschlossen. Produziert wird am anderen Ende der Welt. Arbeit ist heute anders. Dienstleistung. Kreativwirtschaft. In einer Halle haben Bands ihren Übungsraum. Darüber ist ein Maler und Schreiner. Das riesige Tengelmanngelände heißt heute Brandenburg. Dies ist die Marke der Rewe-Metzgereien.

Weiter hinten in der Orberstraße hat das Antagon-Theater sein Domizil. Sie organisieren die Sommerwerft und ziehen mit ihren Wagen durch Europa und spielen auf Plätzen.

Ich folge der Orberstraße in Richtung Casellastraße, links ist die große Backsteinfabrik mit ihrer Mauer und dem Stacheldraht, die Bundesdruckerei. Heute wird dort nicht mehr gedruckt. Sie wird als historische Autostadt vermarktet. Historische Fahrzeuge, auch die aus den Siebzigern, erzielen Höchstgebote. In der Naxoshalle in der Wächtersbacherstraße (es gibt zwei Naxoshallen in Frankfurt) finden Mode- und Werbeevents statt. Schleifmaschinen werden hier keine mehr gebaut.

An der Casellastraße, Ecke Hanauer Landstraße, beginnt die Fußgängerbrücke über die Casella.

Im Laufe der Jahre habe ich zwei großartige Performance-Künstlerinnen kennengelernt, die in Fechenheim groß geworden sind. Eine wohnt jetzt in Berlin, die andere im Bahnhofsviertel. Seit langem planen wir einen Spaziergang über die Brücke.

Im Heinrich-Kraft-Park kann man immer noch Minigolf spielen. Gegenüber in der Fabrik finden orientalische Feste statt. Eine Etage wurde zu Loft-Atelierwohnungen umgebaut. Ein Stück weiter am alten Bahnhof Mainkur wird gelegentlich gekocht. Food-Märkte und Food-Trucks sind im Trend. Nicht weit davon ist eine große Kletterhalle. Die historische Gaststätte an der Mainkur ist jetzt ein Motel. Gegenüber verkauft Bier-Hannes Selbstgebrautes. Es folgt noch der Campingplatz, dann endet Frankfurt.

Wo beginnt Fechenheim? Eigentlich hinter dem Kaiserleikreisel, an der Hanauer. Partymeile, Automeile. Fabriken, Agenturen, Session Musik, Hafen, Baumarkt, Neckermann. Wenn man die Stadtteile in die Rubriken »Will«, »Kann«, »Soll«, »Muss«, einteilt, dann ist Fechenheim ein Muss. Ich muss da arbeiten, ich muss da etwas abholen und kaufen. Ich muss in Fechenheim wohnen und muss arbeiten, weil ich leben will, doch was soll ich machen?

Neckermann ist pleite und steht leer.

Man kann da ein Internetverkaufs- und Logistikzentrum für Kleinunternehmer und Kreative einrichten, ein Gegenamazon. Man will Arbeitsplätze schaffen, man soll etwas tun, doch man muss eine hohe Rendite erwirtschaften. Fechenheim ist Arbeit. Erwerbsarbeit, Lohnarbeit, Schwerarbeit.

Am Ende der Hanauer ist das Existensgründungszentrum Compass. Die Zuschüsse für Existenzgründer sind in den letzten Jahren immer weiter gekürzt worden. Bei Einführung der Hartz-Gesetze gab es die Ich-AG. Unterstützungsgelder. Warum jetzt nicht mehr? Das Arbeitsamt zahlt nach langer Berufstätigkeit ein halbes Jahr Überbrückungsgeld weiter.

Das ist eine Kann- und keine Sollleistung. Vergünstigte Kredite gibt es noch, gelegentlich mal ein günstiges Atelier oder ein Büro für die Kreativwirtschaftler und Künstler.

Doch wie sollen Menschen ohne Rücklagen da vernünftig gründen? Es ist anscheinend nicht gewollt, dass sich Menschen selbständig machen. Menschen sollen abhängig arbeiten.

In Alt-Fechenheim organisiert ein Café Lesungen.

Die Gesamtschule hat einen Schulkünstler.

Der Verein Radar vermittelt günstige Ateliers in Fechenheim.

Die Pit Bulls im Tierheim Fechenheim bellen traurig.

Die Brücke nach Offenbach ist neu.

Die Pappeln am Mainbogen rascheln im Wind.

Vom Waggon gegenüber kommt leise elektronische Musik.

Die Schwäne schwimmen mainaufwärts.

Fechenheim.

Edit Engelmann

Wenn einer eine Reise tut …

Es war einer unserer Kurzaufenthalte im Norden des europäischen Kontinents gewesen und wir waren auf dem Weg zurück nach Athen. Vom Drehkreuz des innereuropäischen Flugverkehrs in Frankfurt gibt es relativ günstige Flüge. Also fliegen wir von da auch los. Sohnemann an der Hand. Einen Koffer zum Aufgeben, einen fürs Handgepäck mit den Wertsachen. Es ist schon besser, wenn man die Wertsachen nicht aufgibt für unten in den Flieger – denn manchmal kommt der gar nicht wieder rauf. Dann ist der irgendwo anders hingeflogen und – weg. Aber probier' mal, Deinen Koffer nach Singapur einzuchecken und Dich selbst nach Madrid. Machen sie nicht. Fragst Du aber gar nicht erst, dann ist das wohldurchdachte Routine. Durchaus üblich, kann passieren, heißt es dann. Da ist er wieder, der Unterschied zwischen Logik und Logistik.

Jedenfalls waren wir seinerzeit schon eine Zeit nicht mehr am Frankfurter Dreh- und Angelpunkt der fliegenden Masse gewesen – und mussten uns erst einmal neu orientieren. Im Rahmen der derzeit stattfindenden Globalisierung, Konsolidierung, Perfektionierung, Effektivitionierung und Profitisierung war dann auch alles anders als beim letzten Mal.

Das erste, was neu war, war die Tatsache, dass man als ökonomischer Passagier, also Touristenklasse Karo-Einfach, nicht mehr bei Menschen einchecken kann. Sondern dafür gibt es jetzt sogenannte Terminals. Billigheimer werden elektronisch bearbeitet. Aber Familien können nicht gemeinsam einchecken. Obgleich auf der Flugbestätigung beide Namen unter einer Flugbestätigungsnummer stehen, akzeptiert »DAS TERMINAL« es nicht als gemeinsame Buchung. Prima! Wenigstens oder besser Gottseidank ist der Sohnemann schon über 12 und muss voll bezahlen – so konnte ich ihn als Erwachsenen einchecken. Wir hatten eben jetzt nur keine Plätze nebeneinander. Richtig familienfreundlich ist so ein Terminal. Naja, vielleicht ist die Stewardess im Flugzeug netter und regelt was. Wie machen das denn jetzt eigentlich Mütter mit Kleinkindern? Business-Class fliegen, damit sie bei Menschen einchecken können und nebeneinander sitzen? Oder werden die jetzt alle freibleibend über das ganze Flugzeug verteilt. Wie schön ist doch Athen, wo Dich auch als einfachen Billigflieger noch ein Mensch begrüßt und sich Deine Wünsche anhört. Da steht zwar auch ein Terminal – aber das ist freiwillig. Kann man – muss man aber nicht nutzen. Hier in Deutschland sind sie schon weiter. Da haben sie die Passagiere schon wesentlich besser im Griff. Ordnung muss sein!

Jetzt muss man zur Airline, die den Flug »händelt«, um da sein Gepäck abzugeben. Das nimmt das Terminal nämlich nicht – wahrscheinlich weil es keinen Zettel drankleben kann. Früher nannte man das »händeln« mal »abwickeln«, aber da war ein

Terminal ja auch eine Maschine und Human Ressource ein Mensch. Also auf zum Abwickler. Aber der wickelt nicht. Der, der das Flugticket ausstellt – in unserem Fall die Hansa – ist nämlich nicht der Abwickler, stellten wir am Hansa Gepäckabwicklungsschalter nach einiger Zeit geraumen Anstellens in der Schlange fest. Das ist bei uns die griechische Airline, weil die den Flug nämlich händelt. Egal ob man ein Ticket von denen hat oder nicht. Wieso war mir nicht verständlich – siehe meine Bemerkung oben hinsichtlich Logik und Logistik. Also zur anderen Seite des Flughafens rennen und nochmal anstellen. Irgendwie beschleicht mich das unbestimmte Gefühl, dass diese Maschinen nicht zur Erleichterung der Passagiere aufgestellt sind.

Endlich! Wir sind an der Reihe. Koffer aufgegeben.

»Der andere Koffer?«

»Ist Handgepäck, hat Wertsachen.«

»Gut«, sagt der Mensch – hier sitzt noch einer, aber gib' mal 'nem Deutschen 'ne Uniform – »der ist zwar von der Größe her gut, muss aber trotzdem aufs Band«.

Na gut.

Der Koffer ist 1,5 Kilo zu schwer. Diese 1,5 Kilo musste ich also auspacken. Plastiktüten gibt's natürlich am Flughafen keine. Die ausgepackten Klamotten darf man dann locker überm Arm mit sich tragen – jede Socke einzeln. Dafür sollten die mal so eine Maschine aufstellen wie im Supermarkt, wo man sich eine für zehn Cent ausspucken lassen kann. Wenn sie ihre Fluggäste schon so behandeln. Aber die werden meines Erachtens ja schon lange nicht mehr als Gäste betrachtet sondern als zahlender, selbständig laufender Güterverkehr.

Jedenfalls mussten wir jetzt mit Handkoffer, lose getragenen Klamotten, Handtasche mit Flugschein und Pass in der Hand zum Sicherheitscheck. Mäntel – es war Winter – ließen wir mal an, obwohl wir in dem überheizten Flughafen schwitzten wie im tropischen Hallenbad. Das Kind kriegt dann die Anweisung, ebenfalls am Koffer anfassen zu müssen, damit es nicht verloren geht. Gottseidank habe ich einen Sohnemann, der das auch macht. Aber ich frage mich ehrlich, wie die die Prozedur durchstehen, wenn die Kinder weniger gefällig sind als meiner.

Zwischendurch fällt alles irgendwie mal runter. Aber wir kennen da nichts, das klauben wir wieder auf, die widerspenstige Socke zwischen die Zähne geklemmt und weiter geht's.

Sicherheitsdurchleuchtungsanlage. Sieben Bänder gibt's. Sechs sind geschlossen und am siebten schleusen sie alles langsam und gemächlich und deutsch-gründlich durch. Alles auf's Band, den Koffer, die Mäntel, die Handtasche, den Nintendo, das Handy, die Ringe und Armreifen, die Socken, die Unterhosen, die übrigen kofferbefreiten Einzelteile, das Kind – nee, halt. Das läuft.

Natürlich piepst's. Ich bin noch durch keine einzige dieser Maschinen gelaufen, ohne dass es gepiepst hätte. Erst dachte ich, es wär der Bügel am BH – ist er aber nicht. Auch mit Hängebrüsten piepse ich. Also werde ich rundherum schön abgefuddelt. Leider nicht von einem jungen Mann – man könnte einer älteren Dame aber auch wirklich mal eine Freude machen.

Diese Geschichte spielte vor ein paar Jahren.

Seit kurzem haben die in Frankfurt auch diese Unterhosendurchleuchtungsmaschinen, damit man zwischen den Beinen keinen Sprengstoff transportieren kann. Jetzt wird man nur noch abgefuddelt, wenn der Scanner spinnt. Ansonsten heißt es, Hände hoch und Beine breit wie bei den amerikanischen Cops. Da läge ich ja beinahe schon lieber auf dem Band.

Seinerzeit jedenfalls machte eine mürrische Dame vom Amt ihren Dienst und tastete alle Außenseiten meiner Innereien ab, während ich sorgfältig beobachtete, wie die Kästen mit unseren Einzelteilen auf der anderen Seite des Scanners wieder angeliefert werden. Immer schön im Auge behalten. Es könnte da ja jemand sein, dem so ein Nintendo-Spielzeug oder der alte Ring mit falschen Diamanten gefällt. Vom Sicherheitspersonal kümmert sich da keiner, ob man auch die richtigen Sachen vollständig zurückerhält. Ist es erstmal durch die Durchleuchtung durch, ist auch die Sicherheit durch. Auf den Rest muss man dann selber achten – daher auch die Durchsagen: »Lassen Sie Ihr Gepäck nicht unbeaufsichtigt ...«

Oops! Das war aber dumm! – Obgleich wir zweieinhalb Stunden vor Abflug für einen innereuropäischen Flug eingecheckt hatten, waren wir jetzt ohne Trödeln im direkten Durchmarsch schon weit hinter der Boarding-Zeit zurückgeblieben. Also, alles irgendwo hin stopfen und die Füße in die Hände oder umgekehrt – Bei Flugsteig 20 verrät einem die heraushängende Zunge, dass man schon ungefähr in Wien sein müsste. Noch ein paar Schritte und man hat Athen zu Fuß erreicht.

Erschöpft ließen wir uns in unsere getrennten Sitze plumpsen – für eine Diskussion mit der Stewardess war uns der Sinn vergangen. Siehste – so erledigen die das bei der Fluggesellschaft mit der Familienplanung.

Und zu allem Überfluss sitzt man dann auch noch neben einer überdimensionalen Größe, dessen Magenwinde sich während der gesamten Flugzeit in der geruchsintensivsten Weise nach hinten entladen.

Fliegen ist schön! Fliegste das nächste Mal mit mir mit?

›Apfelschmandkuchen vom Blech‹

Zutaten:
Für den Boden: 2 Pfd. Mehl, 2 Eier, 100 g Margarine, 100 g Butter, 160 g Zucker, 1 EL Salz, 1 EL Zitrone, ½ l Milch, 80 g Hefe
Für den Belag: 1 kg Äpfel, ½ l Sahne, 8 EL Zucker, 8 EL Mehl, 3 Eigelb, 3 Eiweiß steif geschlagen

Zubereitung:
Aus den Zutaten für den Boden einen Hefeteig kneten und gehen lassen. Dann den Teig auf einem Backblech ausrollen und mit einer Gabel mehrmals einstechen.

Äpfel schälen, entkernen und in Spalten schneiden. Die Spalten dicht an dicht schräg auf den Boden stellen. Aus Sahne, Zucker und Eigelben eine Mischung vorbereiten, den Eierschnee unterheben und über die Äpfel gießen.
Bei ungefähr 200 Grad etwa 45 Minuten im Ofen backen.

Info:
Das Rezept hat Edit Engelmann geliefert, das in dem Rezeptbuch ihrer Oma Christine enthalten ist, veröffentlicht im Buch »Es war einmal im Ringgau ...«, erschienen beim Größenwahn Verlag im Juni 2013.

Anette John

Wo die guten Leute wohnen

Ich erinnere mich sehr gut an die alte, eingerahmte Fotografie im Wohnzimmer meiner Großeltern. In der Vitrine, zwischen dem mit farbenfrohen Blumen handbemalten Teeservice, hat sie die Jahre überdauert. Ich habe das Bild so oft angeschaut, dass es sich auf meiner Netzhaut eingebrannt hat. Auf dem Foto stehen mein Großvater und sein Bruder Arm in Arm vor ihrem Familienhaus in Oberschlesien. Mein Großvater Jan ist fast noch ein Kind. Sein älterer Bruder Karol, kaum ein Jugendlicher, legt beschützend und lässig den Arm um seine Schulter. Sie lächeln verschmitzt in die Kamera, als hätten sie gerade einen hervorragenden Streich ausgeheckt. Auf der Rückseite des Fotos wurde mit einem Bleistift die Jahreszahl der Aufnahme notiert: 1938. Die Ruhe vor dem Sturm. Wenige Jahre später wurde der junge Karol in die Kriegsmarine eingezogen und kehrte nicht mehr zurück.

Stattdessen erreichte meinen Großvater nach dem Krieg ein kurzer Brief: »Lieber Jan, ich lebe und bin in Frankfurt am Main. Ich habe am Hafen im Gutleutviertel Arbeit gefunden und außerdem ein Mädchen kennengelernt. Sie heißt Elsa. Ich bleibe hier. Wie geht es dir? Wie geht es den Eltern? Schreib mir. Ich denke an dich. Ich hoffe, wir sehen uns bald wieder. Karol.« Dem Brief waren seine Adresse und ein Foto beigelegt. Karol, inzwischen ein junger Mann um die zwanzig, der im schäbigen Anzug vor der gemalten Kulisse eines Fotostudios steht. Das verschmitzte Lächeln ist verschwunden. Eine Augenklappe über dem linken Auge lässt ihn ein wenig piratenhaft aussehen. Auf dem Gesicht liegt ein dunkler Schleier der Schwermut, der erahnen lässt, dass ihn der Krieg weit mehr als nur ein Auge gekostet hat.

Es folgten weitere Briefe – aber keine Rückkehr und keine Besuche. Auch nachdem der Kommunismus in Polen wie ein blutrünstiger Vampir, den man ins Sonnenlicht geschubst hat, zerfallen war, kam er nicht wieder. Mein Großvater sagte gerne augenzwinkernd: »Er lebt im Gutleutviertel, weil dort die guten Leute wohnen! Leute, wie mein lieber Karol.« Und so wurde mein Großonkel mit der Augenklappe für mich ein Mysterium, weit weg, nicht greifbar, wie eine fiktive Figur aus einer abenteuerlichen Geschichte.

Bevor ich alt genug war, um die richtigen Fragen zu stellen, verstarb mein Großvater und meine Großmutter folgte ihm überraschend wenige Monate später. Meine Eltern hatten Karol über Großvaters Tod informiert. Danach war der Kontakt gänzlich abgebrochen. Als ich älter wurde, bekam ich von meiner Mutter einen Umschlag mit den beiden Fotos, einigen Briefen und der letzten Anschrift von Karol. »Opa wollte, dass du das bekommst«, sagte sie. Auf den Umschlag hatte mein Großvater in ordentlicher Schrift meinen Namen notiert: »Karolina«. Ich beschloss, seine Erinnerungsstücke wie einen Schatz zu hüten.

Die Jahre vergingen und ich wurde erwachsen. Ich war so sehr beschäftigt mit meinem Leben, dass ich Karol fast vergaß. Fast. Denn als ich dieses Jahr eine Einladung zu einem geschäftlichen Termin nach Frankfurt erhielt, war es, als hätte jemand mit einem geheimen Code eine verschlossene Tür in meinem Gehirn geöffnet und die Erinnerung an meinen Großvater und an Karol wachgerüttelt. »Wo die guten Leute wohnen«, meldete sich mein Großvater in meinem Kopf zu Wort. Und plötzlich wusste ich es. Dort musste ich hin. Unbedingt und dringend. Erstaunt, dass mir solch eine simple Idee nicht schon früher gekommen ist, machte ich mich an die Reisevorbereitungen. Ich schrieb an die alte Anschrift von Karol, bekam aber keine Antwort. Er war vermutlich schon längst tot. Was hatte ich erwartet? Die Tür hatte sich wohl zu spät geöffnet.

Ich beschloss dennoch bei meinem Aufenthalt in Frankfurt auf Spurensuche zu gehen und begann, Informationen über das Gutleutviertel im Netz zu sammeln, als könnte ich zwischen den Zeilen über die Charakteristika des Stadtteils mehr über Karol selbst erfahren. Ich erfuhr, dass das Gutleutviertel, traditionell ein Arbeiterviertel und multikulturell geprägt, sich im steten Wandel befindet. Dass hier Jung und Alt, Arm und Reich zusammenleben, über hundert verschiedene Nationalitäten auf rund 2.300 Quadratmetern. Ich spekulierte und vermutete, dass diese Vielfalt Karol gut gefallen hatte. Mein Großvater erzählte mir einst, dass Karols Lieblingsfach Geografie gewesen war. Er wollte fremde Länder bereisen, andere Kulturen kennenlernen. Es scheint, als hätte er im Gutleutviertel die große Welt auf kleinstem Raum gefunden und vielleicht, ja vielleicht, fühlte er sich selbst in diesem multikulturellen Mikrokosmos weniger fremd in der Fremde.

Nun bin ich hier und stehe am Haupteingang des Frankfurter Hauptbahnhofs. Der Geschäftstermin ist hinter mir, ein freier, spätsommerlicher Abend liegt vor mir. Ich ziehe mein Notizheft aus der Tasche und überfliege mein Sammelsurium aus krakeligen Aufzeichnungen: »Das Gutleutviertel ist lang und schmal. Eingegrenzt von der Südseite des Frankfurter Hauptbahnhofs bis zum Mainufer, in seiner Mitte liegt die lange Gutleutstraße.« Klingt ganz so, als würde mir ein ausgedehnter Spaziergang bevorstehen. Ich laufe die Baseler Straße runter und meine Schuhe klackern im gleichen Rhythmus auf dem Asphalt, während die Autos laut an mir vorbeirasen. Die Menschen, die geschäftig meinen Weg kreuzen, sprechen die unterschiedlichsten Sprachen: Arabisch, Kroatisch, natürlich auch Deutsch und plötzlich höre ich Polnisch. Das mehrsprachige Stimmgewirr auf der Straße verleiht dem Stadtteil in meinen Augen einen bunten Glanz, der über die graue Schäbigkeit mancher Gebäude hinwegtröstet. Ich mag den Klang. Ich würde Karol gerne fragen, wie ihm der Soundtrack seines Viertels gefallen hat und ob er ihm hin und wieder ebenfalls eine schlesisch-polnische Strophe beisteuerte.

Ich biege in die Gutleutstraße ein und sauge alles in mich auf. Hier ein afrikanisches Restaurant, dort ein syrisches, und da eine italienische Pizzeria. Ich laufe an der gewaltigen Gultleutkaserne aus dem 18. Jahrhundert vorbei. Sie sieht aus wie eine Burg, die jemand an falscher Stelle abgesetzt hat. Einst war sie ein Militärbau der Preußen, dann der Wehrmacht, dann der U.S. Army und heute ein Behördezentrum, wie ich in Erfahrung gebracht habe. Ich sehe kleine Läden, die exotische und gängige Lebensmittel und Krimskrams verkaufen – vollgestellt, nicht schick, nicht durchgestylt und genau deswegen sehr sympathisch. Ich verlaufe mich ein wenig, finde dabei aber auch polnische und schlesische Spezialitäten in einem der Läden. Hat Karol sich hier manchmal eingedeckt, wenn er Heimweh hatte?

Es zieht mich an den Main – den Fluss, der die Stadt teilt. Es zieht mich zu dem Hafen, an dem Karol bis zu dessen Niedergang in den 1970er Jahren gearbeitet hat. Der große, gläserne Westhafen Tower ist mein Fixpunkt, den ich ansteuere. Der 112 Meter hohe Turm funkelt in der Sonne. Ich habe gelesen, dass die Frankfurter dieses neue Wahrzeichen des Gutleutviertels »das Gerippte« nennen, weil es wie das gerippte Glas aussieht, in dem traditionell der Apfelwein serviert wird. Zur linken Seite sehe ich Graffitis und junge Skater unter der Friedensbrücke, zur rechten schicke Häuser mit Anlegehäfen für Segelboote. Als hätte ich eine unsichtbare Grenze übertreten, begegnet mir hier eine völlig andere, saubere, auf Hochglanz polierte Welt. Aber vielleicht gibt es gar keine Grenze? Arm und Reich, Tradition und Moderne, shabby und schick – alles ganz nah beieinander. Das Gutleutviertel wirkt, als hätte jemand willkürlich Puzzlestücke zusammengesetzt, die nicht zusammenpassen wollen. Erstaunlicherweise ist das Gesamtbild trotzdem reizvoll. Ich würde gerne einen Apfelwein mit Karol trinken und ihn nach seiner Meinung fragen, würde gerne erfahren, ob er den Hafen vermisst und ob ihm die schillernde Neugestaltung gefällt.

Ich laufe zurück zur Gutleutstraße, folge meinem Pfad, vorbei an dem riesigen Heizkraftwerk, stolpere über weitere verwandelte Orte, von denen ich gelesen habe. Immer wieder verändern sich im Gutleutviertel die Kulissen und die Funktion eines Ortes. Vielleicht ist es ein gutes Viertel, um sich selbst zu verändern? Ich mache Rast im kleinen Sommerhoffpark, der vor zweihundert Jahren von einem wohlhabenden Bankier als Landschaftspark angelegt wurde. Ob Karol hier auch manchmal auf der Bank saß, um auf den Main zu schauen und die vorbeifahrenden Schiffe? Ob er dabei Sehnsucht hatte?

Ich gehe weiter. Interessiert bleibe ich unweit des Parks vor der Kulturfabrik stehen, in der sich nun zwei Clubs und ein Theater mit originellen und flirrenden Namen befinden: Tanzhaus West, Dora Brilliant, Theater Landungsbrücken. Ein alter Schriftzug erinnert daran, dass hier einst die Produktionsstätte für Druckfarben eines gewissen Dr. Carl Milchsack beheimatet war. Übriggeblieben ist das Logo des Unternehmens am Tor: ein goldener Löwe, eingefasst in einem großen M, der nun offenbar ein zweites Leben als Partylöwe führt. Ich frage mich, ob Karol Kinder mit Elsa hatte, ob seine Enkel hier heute feiern und tanzen, ob sie Lust hätten mich kennenzulernen.

Schräg gegenüber liegt eine Berufsschule, die sich auf dem Gelände des ehemaligen Gutleuthofs befindet, einem im 13. Jahrhundert angelegten Hospital für Leprakranke, die als »gute Leute« bezeichnet wurden und auf den der Name des Stadtteils zurückgeht. Mein Großvater wäre von dieser historischen Herkunftsgeschichte des Stadtteilnamens sicher enttäuscht. Gerne hätte ich Karol von seiner Theorie der »guten Leute« im Viertel erzählt.

Während ich weiterschlendere und vor mich hin grübele, finde ich mich jäh vor dem Schild »Ährenstraße« wieder. Zu beiden Seiten der unscheinbaren Gasse reihen sich kleine Wohnhäuser aneinander, ordentlich verbunden zu einem großen Ganzen. Diese Straße ist *seine* Straße. Neugierig schaue ich mir die Namen an den Türklingeln der Hausnummer acht an und erstarre, als mein Blick das Schildchen »Karol Wieczorek« entdeckt.

Ich nehme einen tiefen Atemzug, und während ich mit zittriger Hand die Klingel drücke, stelle ich mir nur noch diese eine entscheidende Frage.

Bernhard Bauser

Draußen und drinnen

Noch ein Frankfurter Dorf.
Ein Zwischenreich und toller Ort,
der Stadt zu entkommen.

Die Demonstranten schmetterten rhythmisch Steine gegen das Metallgeländer der Breitenbach-Brücke zwischen Bockenheim und Hausen. Kriegsgetrommel im Hochgefühl der Friedensbewegung Mitte 1983. Wir zogen vor die geschlossenen Tore des amerikanischen Materiallagers auf der Hausener Seite der Brücke. Hier gingen die Demonstranten vor der Absperrung unschlüssig auf und ab. Sie hatten Feldstecher dabei, um zu entziffern, was auf den verdächtigen Sperrholzkisten im Hof stand: »Pershing II«. Ein Schauder machte sich breit, keiner wusste, was wirklich in den Kisten war. Komponenten der Raketen, Gefechtsköpfe, atomar brisantes Material? Oder alles nur Fake? Das Wüten des Protests jedenfalls schwand, als wir womöglich Auge in Auge mit der Bombe standen. Meine Jahre in Hausen begleitete der Unstern der Unsicherheit, ob und welches atomare Höllenzeug zweihundert Meter entfernt im Lager der US-Amerikaner im Frankfurter Industriehof lagerte.

1983 bis 1993 bewohnte ich in Frankfurt-Hausen ein winziges Appartement im zweiten Stock eines unscheinbaren Mietshauses. Ein Raum wie ein Schlauch, rechts herum die Küchenecke, geradeaus auf den Balkon. Von hier aus die Skyline zu sehen, und in die andere Richtung der Feldberg – mein gesamtes Frankfurter Revier.

Brotfabrik – Kulturzentrum zwischen gepamperter Hochkultur und Underground. Salsa hatte hier schon in den 80ern ein Zuhause. Der Verlag der Autoren ein Büro. Das (damals noch einzige) Café im Innenhof bot südamerikanische Küche und Spezialitäten. Abends saß ich hier Stunden mit Freunden, einem Buch oder meinen Notizen und lernte Empanadas kennen, Teigtaschen mit typischer Füllung, die es heute in tausend Variationen gibt. An den Hausener Wochenmarkt, ein Versuch Ende der 80er bis in die 90er im Hof der Brotfabrik, erinnert noch ein efeuüberwucherter Schriftzug auf dem ehemaligen Fabrikgebäude. Die Brotfabrik war 1875 die erste Großbäckerei Frankfurts. Damals Brot, heute Spiele, sprich Kultur, für die Stadt.

Zehn Minuten, und du bist in der Innenstadt, und hier schon fast raus aus Frankfurt. Die U-Bahn als Garant der Zugehörigkeit. Die Linien 6 und 7 umfließen den Hausener Ortskern, als wollten sie Abstand halten vor dessen Ödnis. Ein Mini-Park, den man nur betreten und am anderen Ende nicht verlassen kann. Ehemaliger Friedhof. Ein umgestürzter Grabstein. Versteckt in der Ecke und schon fast zugewuchert ein Kriegerdenkmal für die im ersten Weltkrieg Gefallenen (das deutsche Kreuz durchgestrichen).

Mitten ins Herz des alten Ortskerns gebaut der Primus der Supermärkte, die kleinen Läden hatten keine Chance. Damals eine Metzgerei (heute »Ambulante Krankenpflege«), wo ich als eingewanderter Schwabe meine mundartliche Erweckung erlebte. Die Verkäuferin verabschiedete mich mit der Bemerkung »Lasischmegge«. Ich lächelte und verließ schnell das Geschäft. Auf dem Gang zum Mini-Appartement lutschte ich das Wort wie ein geschenktes Bonbon, dessen Geschmack zu ergründen war. Und schließlich hatte ich's! Angekommen in Hessen.

Schnee Anfang '86 in Frankfurt wie im Märchenbuch. Ein halber Meter und mehr, der im folgenden Frostwetter zusammensackte und aus Bürgersteigen gefährliche Rutschbahnen machte. So kalt, dass auch Salz nichts mehr nützte. Wochenlange Minusgrade. Lastwagenlärm vor meiner Klause. Was will ein Kipplaster mit laufendem Motor, vor und zurück rangierend, mitten im Winter in der Wohnstraße? Vom Küchenfenster aus beobachte ich, wie der Laster im Brachland (Hundewiese) zwischen meiner Bleibe und den östlichen Hochhäusern eine breite schmutzige Spur in den Schnee schmiert. Mitten ins zauberhafte Weiß kippt er seine dunkelgraue Ladung ab. Altschnee und dicke Eisplatten, wie ich erkenne. In den folgenden Tagen brummte und vibrierte das Haus unaufhörlich von Dutzenden, nein, Hunderten von Lastern, die morgens bis abends auf der Wiese vor dem Haus Brucheis und Altschnee abluden. Dienstautos des Ordnungsamts flitzten im Schneeschlamm hin und her. Auf den verdreckten Bürgersteigen standen Anwohner und sahen der Kommandoaktion verwundert und, je länger sie dauerte, fassungslos zu. Aus der Zeitung erfuhr ich, dass hier der Brucheisabraum der gesamten Stadt deponiert wurde. Im Frühling wurden aus den Schneebergen Müllhäufen. Das Amt schickte aber immerhin Helfer, die eine

Woche lang die Reste in Dutzende Säcke sammelten und abtransportierten.

Die Mauer fällt. Ich lehne am Nachtspeicherofen und verfolge in meinem winzigen Fernseher, wie sich an den Übergangsstellen die Barrieren auflösen und die Leute sich in den Armen liegen. »Wahnsinn!« Raus auf den Balkon, und nichts los auf der Straße. Das ferne Rauschen der Stadtautobahn, die Hausen durchschneidet. Wenigstens ein Jubeln, wie wenn die Nationalmannschaft ein Tor erzielt, hinter den flimmernden Fenstern? Nichts.

Zwei Jahre weiter. Eine Straße entfernt Hakenkreuze schwarz auf den Türen des Stromhäuschens bei den Hochhäusern. Täglich muss ich daran vorbei. Wir wählen die Nacht von Sonntag auf Montag - begegnen wollen wir ihnen nicht. Alfred bringt die Malerutensilien, und wir überstreichen die Flächen weiß. »Du bist doch ein Schreiber. Schreib doch was!« Alfred hat auch Grün dabei. Am besten gefällt uns dann doch die weiße Fläche.

Die Brache vor dem Küchenfenster verwandelte sich im Lauf des Jahres 1988 in eine gigantische Baustelle. Von morgens bis abends dröhnten die Laster, kreischten die Kreissägen, knallten die Kräne, brüllten die Bauarbeiter. Lärm und Gestank machten meine Bleibe unbewohnbar, und ich verbrachte ein Jahr tagsüber im Exil. Auf Parkbänken, in der Bibliothek, oder ganz draußen im Taunus: Hohemark, Hünerbergwiesen.

Die japanische Schule mit Kindergarten und Sprachinstitut verwandelt Hausen seitdem mehr als die autogerechte Stadt und der Einzug der Supermarktketten. Hausen – little Japan. Huch, Leben auf der Straße im Hausener Ortskern: eine japanische Familie. Opa schiebt den Kinderwagen, ein Mädchen hüpft drumherum. Japanisch essen in Frankfurt? In Hausen. Das Lokal ist winzig, daher sei hier Werbung erlaubt: Das »Okame«, *Im Vogelsgesang* 1A.

Den Hausener Ortskern durchzieht ein dichtes Netz verwinkelter Fußgängerpfade, die nur Ortsansässige kennen und nutzen. Im Sommer durchquerte ich den Ort in wenigen Minuten und gelangte zum geliebten Hausener Freibad. Traditionell ist es von Karfreitag bis Mitte Oktober geöffnet. Wer von außen kommt, nimmt die U6 bis *Fischstein*. Bahnen! Ich kann nicht schwimmen ohne Bahnen! Hin, rein, 1500 Meter, raus, heim, und weiterstudieren.

Anders Silvia Bovenschen. Wie eine Sphinx saß sie sommers täglich auf einer Bank am Beckenrand. Dünn, braun gebrannt, rauchend, unnahbar, in ein Buch vertieft. Sie verbrachte den Tag im Bad. Ich zog schnaufend, im Rausch der Bewegung, zog Bahn für Bahn an ihr vorbei und nahm das Bild in mich auf. Wir sollten ihr ein Denkmal setzen dort am Beckenrand.

Petra Breitkreuz

Eine Liebe auf den zweiten Blick

Frankfurt ist ein Konglomerat aus mehr als 40 unterschiedlichen Stadtteilen. Jeder von ihnen hat seinen eigenen Charakter und das macht gerade den Charme der Mainmetropole aus. Wer Frankfurt wirklich kennen lernen möchte, sollte sich das Vergnügen gönnen, nach und nach alle Stadtteile möglichst zu Fuß oder mit dem Rad zu erkunden. Der Zufall hat meinen Mann und mich 1986 nach Preungesheim geführt. Ein Stadtteil, dessen Vorzüge sich meist erst auf den zweiten Blick erschließen. Kurz nach Abschluss unseres Studiums und jung verheiratet gingen wir auf die Suche nach einem bezahlbaren eigenen Häuschen in Frankfurt. Unser schmaler Geldbeutel ließ uns nicht viele Möglichkeiten und über Monate hinweg haben wir uns in den preiswerteren Stadtteilen am äußersten Rand der Großstadt sanierungsbedürftige Bruchbuden angesehen. Auch das damals schon 80 Jahre alte Haus in Preungesheim war mit seinen Feuchteschäden, seiner blätternden Fassade, den (stillgelegten) Plumpsklos über den Hof und den zuletzt in den frühen 70er Jahren renovierten Räumen kein Schmuckstück. Noch gut erinnere ich mich an den entsetzten Ausruf meiner Mutter, bei der ersten Besichtigung unserer stolzen Erwerbung: »Ihr hattet es in eurer Bornheimer Mietwohnung doch so schön …« In unserem jugendlichen Leichtsinn hatten wir aber das Potential gesehen, welches das heruntergekommene Gebäude und das vermüllte Grundstück boten. Hätten wir damals schon gewusst, welche bösen Überraschungen beim Sanieren auf uns zukommen würden, hätten wir wohl die Finger davon gelassen. So aber haben wir über fünfzehn Jahre hinweg in jeder freien Minute und an jedem Wochenende in viel Eigenarbeit und unerschöpflicher Energie ein gemütliches Zuhause mit angrenzendem üppig blühendem Garten für uns und unsere beiden Kinder in Preungesheim geschaffen.

Als wir, die gebürtige Bornheimerin und der »Eigeplackte« aus Wuppertal, nach Preungesheim gezogen sind, bestand der 1910 nach Frankfurt eingemeindete Stadtteil aus dem dörflichen Kern rund um die Kreuzkirche und aus mehreren in den 50er und 60er Jahren schnell und einfach hochgezogenen Siedlungen, die z. T. als soziale Brennpunkte verrufen waren. Das bekannteste Bauwerk Preungesheims war und ist die Justizvollzugsanstalt, die durch die rege Bautätigkeit allmählich vom Ortsrand in die Ortsmitte gerückt ist. Für uns als Neupreungesheimer war es gewöhnungsbedürftig, dass immer wieder einmal Lautsprecherwagen der Polizei durch unsere Straße fuhren, um vor einem entflohenen Häftling zu warnen und die Anwohner aufforderten, die Augen offen und die Türen geschlossen zu halten. Aus dem mit zeitweilig über 800 Insassen überbelegten Untersuchungsgefängnis konnten wir die Rufe der Inhaftierten bis zu uns hören. Auch, dass eine Kuh aus der nahen Viehverwertungsstelle ausbüxte und unsere Straße aus verständlicher Furcht vor dem

Schlachter hinunter rannte, gehört zu den prägenden Erlebnissen unserer Anfangsjahre in Preungesheim.

Die damalige Infrastruktur bestand aus der Theobald-Ziegler-Grundschule und der nach dem von den Nationalsozialisten verfolgten Juristen und Publizisten Carlo Mierendorff benannten weiterführenden integrativen Gesamtschule. Die drei Preungesheimer Kirchen mit ihren angeschlossenen Kindergärten und ihren verschiedenen Angeboten beherrschten neben den zahlreichen Vereinen das gesellschaftliche Leben in Preungesheim. Mit dem Saalbau Ronneburg verfügen sie seit 1960 über einen Treffpunkt. Mehrere praktische Ärzte und Zahnärzte kümmerten sich um die Gesundheit der Bewohner. Die Nahversorgung sicherten, nach meiner Erinnerung, zwei kleinere Supermärkte, mehrere Metzgerläden und die Bäckerei Spross. Nie wieder haben mein Mann und ich so gute Brötchen gegessen wie diese. Schon auf dem Rückweg von dem kleinen Familienbetrieb in Alt-Preungesheim nach Hause konnte man der Versuchung nicht widerstehen, in die hefig duftenden Brötchen und das krustige Bauernbrot zu beißen. Eine Preungesheimer Institution ist seit 50 Jahren das über die Stadtteilgrenzen hinweg bekannte Eiscafé Dell'Antone. Wer hier sitzt und eine der leckeren hausgemachten Eissorten nascht, bleibt nicht lange allein. Ganz Preungesheim gibt sich hier an schönen Tagen ein Stelldichein.

Am meisten vermissten wir nach unserem Umzug aus dem urbanen Bornheim ins dörfliche Preungesheim die Kneipenkultur. In den 1980er Jahren hatte Preungesheim, das bis in die Mitte des 20. Jahrhunderts zahlreiche Gasthöfe mit großen Wirtsgärten und sogar zwei Kinos zählte, nicht wirklich etwas zu bieten. Unsere Anlaufstelle nach getaner Arbeit war meist die Pizzeria von »Little Heinz«, die Neubauprojekten an der Homburger Landstraße im alten Ortskern weichen sollte. Bis heute ist Preungesheim, was die Kneipenwelt angeht, unterentwickeltes Gebiet. Der alteingesessene Preungesheimer geht selten aus und isst lieber zuhause das, was er kennt. Kein Wunder, dass es uns Neupreungesheimer auch weiterhin regelmäßig nach Bornheim oder in die Innenstadt zog und wir über den Sportverein und unseren Chor die Verbindung zu unserem alten Leben aufrechterhielten. Es fiel uns schwer, unseren gesamten Lebensmittelpunkt nach Preungesheim zu verlegen. Das sollte sich erst mit der Geburt unserer Tochter im Jahre 1989 ändern.

Fällt es einem berufstätigen, kinderlosen Paar oft schwer, Kontakte am neuen Standort zu knüpfen, ist das mit einem Säugling und Kleinkind auf einmal ganz leicht. Die Anteilnahme der vorwiegend älteren Nachbarn am Wachsen und Gedeihen unserer Tochter und später unseres Sohnes war überwältigend. Der wöchentliche Besuch des damaligen Miniclubs in der St. Christopherus-Gemeinde tat sein Übriges, um gleichgesinnte junge Familien kennenzulernen, mit denen man sich auch außer der Reihe auf dem Spielplatz oder bei gemeinsamen Unternehmungen am Wochenende traf und teilweise bis heute trifft. Auf Einladung eines lieben, inzwischen verstorbenen Nachbarn, schlossen sich mein Mann und ich dem Gemischten Chor »Germania«Preungesheim von 1873 an. Neue Kontakte und Freundschaften entstanden. Wir gehörten nun dazu. Über die Elternarbeit in Kindergarten und Schule entwickelte sich allmählich ein Bezug zur Stadtteilpolitik. Mein Mann als Stadtbezirksvorsteher und ich als Ortsbeirätin setzen uns für unseren liebgewonnenen Stadtteil ein.

Inzwischen haben wir mehr als die Hälfte unseres Lebens in Preungesheim verbracht. Es ist unser Lebensmittelpunkt geworden und wir bekennen uns stolz zu unserem Wohnort. In den fast 30 Jahren hat sich Preungesheim sehr zum Vorteil verändert. Die gesamte Infrastruktur hat sich verbessert, die Zahl der Bewohner hat sich vervielfacht. Durch das Neubaugebiet im Frankfurter

Bogen ist unser Stadtteil jünger, lebendiger und bunter geworden. Wer erinnert sich heute noch daran, dass man aus Imagegründen und zur besseren Vermarktung des Quartiers rund um den Gravensteiner Platz verschämt den Namen Preungesheim vermied? Ganz selbstverständlich treffen sich heute Alt- und Neubürger freitags auf dem Wochenmarkt und starten am Wein- oder Bierstand gemeinsam ins Wochenende. Die Liesel-Österreicher-Schule ist neu hinzugekommen und ein Oberstufengymnasium in Ergänzung zur Carlo-Mierendorff-Schule ist in Planung. Der große Supermarkt am Gravensteiner Platz ist eröffnet, die lang ersehnte Bezirkssportanlage wird in diesem Jahr in Betrieb genommen und trägt schon jetzt den viel passenderen Namen »Sportpark Preungesheim«. Durch die guten Bus-, U-Bahn und Straßenbahnverbindungen ist Preungesheim gut und schnell an die Frankfurter Innenstadt mit ihren Arbeitsplätzen und kulturellen Angeboten angeschlossen und doch weit genug weg, um, umgeben von viel Grün, der Hektik der Großstadt entfliehen zu können.

Ein Netzwerk an sozialen Institutionen, Vereinen, Schulen und Kirchen arbeitet, unterstützt durch Ortsbeirat und Präventionsrat, erfolgreich daran, dass sich alle Preungesheimer Siedlungsgebiete, die sich im Laufe der Jahrzehnte um den alten Ortskern gelegt haben, füreinander öffnen und ein Gemeinschaftsgefühl entwickeln. Für 80 Bewohner einer Flüchtlingsunterkunft ist Preungesheim vorübergehend zu einem Zuhause geworden. Die Bereitschaft der Anwohner, die meist jungen Männer aus Afghanistan, Eritrea oder Syrien mit Freizeitangeboten, wie einem gemeinsamen Lauftreff und Gesprächskreisen oder Sachspenden wie Fahrrädern, zu unterstützen, ist unglaublich und so groß, dass die wenigen Skeptiker sich nicht mehr trauen, ihre Kritik an der Flüchtlingseinrichtung offen zu äußern. Die Empathie mit Menschen, die dem Hunger und Krieg auf abenteuerlichen und gefährlichen Wegen entkommen sind, hat in Preungesheim gesiegt.

Als studierte Historikerin habe ich mich immer wieder mit der Geschichte unseres Stadtteils beschäftigt. Seit einiger Zeit biete ich für den Preungesheimer Kultur- und Geschichtsverein e.V. Stadtteilführungen durch Preungesheim an und erläutere den Teilnehmern die historische Entwicklung unseres Stadtteils. Selbst alteingesessene Bewohner sind oft überrascht, was ihr Stadtteil an versteckten Sehenswürdigkeiten aufweisen kann. Erst auf den zweiten Blick findet man die Spuren einer spannenden und wechselhaften Vergangenheit, auf denen die Gegenwart aufgebaut ist. Seit August 2015 präsentiert das neueröffnete Museum an der Kreuzkirche in einer Dauerausstellung und wechselnden Sonderausstellungen einen guten Überblick über die Besonderheiten, die unseren Stadtteil ausmachen. Schon die Kelten und Römer haben sich in dem 772 erstmals erwähnten Preungesheim wohlgefühlt. Wir Breitkreuze tun das auch. Wir haben in Preungesheim Wurzeln geschlagen, wir sind angekommen, weil wir ankommen wollten. Zuhause ist dort, wo man Menschen findet, mit denen man gerne zusammenlebt. Zuhause ist der Ort, für den man bereit ist sich, im Rahmen seiner persönlichen Möglichkeiten, zu engagieren. Weil es sich lohnt, dieses Zuhause zu erhalten und die Lebensqualität für uns und unsere Kinder weiter zu verbessern.

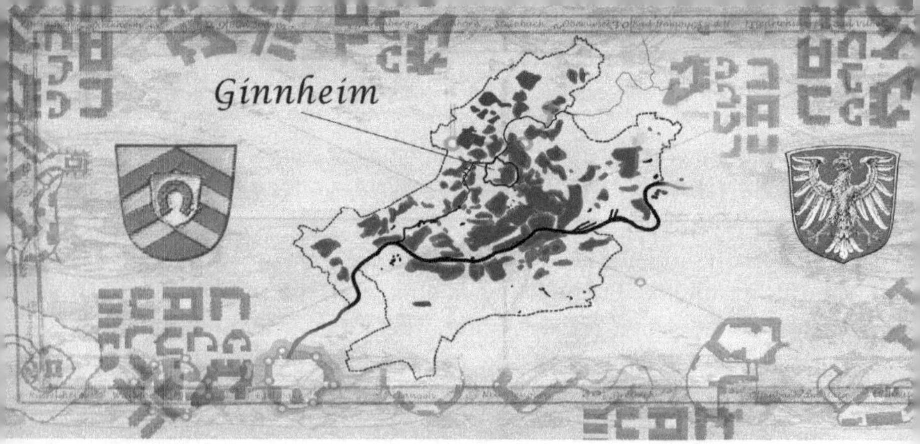

Tamara Labas-Primorac

@home

Es war ein sonniger, fast zu warmer Frühlingstag. Die Natur blühte bereits prachtvoll und verströmte ihren zarten Duft. Die Vögel umwarben sich mit lautem Gesang. Es lockte mich hinaus zu einem Spaziergang. Ich musste zwar noch etwas auf der Zeil erledigen, ein wenig Zeit hatte ich aber schon. Ich lief die Anhöhe hinunter, ging nach rechts und war bereits mitten im Grünen. Dort roch es nach frischem Gras.

Einige Frauen und Männer waren mit ihren Hunden unterwegs. Wir grüßten einander, ohne uns zu kennen. In das leise Rauschen, das von der Autobahn herangetragen wurde, mischte sich immer wieder lautes Vogelgezwitscher. Aus der Ferne vernahm ich Kindergelächter und das Kläffen eines Hundes. Als ich in die Nähe des Bolzplatzes kam, sah ich einige Jungen und einen kleinen Hund Fußball spielen. Ich nahm an, die Grundschüler waren sofort nach der Schule, die ganz in der Nähe war, hingelaufen, um sich richtig auszutoben. Erst jetzt fiel mir der Mann am Bolzplatzrand auf.

»Luisa! Luisa! Komm jetzt!«, rief der Mann etwas hilflos.

Doch Luisa scherte sich nicht um ihn. Die kleine Hündin war wie verrückt nach dem Ball und lief ihm laut bellend hinterher, biss in ihn hinein, schubste ihn mit ihrer Schnauze. Bekam ein Junge den Ball an seinen Fuß, um ihn einem anderen zuzuschießen, war Luisa schneller, schnappte sich den Ball auf halber Strecke und wedelte zufrieden mit ihrem Schwanz.

»Luisa, komm!«

Luisa wäre auch weiter dem Rufen ihres Herrchens kein bisschen gefolgt, wenn ein Junge sie nicht nach einer Weile liebevoll in Richtung ihres Besitzers geschoben hätte.

»So, du musst zu deinem Herrchen!«

Sie gehorchte. Der Mann leinte sie an, und nun lief sie vergnügt an seiner Seite weiter. Er hatte es wohl eilig, denn sie entfernten sich rasch von mir und liefen schon den nächsten Hügel hinauf.

Jetzt war ich fast alleine auf den Wiesen. Meine Gedanken schweiften in die Weite und verwoben sich mit den Grünflächen. Wortfetzen fingen an, sich in ein lyrisches Gebilde zu verwandeln. Einige Schritte weiter war neben einem Wildapfelbaum eine Parkbank, auf die ich zulief. Ich griff zu meinem Notizbuch. *Es ist eine Freude, den Bienen beim Sammeln des Nektars zuzuschauen, eine Wonne die Sonnenstrahlen, wie Küsse deiner warmen Lippen zu spüren, eine Wohltat den Dreiklängen der Natur zu lauschen, die glücklich macht.* Ich setzte meinen Spaziergang fort.

Der Weg bog nach links und die säumenden Sträucher verbargen die Aussicht. Wie der Feldweg vom Haus meiner Oma in Sveti Matej, der zu den Gärten der Dorfbewohner, zu den Feldern und Weinbergen führte. Nur war der Feldweg bei meiner Oma wilder und verwunschener, dachte ich. Auf der Geraden konnte ich wieder auf die Ginnheimer Wiesen sehen. Ich erinnerte mich, wie ich als Kind an einem heißen Augusttag inmitten einer Sommerwiese unweit vom Haus meiner Oma stand. Ich hatte die

Augen geschlossen und vernahm nur ein kaum hörbares Rauschen. So hört sich Stille an, hatte ich gedacht. Ein Insekt war dicht an mir vorbei geflogen. Sein Surren war in dieser Ruhe geradezu lärmend. Dann wieder nur flüsterndes Rauschen. Das gemähte Gras, das auf der benachbarten Wiese zum Trocknen ausgestreut lag, verströmte einen frischgrünen Duft. Ich breitete meine Arme aus und spürte der Glut der Sonne nach. Ein sommerheißer Lufthauch streichelte meine nackten Kinderbeine wie aufgewirbelte Daunen.

Das Krähen eines Hahnes unweit von mir holte mich plötzlich aus den Erinnerungen der Kindertage. Ich konnte mir ein Schmunzeln nicht verkneifen – Ginnheim hat sich seinen dörflichen Ursprung bewahrt. Obschon es von seinen Bewohnern her, vom Arbeiter bis zum Akademiker, großstädtisch-international ist. Ein bunter Blumenstrauß eben, wie auch seine Wohnhäuser, die von der Fränkischen Hofreite, über Ernst-May-Häuser am Ginnheimer Hang, private Villen und der »Platen Housing Area« reichen.

Zu Hause angekommen, machte ich mir einen Saft aus Holunderblütensirup, den ich selbst hergestellt hatte. Die Blüten hatte ich letztes Jahr von den Holundersträuchern an den Niddawiesen gepflückt. Ich ging hinaus auf die Terrasse. Bei diesem herrlichen Wetter würde ich mit dem Fahrrad zur Zeil fahren. Denn mit der U-Bahn oder dem Auto samt Parkplatzsuche wäre ich auch nicht schneller.

Die Frühlingssonne wärmte so angenehm, hatte sich bereits etwas abgekühlt. Ich schloss die Augen. Das Plätschern des Wassers aus dem Brunnen hinter den Sträuchern im Garten und Stimmen spielender Kinder in der Ferne ließen mich denken, ich wäre irgendwo am Strand. Ja, ich weiß schon, warum Ginnheim mein Zuhause ist. Dann nahm ich mein Notizbuch, schlug es auf und zeichnete darauf das Wort @home mit dem Bleistift.

›Holunderblüttenschorle‹

Zutaten:
10-20 Holunderblütendolden, 1 kg Zucker, 1 l Wasser, Saft von 2 Zitronen

Zubereitung:
Holunderblütendolden im vollreifen Zustand ernten. Am besten ist es, wenn die Blüten sehr stark duften und geöffnet sind. Blüten mit Wasser ansetzen und ca. 24 Stunden ziehen lassen. Durch ein feines Sieb seihen. In einem großen Topf und pro Liter Wasser 1 kg Zucker und den Zitronensaft zugeben und aufkochen lassen, bis der Zucker gelöst ist. Noch heiß in gut gespülte Flaschen füllen. Kühl lagern.

Für ein Glas Schorle:
3 EL Holunderblüttensirup in ein hohes Glass mit Eiswürfeln geben und mit eiskalten Mineralwasser auffüllen. Gut umrühren, mit Zitronenscheibe garnieren und servieren.

Jeannette Faure

Bonames, Burkina Faso, Barock und Backzutaten

Da hatte wohl jemand etwas gegen den Straßennamen. Der erste Buchstabe des Weges zur ehemaligen Richtstätte Frankfurts wurde getilgt, aus der Galgenstraße wurde eine, die auf Lebewesen im Wasser hindeutet.

Die Straße mit schmaleren Nebenstraßen, in denen schmucke Häuser und gepflegte Gärten liegen, führt an den Rand des Stadtteils, geht in einen Feldweg über. Und hier, auf der Wiese vor den Hochhäusern, die bereits zu Nieder-Eschbach gehören, soll ein neues Wohngebiet entstehen, früher Bonames Ost genannt, nun heißt das Baugebiet freundlicher Am Eschbachtal/Harheimer Weg. Stößt allerdings vor allem bei der Bürgerinitiative »L(i)ebenswertes Bonames« auf Widerstand. Viele Plakate an den Hauswänden im Stadtteil kritisieren das Projekt: 2000 Wohneinheiten für 5000 Neubürger mit geschätzt 3000 zusätzlichen Autos seien zu viel. Alter Baumbestand, Streuobstwiesen und Kleingärten gingen verloren. Ohne Umgehungsstraße drohe der Kollaps.

Die Initiative erreichte einen Dialog der Bürger mit den Stadtplanern, über das Projekt wird gesprochen, Reduzierungen der geplanten Wohneinheiten und der Geschosshöhe wurden zugesagt. Doch viele Fragen bleiben noch offen. Schon vor 20 Jahren wehrte sich eine Bürgerinitiative gegen ein neues Wohngebiet, nun entbrennt die Diskussion aufs Neue.

»Ich habe nichts gegen neue Wohnungen, aber alles muss ausgewogen sein, die Infrastruktur muss mitgeplant werden«, sagt Gabriele Kreth. Seit vielen Jahren ist sie Mitglied des Bürger- & Heimatvereins Bonames, öffnet mir das kleine Heimatmuseum im Saalbau Nidda in der Harheimer Straße. Die ehemalige Buchhändlerin wurde in Bonames geboren, lebt gerne hier: »Es gibt alles, was man braucht: Supermärkte, Metzger, Bäcker, Friseure, Gaststätten, Apotheke, eine Bank, Ärzte – noch. Und eine gute Verkehrsanbindung.« Alles für bislang rund 6 300 Einwohner.

Kreth zeigt die Schätze des Heimatmuseums. Alte Urkunden, Fotos, Kleidung, Möbel, Ackergeräte, die vor hundert Jahren in Gebrauch waren und ein bisschen seltsam anmuten, eine Kochkiste, mit der das Essen auf die Felder transportiert wurde und warm blieb. Schlau und erfindungsreich war man damals schon.

Eine alte Schulbank, Schreib- und Sitzfläche in einem Stück, steht ebenfalls im Museum. »1955 wurde die heutige August-Jaspert-Schule eröffnet. Ich war als Kind in dieser ehemaligen Volksschule«, erklärt Kreth. Die Alte Schule gibt es ebenfalls noch, gar nicht weit entfernt von den neueren Schulgebäuden. Es war 1989 Domizil des Museums, jetzt ist es Wohnhaus. »Bonames hatte sogar ein Kino in der Gaststätte ‚Zur Windmühle'. 1959 schloss es, die 1684 erstmals erwähnte ‚Windmühle' und auch die 1880 eingerichtete Gaststätte ‚Die Zwiebel' gibt es nicht mehr, nur Schilder erinnern an einstige Geselligkeiten«, fügt Kreth hinzu.

Geblieben ist das Hotel »Zur goldenen Gerste« (1747) und das liebevoll restaurierte »Einhorn«, erstmals 1608 genannt. Restauriert wurde auch das 1680 erbaute barocke Wohnhaus am Ortseingang links, es erhielt 2010 sogar die Auszeichnung »Denkmal des Jahres«. Viel Fachwerk, viel steht unter Denkmalschutz. Zwischendurch schlängelt sich die Homburger Landstraße, mit fast neun Kilometern die längste Straße in Frankfurt, beginnend an der Friedberger Warte, mitten durch den Ort bis in die Nähe des Bad Homburger Kreuzes.

Eintauchen in die Geschichte. Bonifatius begegnet einem im Jahr 754, bereits tot und im Leichenzug auf dem Weg von Mainz nach Fulda, kam er auch über Bonameser Gebiet. Die 1963 errichtete katholische Kirche St. Bonifatius – die Oktogon-Kapelle wurde bereits 1932 gebaut – und die Bonifatius-Route erinnern heute an den Heiligen.

Eine Burg gab es ebenfalls in Bonames, ihre Ursprünge gehen auf das Jahr 1194 zurück. 1834 wurden die Reste der Ruine versteigert. »Da mag sich mancher Stein von der Burg in Bonameser Häusern finden«, vermutet Gabriele Kreth. Die Straße Am Burghof weist auf die einstige Feste hin, Schaukästen neben dem Eingang zur Tiefgarage der neuen Bebauung ebenfalls.

1367 kam Bonames als älteste Landgemeinde zu Frankfurt, die Bonameser waren den Frankfurter Bürgern als einzige Gemeinde gleichgestellt. Frankfurt am Main, Bonames an der Nidda; Flüsse sind immer bedeutend für die Menschen. In einem der nördlichsten Stadtteile wurde die Wasserkraft ab 1412 als erstes von der Walkmühle genutzt, das »Bonameser Tuch« von Wollwebern gefertigt. Ölmühle, Kupfermühle, Schleifmühle folgten. 1413 konnte sich der Ort eine Ringmauer mit zwölf Türmen leisten, noch heute sind Mauerreste zu sehen. 1476 wurde die Kirche erbaut, die sehenswerte barocke Saalkirche ist heute Domizil der Miriamgemeinde. Diese Gemeinde hat seit 1992 Beziehungen zu

Burkina Faso. Aus einem Zufall ergab sich diese Verbindung nach Afrika: Gemeindemitglied Lieselotte Michel lernte 1970 in Frankfurt eine junge Hebammenschülerin aus Burkina Faso kennen, half ihr, blieb mit ihr in Kontakt. Die Miriamgemeinde spendete Geld für das Dorf Ouéllé in Burkina Faso, damit konnte beispielweise 2004 ein Esel angeschafft werden. Das nützliche Zugtier nannten die Afrikaner Bonames. Esel können über 40 Jahre alt werden, vielleicht zieht Bonames in Ouéllé ja noch Karren...

Alle musealen Exponate sind mit unzähligen Geschichten verknüpft. Ein Schwarz-Weiß-Foto zeigt Arbeiter der Schuhfabrik Fabona. Die Fabrik, stillgelegt und für den Abriss bestimmt, wurde in den 1970er Jahren zum Zentrum der Arbeiterselbsthilfe (ASH), zum Modell für eine andere Gesellschaft, andere Lebensformen.

»Es gab früher auch Ziegeleien und eine Lederfabrik hier«, weiß Gabriele Kreth. Alles Vergangenheit. Nur Jung Zeelandia, ein niederländischer Backzutatenhersteller für Filial- und Großbäckereien, ist als einzige Industrieansiedelung gleich am Ortseingang an der Homburger Landstraße hinter der Niddabrücke zu finden. Der Produktionsstandort wurde dort schon nach dem Zweiten Weltkrieg eingerichtet.

Hinter dem Unternehmen von Jung Zeelandia liegt die Villa Metzler, bereits um 1770 errichtet und 1827 umgebaut und aufgestockt. Olga von Metzler (1906 – 1993) erinnerte sich 1987 in einem Interview mit dem Hessischen Rundfunk daran, dass das Landhaus Anfang des 20. Jahrhunderts nur im Sommer bewohnbar war, weil es schlecht zu heizen und mit Kerzen, Petroleumlampen und später Gasleuchten nur unzureichend und ziemlich gefährlich zu beleuchten war. Das hat sich längst geändert.

Ebenfalls eine lange Geschichte hat die Schmiede Westerfeld, 1710 gegründet und in Betrieb bis 1988. Ein Schild im Hof listet die

Besitzer auf, Interessierte können das Anwesen auf Anfrage besichtigen.

Auch die Grabstätten der Westerfelds findet man auf dem Bonameser Friedhof, die Namen Mathes, Ruppel, Silber, Wiemer – alte Familien.

Der Friedhof ist weitläufig, grenzt im Norden an das Kinderzentrum »Im Storchenhain«. Der fröhliche Lärm spielender Kinder dringt herüber. Prima ließe sich nun vom Storchenhain hinunter zum Nidda-Bogen und zum Park spazieren – wenn die alte Holzbrücke über dem Flussarm nicht gesperrt wäre. Eine Baustraße und bereitgelegte Ersatzteile wecken die Hoffnung, dass eine Restaurierung bevorsteht. Dann könnte man schneller in den 1968 angelegten grünen Nordpark gelangen. Dort trifft der Spaziergänger auf verblüffende Skulpturen wie den 2013 enthüllten Sondermann, vom Maler und Comic-Zeichner Bernd Pfarr inspiriert.

Brücke gesperrt, also kehrt. Zurück zur Ortsmitte, zum Platz Am Wendelsgarten. Vom 2009 eröffneten donnerstäglichen Wochenmarkt sind zwei Stände übrig geblieben, der Weinstand, der erst am Nachmittag einlädt, ist beliebt. Aber unter einem Wochenmarkt stellt man sich etwas Anderes vor. Weit besser angenommen wird der jährliche Weihnachtsmarkt. Inzwischen hat auch ein zweites Marktfest den Platz für Stunden belebt. Und möglicherweise sogar zu Staus auf den kurvigen, engen Straßen der unmittelbaren Umgebung geführt. Die Bahnschranke trägt ebenfalls zu häufigen Verkehrsstockungen bei – täglich.

Ein Bistro und Café hat nach langem Hin und Her am Platz geöffnet, bringt ein bisschen Leben auf die ansonsten eher kahle Fläche. Im 2011 aufgestellten Bücherschrank gibt es Konsalik-Romane und ein paar Bücher in Türkisch. Während der Platz leer ist, sind alle Parkbuchten am Rand belegt. Da fährt ein schwarzer Mercedes kurzerhand mitten auf den Platz, ein nicht mehr ganz junges Paar steigt aus, holt etwas aus dem Kofferraum. Der ist voll mit Pelzmänteln – drüben an der Saalburg-Apotheke wechselt die Uhrzeit gerade in die Temperaturanzeige: 35° Celsius. Skurril.

»Komm, auf, Hose zumachen!«, sagt ein Polizist ein paar Meter weiter zu einem Mann, den die hohen Temperaturen und vielleicht das eine oder andere Bier zu viel einnicken ließen. Unwillig, aber ohne ein Wort erhebt er sich schwerfällig. Einige haben sich an diesem Tag im Stadtteil Schattenbänke ausgesucht, um lang hingestreckt zu schlafen.

Fast 20 Vereine gibt es in Bonames, der älteste ist der 1875 gegründete Turn- und Sportverein. Einen Vorsitzenden gibt es nicht, aber einen siebenköpfigen Vorstand – das findet man nicht so oft. Die Abteilungen Basketball, Kampfsport, Leichtathletik, Tischtennis, Turnen und Urban Dance mit fast 3000 Mitgliedern sorgen für Bewegung. Rein statistisch ist beinahe jeder zweite Einwohner beim TSV Bonames angemeldet. Beachtlich.

Der Stadtteil hat gleich zwei U-Bahn-Haltestellen, ein bisschen verwirrend ist die Bezeichnung der Station Kalbach, denn sie liegt noch auf Bonameser Gebiet.

Neben der U-Bahn-Haltestelle Bonames Mitte erinnert die Friedrich-Fauldrath-Anlage an einen Maler, der von 1886 bis 1965 in Bonames in der Friedrichsdorfer Straße lebte. Die erst vor ein paar Jahren nach Bonames gezogene Cornelia Picard forschte als Stadtteilhistorikerin über das Leben und Wirken des Künstlers, organisiert Ausstellungen und hält Vorträge.

Das 1910 nach Frankfurt eingemeindete Bonameser Gebiet wurde mehrfach neu festgelegt. Wer in Bonames wohnt, wird gefragt: »Kommst du vom Ring? Oder aus dem Dorf?« Dabei erstreckt sich der Ben-Gurion-Ring nur zu einem kleinen Teil in seiner südlichen Ausdehnung auf Bonameser Gemarkung. Der Bügel, der zugehörige See, Drogenprobleme, Bandenmorde, die Bemühungen der Leute, den schlechten Ruf des Rings zu überwinden – alles Nieder-Eschbach, sagen die Bonameser. »Sozialer Brennpunkt? Das würde ich als Bonameser zurückweisen«, sagt Oberbürgermeister Peter Feldmann in einer Talkrunde.

Andererseits ist da der Alte Flugplatz. Und dieses Kleinod, das ehemalige Maurice Ros Airfield, 1951 von der US Army erbaut und bis 1992 von lärmenden startenden und landenden Hubschraubern genutzt, befindet sich nur teilweise in Bonames, der Tower beispielsweise gehört bereits zu Kalbach. Beliebt ist das renaturierte Terrain in ganz Frankfurt – egal, zu welchem Stadtteil es gehört.

Bonames hat sich seine Ländlichkeit erhalten. Genau das schätzt Elfriede Krüger, auch sie gehört zu den Aktiven im Bürger- & Heimatverein. Seit 1959 wohnt sie in Bonames. »Damals konnte man noch in der Nidda gleich unten an der Brücke baden. Später wurde der Fluss begradigt, dann war das dort nicht mehr möglich«, erzählt sie und ergänzt: »Früher gab es einige Bauern hier, heute verdient kein Bonameser mehr sein Geld in der Landwirtschaft. Ich bin gerne mit Kindern und Jugendlichen im Ort unterwegs gewesen, man muss sich mit ihnen beschäftigen, mit ihnen reden, selbst wenn sie noch Schwierigkeiten mit der deutschen Sprache haben – und das trifft auf die meisten Grundschüler hier zu«, sagt Krüger. Und hofft, dass sich Nachfolger für ihr Engagement finden, denen die Geschichte des Ortes wichtig ist, und die ihre Kenntnisse weitergeben an die junge Generation.

Bonames ist immer noch ein Idyll. Der Grüngürtelweg führt am südlichen Ortsrand entlang, die Wege an der Nidda sind hergerichtet, werden gepflegt und laden zum Radfahren und Spazieren ein. Die Bonameser wollen, dass der Charakter ihres Stadtteils erhalten bleibt – da gibt es sicher noch viel Gesprächsbedarf mit den Planern neuer Wohngebiete.

Claudia Brendler

Nicht-Orte

Die Häuser in unserer Straße erzählen keine Geschichten. Dazu sind sie zu müde. Manche sind neu verputzt, andere dunkel wie morsche Zähne, die jeden Moment rausfallen wollen. Seh'n älter aus, als sie sind, die Häuser hier; wie die meisten Leute, die drinnen wohnen. Niemand bleibt hier lange steh'n, alle schau'n, dass sie weiterkommen.

Hör' das Quietschen der S-Bahn, oben in der Wohnung, wenn der verrückte Mond ins Zimmer scheint, hör' die beiden aus dem zweiten Stock, unten auf der Straße. Er steht, und sie sitzt, die Beine ausgestreckt auf dem Pflaster:

»Steh' auf.«

»Ich kann nich'.«

»Los, steh' auf.«

»Ich kann nich'.«

»Ich weiß genau, dass du kannst, saufen kannste auch.«

»Kann nich'.«

»Ich sag', du sollst aufsteh'n.«

»Ich kann nich'.«

»Aber saufen kannste. Ich zeig dir gleichma, wie schnell du aufsteh'n kannst.«

»Hilfe! Hiiilfe!«

»Ruhe!«, brüllt jemand. Von irgendwoher weht Musik raus, eine Männerstimme, die sich immer wieder überschlägt, und dann kriecht ein Auto die Straße lang.

»Siehste! Jetzt kommen die Bullen!«

»Ich steh' ja auf, ich steh' ja auf.«

»Jaja, wenn die Bullen kommen, kannste aufsteh'n. Is' gut, alles in Ordnung, hier brauch niemand Hilfe.«

Dann sind sie im Haus, hör' sie auf der Treppe, etwas poltert.

»Man darf nicht schlaggen«, sagt der Albaner von oben, »man kann streiten, aber man darf nicht schlaggen.«

Das Auto fährt weg. Die meisten Fenster sind dunkel jetzt, nur im Männerwohnheim gegenüber bleibt das Flurlicht die ganze Nacht an. Ein nüchternes Licht, eins, das es nur in Krankenhäusern gibt oder in Heimen.

Nehm' ich das Rad und trag' es die Treppe runter, fahr' los, vorbei an den Baustellenwüsten, dorthin, wo die Gegend schon besser wird. Weniger Einkaufskioske, dafür mehr Döner-Thai-Pizza-Läden. Die meisten geschlossen, nur vor dem äthiopischen Café steh'n noch welche und rauchen.

Bei Ralli ist alles zugeparkt, muss ich mich durchschlängeln zwischen den Stoßstangen, schließ' das Rad an den Zaun.

Rallis Wohnung ist ein Geheimtipp. Keine Möbel, nur Matratzen und massenweise Bücher in Kisten, ein Kühlschrank und ein Podest. Für die Performance. Irgendwer, der Gedichte vorliest, eine-irgendeine mit Glatze, die dazu tanzt, und ziemlich viel Bier. Seit dem Artikel im Stadtmagazin kommen auch Leute aus den »besseren« Vierteln, finden, die Gegend hat was, wissen nicht genau, was; kommen weniger wegen der Performance, eher wegen der Atmosphäre und Rallis Geschichten.

Von Ritualen redet Ralli gerade, als ich mich reinschleich, vom Mythos, von unseren kollektiven Erinnerungen. »Unsere

Städte«, sagt Ralli, »müssen wieder zu mythischen Orten werden, sie sind da, unsere gemeinsamen Erinnerungen, unter dem Pflaster, warten nur drauf, wiederbelebt zu werden.«

Ich stell mich an den Kühlschrank zu Nat und Ozan und der Glatzenschwester. Kennen uns von früher, als es die Disko noch gab, jeden Donnerstag. Alle waren da, die Verlorenen, die Hoffnungsvollen und die Zugedröhnten, die aus dem KBW-Hochhaus und die anderen, die was erleben wollten. War Kult, die Gallusdisko, auch Risiko, konnte jederzeit jemand ein Messer zieh'n. Aber selten ist was passiert, alles stand nur rum, so, wie wir jetzt bei Ralli steh'n, als Teil der Atmosphäre.

Das KBW-Haus ist weg, und das Gallustheater umgezogen in die Adlerwerke. »Ein Geschichtsort«, sagt Ralli, »einer der wenigen in der Gegend, alles sonst wird verbaut und zubetoniert.« Von Orten und Nicht-Orten redet Ralli, von Ankern, die wir in die Vergangenheit werfen müssen, um sie aufzuhalten, unsere rasende, wahnwitzige Irrfahrt. Die aus den anderen Stadtteilen rutschen auf ihren Kissen rum und mittendrin steigt Nat plötzlich aufs Podest. Niemand kann ihn hindern, weil es Rallis Konzept ist, dass jeder Redezeit oder Performancezeit bekommt, egal wer. Nat redet nicht, er singt, Hard Rock mit ultratiefen Vocals, nur ohne Band, weil's die Band längst nicht mehr gibt.

Die aus den »besseren« Vierteln steigen in ihre Autos und fahren dorthin, wo alle wohnen wollen. Urban und auch ein bisschen multikulturell und freakig, aber ohne Typen wie Nat, ohne Drogendealer und ohne Burkafrauen mit vergittertem Blick.

Wir bleiben sitzen bei Ralli, bis es hell wird. Kann es spüren, wenn die Nacht ihre Kraft verliert, bevor hinter den Scheiben irgendein Schimmer zu seh'n ist. Ab und zu noch ein Auto auf der Straße, hüpft und zuckt im Beat, pulsierende Ader, kurz vorm Platzen. Dann ist es soweit, der Morgen kommt einfach so, »irgendwie großartig«, sagt Ralli, »dass es sowas noch umsonst gibt.« Wir schauen der Sonne beim Aufgeh'n zu, dann geh'n wir runter auf die Straße, und Ralli zelebriert ein altägyptisches Sonnengebet. Die Straßenbahnen spucken Menschen aus, frisch gewaschen und gekämmt, werden gleich wieder geschluckt von den Bürohäusern mit den schmalen Fenstern.

Setz' ich mich auf mein Rad, fahr' rein in die neue, dünne Morgenluft. Auf der Mainzer rumoren die Kehrmaschinen, und in der Hellerhofsiedlung hängen weiße Bettdecken über bröckelndem Putz, als würden die Fenster belegte Zungen rausstrecken. Weiter, unter der S-Bahn-Brücke durch auf die Idsteiner, mehr Autoteilehändler, mehr Graffiti an den Wänden, Demir is King und Yuppies raus. Rücken an Rücken steh'n die Häuser hinter der Großbaustelle, wortlos und weiß. Alles soll neu werden oder besser oder wenigstens anders, bewegen soll sich was oder wer oder wir, bewegen, statt rumsitzen und nicht wissen, wohin, weil man nirgends hingehört oder hergehört, noch nicht mal sich selbst gehört, vielleicht.

Leg' ich mich ins Bett und träum' verrücktes Zeug von einer Pennerin in einem blauen Mantel. Irrt durch eine Wüstenlandschaft, hat keine Schuhe und humpelt, stolpert und fällt und rappelt sich auf, geht nur im Kreis, immer im Kreis, und dann fällt sie ein letztes Mal und bleibt liegen. Irgendwer wirft eine Plastikplane über das Häufchen Sehnsucht, das sich nicht regt, und dann wach ich auf von den Presslufthämmern auf der Baustelle.

Auf einmal weiß' ich, unter dem Pflaster ist nichts, keine Geschichten und Mythen, nur Sand und abgerissene Kabel.

Weit und breit keine Anker, die du werfen kannst, nicht in die Vergangenheit und auch nicht in die Zukunft. Bleibt nichts, als stillzuliegen und zu warten, bis irgendwas passiert, bis ein Wind dich wegbläst, vielleicht, einmal rund um den Erdball und weiter, über die Ränder der Welt.

›Falscher Hase‹

Zutaten:
1,5 Pfd. Rinderhackfleisch, 1,5 Pfd. Schweinehackfleisch, 2 trockene Brötchen, 1 Messerspitze Fett, 1 Prise Pfeffer, 1 Prise Salz, 1 gehackte Zwiebel, 2 Eigelb, 1 EL Salz, 125 g in dünne Fäden oder Würfel geschnittener Speck, 1 Handvoll Semmelbrösel, 3 EL Fett, 1 l kochendes Wasser, 2 EL Mehl

Zubereitung:
Brötchen in etwas Wasser einweichen, bis sie gut durchgezogen sind, Flüssigkeit ausdrücken und die Brötchen mit dem Hackfleisch mischen. Zwiebel, Eigelb, Speckfäden/Speckwürfel, Salz und Pfeffer zufügen und gut durchkneten. Aus dem Teig einen brotähnlichen Laib formen. Dieser wird in den Semmelbröseln gewendet und anschließend im Fett von allen Seiten scharf angebraten. Danach mit einem Liter kochendem Wasser ablöschen und auf dem Herd oder im Ofen gar schmoren lassen. Zum Schluss die Soße mit dem angerührten Mehl dick machen.

Info:
Das Rezept hat Edit Engelmann geliefert, das in dem Rezeptbuch ihrer Oma Christine enthalten ist, veröffentlicht im Buch »Es war einmal im Ringgau ...«, erschienen beim Größenwahn Verlag im Juni 2013.

Claus-Peter Leonhardt

Der Flaneur

Um seine Muße zu demonstrieren, führte der Flaneur um 1850 eine Schildkröte mit sich. Nichts als sich und eine zeitlose Gelassenheit geleiteten seine Schritte. Ihm war alles gegeben. Wenige Jahre später auf den Boulevards flanierten die Damen mit ihren Hunden nicht mehr. Sie promenierten, es kam zu Promenadenmischungen.

Die Frauen, die am Rande Bornheims im Jahr 2016 von vier oder fünf Hunden dirigiert werden, sind Managerinnen fremder Zeiten. Sie führen das Leben aus, das den abwesenden Zeitsklaven abhanden kommt. Diese stecken in Staus oder eilen durch die Straßen, währenddem ihr Leben von Fremden ausgeführt wird.

Seitdem ich in Bornheim meine Schreibwerkstatt und meinen Lebensmittelpunkt im Ostend habe, lerne ich die Kunst des Flaneurs mit neuem Blick. Gerne umkreise ich von hier aus Frankfurt, die großartige Stadt. Das Dorf Bornheim ist in seinem Herzen noch intakt.

Flanieren ist eine literarische Tätigkeit. Proust, Baudelaire, Döblin, Joyce erliefen die Worte und Sätze. Poes *Mann in der Menge* und Franz Hessels *Berliner Spaziergänge* geben Zeugnis. Berühmt sind die Passagen Walter Benjamins, die auf eine kommende Hatz vorweg weisen, die Malls amerikanischer Machart zeigten sich Anfang des 20 Jahrhundert schon als Orte des gehetzten Lustwandels. Niemand käme mehr auf die Idee, eine Schildkröte mitzuführen.

Wandere ich am Main, dann durch das Bankenviertel und wende mich wieder ostwärts, über die Zeil, Friedbergerplatz in die Bergerstraße, überquere ich uralte Grenzen: Eine frühe ist die Parkanlage des Anlagenrings. Seine Spuren folgen den Wallanlagen des alten Frankfurt. Die Linien der vorgelagerten Befestigungsanlagen bilden heute den Alleenring. Zwischen unterer und oberer Bergerstraße nennt sich die Grenze Höhenstraße. Damals war auch die untere Bergerstraße noch Bornheimer Gemarkung. Das alte Bornheim reichte bis zum heutigen Merianplatz. Das ist heute Nordend.

Mit der oberen Bergerstraße beginnt das moderne Bornheim.

Vor 150 Jahren war diese Straße eine unbefestigte Pappelallee. Sie lief über die Bornheimer Heyde. Die Heide lag zwischen Frankfurt und dem Dorf Bornheim und war Folge eines Kirchenkrieges.

Die freie Landschaft entstand, als die Bornheimer das Holz des Bornheimer Waldes verkauften. Das Erzbistum Mainz hatte gegen die Stadt Frankfurt eine Holzblockade verhängt. Die Reformation sollte den Freien Reichsbürgern wieder ausgetrieben werden. Der Krönungsdom war reformiert, – ein Skandal.

Auf der Heide startete im Oktober 1785 der Franzose Jean-Pierre Blanchard in einem Heißluftballon und flog in 39 Minuten nach Weilburg an der Lahn. Eine Wegstrecke, die damals mit 14 Stunden Fahrzeit ausgezeichnet wurde.

1796 zerstörten die französischen Truppen Heide und Flanierweg der Frankfurter in das lustige Dorf. Die Moderne brachte moderne Kriege. Ab 1872 wurde die Bornheimer Heyde bebaut. Sie verschwand und wurde Stadtteil.

Gehe ich die Bergerstraße hinauf, lasse ich manchmal Bilder changieren, Wald, Frankfurter auf dem Weg zum Äppler und zum Feiern, es brechen Heere ein und Schlachtengetümmel schreit in meinem Kopfkino, dazwischen erahne ich einen steigenden Ballon und Kinderlachen.

Störendes Rauschen, chinesische Touristen und Kinderwagen-Geschwader schieben alles beiseite, Fahrradfahrer schießen hastig vorbei, „“haste mal ′n EURO“ dringt ans Ohr, aus dem Supermarkt hasten Menschen, das leere Eck, Kneipen mit riesigen Bildschirmen pflastern die Straße bis zum Uhrtürmchen, wo mit Café Wacker die alte Frankfurter Rösterei residiert. Daneben Savoir-vivre im Café Jeanette. Gegenüber gibt es bei Meder Kinder-Spielzeuge und den Vollkornbäcker Denninger.

Die lebendige Auswahl lädt ein, Gedanken zu fangen und zu Papier zu bringen.

Von den Hochhäusern und den Kaufhäusern Frankfurts bin ich nun in einer anderen Welt angekommen, die weiter aufwärts immer dörflicher wird. Alte Fachwerkhäuser reihen sich hier. Im Zentrum steht die Johannis-Kirche. Auf ihrer Höhe bin ich immer noch auf der Bergerstraße und biege in die Falltorstraße. Ihr Name verweist auf alte Viehzucht. Wer zu schauen weiß, erkennt es genau: Das Bauerndorf zeigt sich noch immer schemenhaft.

Bornheim ist der Ort für Äppler, seitdem der Weinanbau im 18. und 19. Jahrhundert aufgegeben worden war. Straßennamen berichten noch von der Nutzung. Im Prüfling lagen die Felder, wo Wein-Setzlinge wuchsen. Der Röderberg war eine gute Wein-

Lage über der Ebene zum Main runter. Nur der Lohrberg ist noch geblieben. Dort, neben dem Äppler Haus, wächst der letzte Wein in der Frankfurter Gemarkung.

Bornheim und Frankfurt waren seit der Zeit der Römer Weinanbaugebiete. Bis heute ist die Stadt die wohl einzige Gemarkung, die drei Weinbaugebiete verbindet: Mainfranken – Frankfurt – Rheingau treffen sich sanft. Im Rathaus Römer werden die Tropfen des städtischen Weinguts gehandelt. Geldstadt, kühler Handel? Ja und nein. Denn Frankfurt, Bornheim sind auch Äppler, Wein und das lustige Dorf trägt bis heute bei.

Noch Goethe erzählt in Dichtung und Wahrheit von den Weinbergen und Spargelreihen zwischen den Stöcken am Röderberg. Mehltau und Reblaus machten der Tradition in der wachsenden Stadt ein Ende.

Dem Flaneur in Frankfurt wird Geschichte zu Geschichten. Seine Sinne sollten wach sein. In Bornheim verharrt die Zeit, alles ist entspannt. Friedrich Stoltze beschreibt dess, wie die Sachsehäuser mit Kinn und Kegel im vollen Sonndagsstaat ze Fuß und ze Wage zogen. E sinn da Fuhrwerk iwer die Brick komme un um die Promenad un dem Sandweg enuff nach Bernem zu.

Heute sind die Leut in Frankfurt ageplackt. Sie wissen wenig von der Stadt und ihren alten Festen. Sie laufen nicht mehr aus der Stadt und gehen in Bernem / Bornheim feiern. Doch es lohnte sich. Hier stehen die Tische immer noch eng bei eng uf de Straß.

Während „in der Stadt" der Umbau rasend schnell alte Gebäude wegfrisst und neue aufrichtet, steht das alte Bornheim. Es lebt, atmet kräftig.

Bevor ich in die Falltorstraße einbog, passiere ich die Weiße Lilie. 1862 Tanzlokal, ab 1888 das Zentrum der Fastnacht und im Jahr 1894 fand hier der erste Parteitag der SPD statt. Der riesiger Saal im Hinterhof ist verschwunden.

Dort setzte ich mich einen Moment und höre das Trappeln der Pferde und Stimmengewirr der Menge. Doch in Wirklichkeit ist es ruhig in dem alten und lustigen Dorf. In mir schreibt es schon wieder. Wo ist mein Papier?

Ich zeichne das Dorf auf, das mehr Einwohner hat, als manch anderer Ort in Europa. Fast 11.000 Leute leben hier. Und das gesamte alte Bornheim zählt viel mehr Köpfe.

Altes Siedlungsgebiet, schon vor der Römerzeit wohnten Chatten und Franken hier. Man fand zwei große Villen römischer Patrizier in der Nähe der Hartmann-Ibach-Straße. Um das Jahr 1100 stand ganz in der Nähe dort eine Burg. Die Bornburg war ein befestigter Gutshof. So türmen sich Schicht auf Schicht. Nur ein einziges Gebäude dieser Art befruchtet mancherorts die gesamte Tourismusindustrie.

Dass im Jahr 1837 die Familie Rothschild hier ihren Stammsitz errichtete, erzählt viel über diese Gegend. Sie bauten auf einer Reihe von alten Schlössern, derer von Glauburg und anderer Frankfurter Patrizier. Die Gegend war immer fruchtbar und lieblich. Heute ist das Schloß verschwunden, der Günthersburgpark ist ein Paradies für Kinder und der Ort des Stoffel-Sommerfests des Stalburgtheaters. Vier Wochen kostenloses Feiern am Rande von Bornheim.

Am anderen Ende liegt der Ostpark mit seinen Sportstätten und großen Gärten. Auf der großen Freifläche vor dem Eisstadion findet die Dippemess ihren Standort, seitdem sie vom Main wegziehen musste.

Bornheim ist auch der zweite Sportstandort in der Stadt. Die Eintracht hatte lange ihr Stadion hier. Der FSV Frankfurt, die Turngemeinde Bornheim, das Panoramabad bieten ein reiches Angebot.

2016 feiern die Leuddche im Herzen des Ortes die 409. Bernemer Kerb. Der Kerbebaum wird wieder aufgerichtet, der große Gickelschmiss wird ausgefochten. Blindbetuchte und angetrunkene Männer müssen mit einem Dreschflegel einen Dippe (Tontopf) zerschlagen. Das alte Frankfurter Volksfest, die beliebteste der heimischen Kirchweihen wurde schon immer von allen Frankfurtern besucht, selbst Goethe und der preußische Bundestagsabgesandte von Bismark wussten Bornheimer Gastlichkeit zu schätzen, so berichtete die Frankfurter Zeitung schon Anfang des 20. Jahrhunderts.

Das ist bis heute so.

›Preiselbeeren-Baiser‹

Zutaten:
200 g Preiselbeeren, 200 g Zucker, 5 Eiweiß, 1 Prise Salz

Zubereitung:
Eiweiß mit dem Mixer zu Schaum schlagen. In eine Schüssel Preiselbeeren, Zucker und Salz geben und mit dem Mixer vorsichtig schlagen, die Beeren werden dabei zudrückt und der Zucker gelöst. Vorsichtig den Ei-Schaum untermischen. Jeweils einen Esslöffel von der Masse abnehmen und auf ein mit Backpapier ausgelegtes Blech setzen. Im vorgeheiztem Backofen bei 100 °C mindestens 1 Stunde backen.
Preiselbeeren-Baiser auskühlen lassen und in einer Dose verschließen.

Safiye Can

Das Frankfurt am Main-Gedicht
(Zu Menschen anderer Sprache – Ein Auszug)

Ein Zug fährt aus der Ferne
in Richtung Frankfurt Hauptbahnhof
blickt zielstrebig an der Skyline hoch
nach langer Abwesenheit
ist das ein Gefühl, ein Gefühl wie
ich weiß nicht was.
Reisende auf Jagd, Gepäck kippt um
Ein Glas Äppler wird umgestoßen
Fußballfans grölen laut
die Rolltreppe fährt wieder nicht/ Es wird gespart.

Hunde pudelwohl, eine Katze mutig verlaufen
ängstelt im Gebüsch umher
am Main Jogger, Radler, Skater, Turteltauben
picknicken bei Kerzenlicht
aus einem Boot kann man türkischen Tee kaufen.
Am Flughafen blitzblank die Fliesen
eine PIA fliegt prächtig erhaben auf die Landebahn
Bodenlotsen neongelb orientiert
eine Übersetzerin dichtet Attilâ Ilhan ins Deutsche
in Sachsenhausen eine Shisabar unter Rauch
und Chillout.

Nachwort

Heimat beginnt im Stadtteil

Frankfurt wächst und wird diverser.

In den letzten Jahren haben wir viel von einem »Trend in die Stadt« oder auch einem »Trend zurück in die Stadt« gehört. In weniger als 10 Jahren ist die Einwohnerzahl um rund 70.000 auf jetzt über 700.000 gestiegen. Beides beschreibt einen Großtrend für Frankfurt: Zuwanderung. Aus dem In- und dem Ausland. Das ist aber nur die halbe Wahrheit. Denn Frankfurt wächst nicht nur, es wird immer diverser.

So hat der vermehrte Zuzug nach Frankfurt am Main zu einem Zuwachs der Bevölkerung mit ausländischer Staatsangehörigkeit und zu einer Änderung der Bevölkerungsstruktur geführt. Diese Entwicklung ist auf verschiedene Ursachen und Prozesse zurückzuführen, ebenso wie die Dynamik, die die Bevölkerungsstruktur dieser Stadt prägt. Denn oftmals kommen Menschen auch für nur sehr kurze Zeit zu uns. Das sind Menschen, die in der Frankfurter Skyline arbeiten und nur ein paar Jahre ihres Berufslebens in Frankfurt verbringen. Das sind EU-Bürgerinnen und -Bürger, die im Zuge eines wirtschaftlichen Aufschwungs in ihren Heimatländern, Frankfurt wieder verließen, wie dies 2004 für Menschen aus Italien, Griechenland, Portugal und Spanien der Fall war. Es sind aber auch Menschen aus diesen Ländern, die ab 2011 wieder vermehrt nach Frankfurt ziehen. Es sind Flüchtlinge, die zu uns nach Frankfurt kommen und oftmals auch hier bleiben werden. Und wenn vor rund 10 Jahren die Zuwanderer im Wesentlichen aus acht Ländern kamen, so sind es heute Menschen aus 80 Ländern, die Frankfurt ihr neues Zuhause nennen.

Frankfurt ist eine multikulturelle und eine multireligiöse Stadt, die Menschen aus 180 Nationen ihr Zuhause nennen. Soziologen bezeichnen Frankfurt auch als die Stadt der *super diversity*. Das heißt, Diversität generiert sich über: Alter, Ethnizität, Geschlecht, sexuelle Orientierung, Religiosität, Erfahrungswerte, sozialen und ökonomischen Status, aber auch über die eigene geographische Verortung in einer Stadt, in einem Stadtteil. Einige dieser Faktoren überlagern sich, manche führen zu Interrollenkonflikten, manche zu Intrarollenkonflikten, manche sind komplementär.

Diese Vielfalt, sie ist eine Chance und sie ist das, was das Flair dieser Stadt ausmacht. Vielfalt, sie ist aber auch eine Herausforderungen an die Stadt und ihre Menschen. Deswegen lautet das Credo dieser Stadt: »Vielfalt gemeinsam leben«.

Diese Unterschiedlichkeit ist auch in den Stadtteilen spürbar, wenngleich unterschiedlich ausgeprägt. Auch darum geht es in diesem Buch.

Frankfurt ist ein Mikrokosmos – auch in seinen Stadtteilen.

Parallel dazu entdeckt die Bevölkerung zunehmend ihre Stadtteile wieder – man könnte beinahe von einer »Renaissance der Stadtteile« oder auch einer Wiederentdeckung der Stadtteile sprechen. Dieses Phänomen tritt in den verschiedenen Stadtteilen unterschiedlich stark auf. Aber es ist definitiv nicht nur die Innenstadt, die zunehmend ihren Reiz auf die Frankfurterinnen und Frankfurter ausübt.

Vor Ort im Stadtteil manifestieren sich sämtliche Strategien qualitätsvoller Innenentwicklung und Verdichtung. Dort müssen sie zu einem erkennbaren Gewinn an Lebensqualität führen, um breite Akzeptanz zu finden. Dabei stellt die Nachbarschaft eine komplexe Mischung dar, in der die verschiedenen Elemente des Alltagslebens im menschlichen Maßstab erlebt werden: öffentliche und private Räume, Wohnen und Arbeiten, Einkaufen und Freizeit – das alles ist in räumlicher Nähe organisiert. Die Bewohner begegnen sich im Alltag in der Nachbarschaft und im Stadtteil. Diese typischen Orte der Begegnung sind bedeutsam für die Lebensqualität. Sie machen das »Zuhause« aus und schaffen eine örtliche Identität. Diese Zusammenhänge sind leicht zu zerstören, aber nur schwer zu entwickeln.

Für wachsende Teile der Bevölkerung wird der Stadtteil zudem selbst wieder zur Ressource, um den Alltag überhaupt bewältigen zu können: zum Beispiel durch nachbarschaftliche Hilfe, selbstorganisierte Kinderbetreuung, den Ersatz von Erwerbseinkommen durch Selbsthilfe oder ähnliches. Vieles spricht daher dafür, die Stadtteilperspektive wieder stärker – etwa in der strategischen Stadtentwicklung – zu berücksichtigen. Die Beschäftigung mit dem eigenen Stadtteil – insbesondere in einer historischen Herangehensweise – ist ganz entscheidend für die Frage nach der eigenen Heimat, nach den eigenen Wurzeln und vor allem nach der eigenen Identität. Darum geht es vornehmlich, wenn man ein Stück Stadtteilgeschichte schreibt.

Frankfurt ist ein Zuhause für alle Menschen, die in dieser Stadt leben. Aber die lokale Identität und das Heimatgefühl definieren sich ganz wesentlich über das Quartier, in dem man wohnt. Es ist die Nachbarschaft, es ist die Infrastruktur, es ist das Flair eines jeden Stadtteils mit seiner Architektur, seiner Geschichte, seinen integrativen und sozialen Angeboten, seinen Vereinen, seiner Kunst, seinen Einkaufsmöglichkeiten und seinen

Bildungs- und Arbeitsmöglichkeiten, die die Umgebung der Menschen prägen. So sind die Menschen nicht nur Frankfurterinnen und Frankfurter, sondern sie sind Bockenheimer, sie leben in Hausen, in Höchst, in Griesheim, im Nordend, im Gallus, in Sachsenhausen oder am Frankfurter Berg. Es sind zahlreiche Faktoren, die die Identität eines jeden Einzelnen prägen und hierfür spielt die Identifikation mit dem »eigenen« Stadtteil eine wesentliche Rolle.

Vielfalt gemeinsam leben heißt also auch: Vielfalt im Stadtteil gemeinsam leben. Denn das Besondere an Frankfurt sind, neben einer weltbekannten Skyline, seine Stadtteile. Deshalb wollen wir in den einzelnen Stadtteilen die Vielfalt und das gemeinsame Verantwortungsbewusstsein der Bewohnerinnen und Bewohner fördern. Unsere Straßen, Plätze und Grünanlagen, aber auch öffentliche Gebäude sind nicht nur Bewegungsraum und Aufenthaltsraum, sondern auch identitätsstiftende Symbole unseres Gemeinwesens. Es ist für die Menschen, die in Frankfurt leben, bezeichnend, als Frankfurterin oder Frankfurter Teil einer offenen und toleranten Stadt zu sein und die Frankfurter Vielfalt nicht zur zu erleben, sondern sie auch zu prägen.

Frankfurter Identität.

»Zu Hause zu sein, statt integriert« – so beschrieb ein Frankfurter Bürger sein Anliegen an die Frankfurter Integrationspolitik. Und wie man für Integration behaupten kann, dass es sich um einen wechselwirkenden Prozess handelt, so kann man auch für die Stadtteile sagen, dass diese sowohl die Menschen prägen, als auch dass die Menschen von diesen geprägt werden. Denn Integrationspolitik ist keine Assimilationspolitik, sondern ein Prozess, in dem sich alle, die miteinander leben, auch vereint auf ein gemeinsames Zusammenleben verständigen.

Eine moderne Integrationspolitik antwortet daher, ebenso wie eine moderne Stadtentwicklungspolitik, fachübergreifend und dauerhaft auf die Anforderungen, die eine veränderte demographische Wirklichkeit an uns alle stellt, um gleiche Chancen und möglichst allgemeine Teilhabe herzustellen und dauerhaft zu sichern. Zur erfolgreichen Integrationspolitik gehört es daher auch, mit der realen Diversität angemessen ernst, professionell und empathisch umzugehen. Die identitätsstiftende Wirkung, die Angebote in den Stadtteilen, deren Geschichte, deren lokale Besonderheiten und deren Menschen spielen hierfür eine wesentliche Rolle. Nicht nur für das Zusammenleben in der Stadt, sondern auch für das Zusammenleben in den Stadtteilen stellt sich hier also die Frage: Sind wir bereit, diesen Stadtteil als Zuhause mit vielerlei, manchmal ganz anders lebenden Menschen zu teilen? Sind wir fähig dazu, verschiedene Lebensweisen wirklich zu respektieren und zu tolerieren – als einen wichtigen und willkommenen Bestandteil unseres Zusammenlebens in einer wachsenden Stadt? Denn Nachbarschaft ist dort, wo Menschen wohnen und wo Menschen zuhause sind.

Die identitätsstiftende Wirkung der einzelnen Stadtteile spielt also gerade, wenn es um Stadtentwicklung und Integration geht, eine wesentliche Rolle.

Der Trend geht demnach nicht nur in die Stadt – nein, er geht auch in die Stadtteile. Wir sollten diesen Trend nutzen, verstärken und die Stadtteile wieder stärker in unseren Fokus nehmen. Denn die Zukunft Frankfurts liegt in seinen Stadtteilen.

Olaf Cunitz
Bürgermeister
und Planungsdezernent
der Stadt Frankfurt am Main
(bis Juli 2016)

Nargess Eskandari-Grünberg
Integrationsdezernentin
der Stadt Frankfurt am Main
(bis Juli 2016)

Anmerkungen:

Seite 19: Auszug aus der Anthologie »Frankfurter Verkehrsliteratour« (Hrsg.) N. M. Marewski, D. E. Stanco, J. Plastargias / Größenwahn Vlg. / Sep. 2015 /
ISBN: 978-3-95771-057-4 / eISBN: 978-3-95771-058-1

Seite 36: Auszug aus dem Roman »Falten, Kilos, Männer, Wein«, Größenwahn Vlg. / Mä. 2016 / ISBN: 978-3-95771-089-5 / eISBN: 978-3-942223-32-4

Seite 84: Auszug aus dem Lyrikuch »Ein weißer Wal im Rhein«, aus dem Griechischen von Artemis Arnakis und Niki Eideneier / Größenwahn Vlg. / Okt. 2015 /
ISBN: 978-3-95771-067-3 / eISBN: 978-3-95771-068-0

Seite 86: Auszug aus der Anthologie »Liebe und andere Schmerzen«, J. Plastargias (Hrsg.) / Größenwahn Vlg. / Jun. 2013 /
ISBN: 978-3-942223-23-2 / eISBN: 978-3-942223-42-3

Seite 112: Auszug aus der Anthologie »Die Frankfurterinnen«, (Hrsg.) Literaturclub der Frauen aus aller Welt e.V. / Größenwahn Vlg. / Aug. 2015 /
ISBN: 978-3-95771-053-6 / eISBN: 978-3-95771-054-3

Seite 131: Auszug aus dem Buch »Blickwirkungen« Größenwahn Vlg. / Sep. 2012 /
ISBN: 978-3-942223-16-4 / eISBN: 978-3-942223-53-9

Seite 173: Auszug aus dem Roman »Die Friedhofsgärtnerin«, Größenwahn Vlg. /
Jul. 2014 / ISBN: 978-3-942223-82-9 / eISBN: 978-3-942223-83-6

Seite 179: Auszug aus der Anthologie »Frankfurter Verkehrsliteratour« (Hrsg.) N. M. Marewski, D. E. Stanco, J. Plastargias / Größenwahn Vlg. / Sep. 2015 /
ISBN: 978-3-95771-057-4 / eISBN: 978-3-95771-058-1

Seite 189: Mehr zu Hauptkommissar Christian Voss gibt es in dem Kriminalroman »Zeit für Rache« von Sylvia Schopf, Gmeiner Vlg. / Jul. 2014 / ISBN 978-3-8392-1573-9 / in dem er einen mysteriösen Vermisstenfall zu lösen hat, der ihn von Frankfurt bis nach Westafrika führt.

Seite 248: Auszug aus dem Langgedicht »Zu Menschen anderer Sprache – (Das Frankfurt am Main-Gedicht)«, aus dem Lyrikuch »Rose und Nachtigall« Größenwahn Vlg. / 4. Auflage Juni 2016 / ISBN: 978-3-942223-64-5 / eISBN: 978-3-942223-65-2

Rezeptregister

Seite

Alle Rezepte, sofern nicht anders vermerkt, sind für 4 Personen.

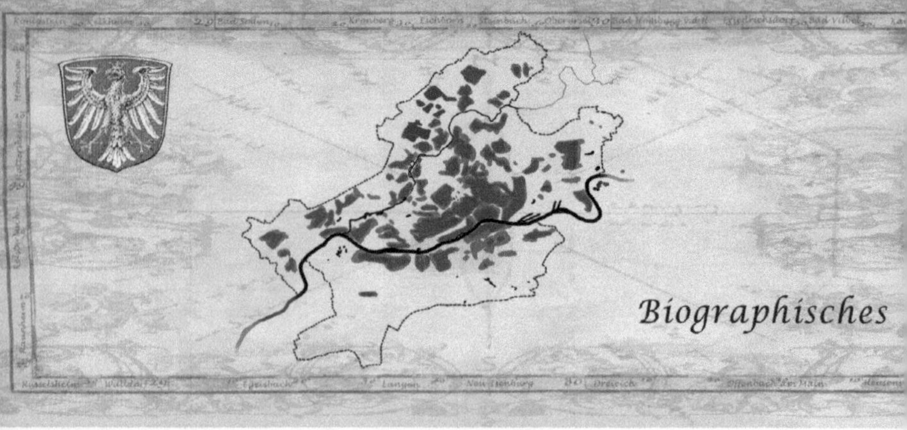

Biographisches

Hakan Akçit
1975 in Duisburg geboren, Studium der Geschichte und Islamwissenschaften in Münster, Zweitstudium im Fachbereich Angewandte Informatik in Duisburg, Mitglied von ATYG – Vereinigung türkischsprachiger Autoren Europas, Arbeitsschwerpunkte: Essay, Roman, Kurzgeschichte und literarische Übersetzungen Deutsch, Türkisch, Englisch, Veröffentlichungen in zahlreichen Anthologien und Literaturzeitschriften. Er lebt und arbeitet in Duisburg. www.hakanakcit.de

Andreas Arnakis
1937 in Thessaloniki geboren, emigrierte 1956 nach Deutschland, um zu arbeiten und zu studieren. Er moderierte unter anderem fast drei Jahrzehnte lang die zweisprachige Sendung des Hessischen Rundfunks »Rendezvous in Deutschland«. Direktor der »Stimme Griechenlands« und der Fernsehprogramme für Auslandsgriechen beim Staatlichen Griechischen Fernsehen ERT in Athen und Herausgeber und Chefredakteur der in Deutschland erschienenen griechischen Zeitschrift »Gramma«. Eine Auswahl seiner Gedichte erschein 2015 beim Größenwahn Vlg. mit dem Titel »Ein weißer Wal im Rhein«. Arnakis lebt in Frankfurt/M und im Pilion.

Bernhard Bauser
1961 in Köln geboren, lebt seit 1983 in Frankfurt und Umgebung. Studium der Philosophie, Germanistik und lateinischer Philologie. Lehrer für Deutsch und Gestaltung an einer berufsbildenden Schule in Hanau und Leiter des Medienzentrums des Main-Kinzig-Kreises in Gelnhausen. Herausgeber des literarischen Readers »Ölflimmern« und Veröffentlichung von Sprechtexten und Kurzgeschichten. Mitbegründer und Vorstand des »Kulturnetz Frankfurt e. V.« Betreibt den YouTube-Kanal »bauseryou« für Literatur und Kunst im Frankfurter Raum.

Michael Bloeck
Be Poet, Dichter und freier Künstler, Interdisziplinäre Kunst und Poesie, Poetry Slamer, ehemaliger Moderator Salon Franco. Er hat zahlreiche Veröffentlichungen in Anthologien und eigene Gedichtbände. Vorstandsmitglied im Verband Deutscher Schriftsteller, Landesverband Hessen, 2006 Moldau Stipendium Cesky Krumlov des Landes Hessen und 2015 Stadtteil-Historiker der polytechnischen Gesellschaft. www.bepoet.de

Volkhard Brandes
Geboren 1939 in Lemgo. Studium in München und Paris. Lebt seit den 1970er Jahren in Frankfurt/M. Zahlreiche Buchveröffentlichungen. Seit den 1960er Jahren in verschiedenen Verlagen tätig. Gründete 1986 mit Roland Apsel den Brandes & Apsel Verlag in Frankfurt am Main.

Petra Breitkreuz
Geboren 1958 in Frankfurt/M. Studium der Geschichte, Germanistik und Politikwissenschaft an der Johannes Gutenberg-Universität in Mainz, sonst aber überzeugte Frankfurterin. Magisterabschluss 1983. Seit 1989 als Mitarbeiterin der Frankfurter Sparkasse zuständig für das Stoltze-Museum der Frankfurter Sparkasse, seit 1998 als dessen Leiterin. Seit 2006 Mitglied der CDU-Fraktion im Ortsbeirat 10. Vorstandsmitglied im 2011 gegründeten Preungesheimer Kultur- und Geschichtsverein.

Claudia Brendler
Lebt als freie Autorin, Musikerin und Comedian in Frankfurt/M – davon zehn inspirierende Jahre im Gallus. Sie schreibt Tragikomisches, Komisches, Literarisches, veröffentlichte Kurzprosa in Literaturzeitschriften, Anthologien und insgesamt fünf Romane bei Droemer Knaur und dtv. www.claudiabrendler.de

Safiye Can
Studium der Philosophie, Psychoanalyse und Jura an der Goethe-Universität Frankfurt/M. Kuratorin der »Zwischenraum-Bibliothek« der Heinrich Böll-Stiftung. Aktives Mitglied der Foundation of European Turkish Writers, leitet Schreibwerkstätten und ist literarische Übersetzerin. Beim Größenwahn Vlg. erschienen »Rose und Nachtigall«, Liebesgedichte, 2014 und »Diese Haltestelle hab ich mir gemacht«, Gedichte, 2015. Auszeichnungen: »Else Lasker-Schüler-Lyrikpreis« 2016 und »Alfred Müller-Felsenburg-Preis« 2016 für aufrechte Literatur. www.safiyecan.de

Monika Carbe
1945 in Meiningen/Thüringen geboren, wuchs ab 1952 in Herford in Westfalen und Umgebung, zeitweise auch in Kopenhagen auf. Sie studierte Germanistik, Indologie und Philosophie in Marburg an der Lahn. Nach zwei Jahrzehnten hauptberuflicher pädagogischer Tätigkeit in der Erwachsenenbildung entschloss sie sich ab den 1990er Jahren, freiberuflich als Autorin und literarische Übersetzerin zu arbeiten. Sie schreibt Lyrik, Prosa und Essays, Rezensionen und Kunstkritiken für Zeitungen und Zeitschriften und hat viele Werke aus dem Türkischen und Englischen übersetzt. Sie lebt in Frankfurt/M.

Joachim Durrang
Geboren 1957 in Bexbach, seit 1978 in Frankfurt/M., Studium an der Philosophisch-Theologischen Hochschule St. Georgen und an der Johann-Wolfgang-Goethe-Universität, dazwischen ein Studienjahr in Berkeley/Kalifornien. Er schreibt Prosa, Dramen, Hörspiele, spirituelle Texte, Lyrik. Zahlreiche Veröffentlichungen. Diverse Ausstellungen als Zeichner und Maler. Er ist Mitbegründer der Literatursendung WortWellen *Radio X* und war Vorstandsmitglied im *VS*-Hessen.

Jörg Engelhardt
Geboren 1964, begann vor über 25 Jahren zu schreiben. Neben seiner Arbeit als Briefzusteller erwarb er das Abitur und begann ein Germanistik- und Politikstudium. Er schrieb Sportberichte und Buchrezensionen für verschiedene Lokalzeitungen im Frankfurter Raum.
Zurzeit arbeitet er als Briefzusteller in Kelkheim im Taunus. Engelhardt ist Mitglied der Höchster Literaturwerkstatt und lebt im Frankfurter Stadtteil Nied.

Edit Engelmann
1957 in Nordhessen geboren und dort auch aufgewachsen. Sie arbeitete für nationale und internationale Konzerne. Heute lebt sie in Ägion/Peloponnes und Amsterdam, ist Lektorin und Herausgeberin beim Größenwahn Verlag, übersetzt aus dem Englischen und Holländischen, und wenn sie nicht gerade von ihrer Familie auf Trab gehalten wird, schreibt sie Romane, Kurzgeschichten, Anekdoten und Märchen. Viele ihre Werke sind beim Größenwahn Vlg. erschienen.

Jeannette Faure
1956 in Wilkau-Haßlau geboren, Abitur, Journalistik-Studium in Leipzig, anschließend acht Jahre lang leitender Redakteurin der Werkszeitung der Halleschen Verkehrs-AG und verantwortlich für PR, 1990 Umzug nach Frankfurt/M., bis 2007 Redakteurin beim Flugurlaub Verlag (Bordmagazin für AERO LLOYD u.a.), ab 2007 freiberuflich tätig.

Mario Gesiarz
1954 in F-Höchst geboren, gelernter Buchhändler, zuletzt beschäftigt als Gewerkschaftssekretär bei ver.di. Im Nebenerwerb seit 1994 Mundart- und Stoltze-Rezitator, (www.rezi.babbel.de). Bis 1994 Eishockey-schiedsrichter in allen Ligen, danach 13 Jahre Sitzungspräsident beim 1. Sindlinger Karnevalsverein 1925. Verheiratet, ein Sohn.

Jan-Erik Grebe
1982 geboren, Diplom-Psychologe und Therapeut. Merck KGaA-Stipendium zur Förderung junger Autoren (2011). Teilnehmer der Darmstädter Textwerkstatt unter der Leitung von Kurt Drawert (2011 - 2013). Bewerbung für den Ingeborg-Bachmann-Preis (2012) auf Empfehlung Martin Hielschers (C.H. Beck). Teilnehmer der Schreibwerkstatt der Jürgen Ponto-Stiftung (2013). Veröffentlichungen in Literaturzeitschriften wie *Federwelt* und *Zeichen&Wunder*.

Barbara Höhfeld
Diplom-Übersetzerin in Frankfurt/M. Sie schreibt Gedichte, Essays und Romane. Mitglied im VS Hessen, im Literaturclub der Frauen aus aller Welt, bei POSEIDON Darmstadt, im Luxemburger Schriftstellerverband u.a. www.barbara-hoehfeld.de

Reha Horn
Sie ist in Kabul/Afghanistan geboren, floh gemeinsam mit ihren Eltern vor dem Krieg nach Deutschland und lebt heute in Frankfurt/M. Sie verbrachte – seit sie lesen konnte – die größte Zeit ihrer Jugend in der Stadtbücherei Steinbach im Taunus und hält sie sich noch heute gerne in Büchereien auf. Studium der Pädagogik mit dem Schwerpunkt Erwachsenenbildung. Sie arbeitete einige Jahre in der Bildungsberatung als Beraterin und ist heute im Personalbereich tätig. Im Literaturclub der Frauen aus aller Welt ist sie seit 2012 Mitglied.

Gerda Jäger
Wurde 1949 in Düsseldorf geboren. Seit 2011 lebt und arbeitet sie in Frankfurt/M. und schreibt Lyrik und Kurzprosa. Sie begann 2002 mit öffentlichen Lesungen, organisiert und moderiert darüber hinaus Literaturveranstaltungen. Veröffentlicht hat sie in Zeitschriften und Anthologien. Sie ist Mitglied in verschiedenen Literaturgruppen und seit 2014 Vorsitzende der Literaturgesellschaft Hessen e. V.

Anette John
Geboren 1981 in Polen, studierte sie Germanistik und Slawische Philologie an der Frankfurter Goethe-Universität. Sie arbeitet als Texterin, Übersetzerin und PR-Fachfrau und lebt in Frankfurt am Main. Auf ihrem persönlichen Blog *Sputnik FFM – Frankfurt, Books & Rock'n'Roll* (www.sputnikffm.wordpress.com) sammelt sie Impressionen ihrer Heimatstadt und ihre literarischen Entdeckungen.

Maria Regina Kaiser
1952 in Trier geboren, nach dem Studium der Altertumswissenschaften und Hispanistik in Frankfurt/M. Promotion, zehnjährige Forschungstätigkeit. Nach einer Zeit als Verlagslektorin ist sie freie Autorin von historischen Romanen, Krimis, Kinder- und Jugendbüchern. Nach Jahrzehnten in Frankfurt und Eschborn lebt sie jetzt in Bad Camberg. Ihre erfolgreichsten Titel sind »Wohin ich gehöre« (spielt übrigens in Unterliederbach) und »Arsinoe, Königin von Ägypten«.

Gertrude Kapellen
Geboren in Wiesbaden, Studium der Sozialpsychologie und Soziologie, Weiterbildung in Klassischer Hypnose und Ericksonscher Hypnotherapie, seit 1976 arbeitet sie in ihrer eigenen Praxis für Hypnose und Hypnotherapie, und bildet seit 1987 Hypnosetherapeutinnen und Hypnosetherapeuten aus. Ihre Trance-Geschichten erschienen 2012 unter dem Titel »Blickwirkungen« beim Größenwahn Vlg. Sie ist verheiratet, hat zwei erwachsene Söhne und lebt in Frankfurt/M.

Astrid Keim
1947 in Wiesbaden geboren und aufgewachsen, studierte in Frankfurt/M. Biologie und Kunst für das Lehramt. 1999 übernahm ihr Mann Eckhardt Keim als Inhaber und Küchenchef das Restaurant *Estragon*, seitdem ist sie dort für den Service zuständig. Sie war freie Mitarbeiterin für die *Frankfurter Neue Presse* im Ressort Gastronomie und Gastrokritik. Veröffentlichungen: »Chicago Kid in Frankfurt«,2010, Societäts-Vlg.; und beim Größenwahn Vrl.: »Was Sie schon immer über die Gastronomie wissen wollten«, 2011; »Falten, Kilos, Männer, Wein«, 2013; »Die Schönheit und der Tod«, 2015.

Susanne Konrad
1965 in Bonn geboren, studierte sie Literaturwissenschaft und Geschichte. 1995 promovierte sie über Goethes Wahlverwandtschaften. Schwerpunkte ihrer schriftstellerischen Arbeit sind der Entwicklungsroman sowie Prosa zu den Themen Migration, Heimat und lokale Identität. 2015 erschien im Größenwahn Vlg. der Roman »Die Akademikerin«. In ihrer Wahlheimatstadt Frankfurt/M lebt sie seit 1987. www.susanne-konrad.de

Hanne Kulessa
Lebt in Frankfurt/M. Seit 1982 ist sie freie Autorin, Moderatorin, Kritikerin (u.a. beim Hessischen Rundfunk, hr2kultur). Zahlreiche Buchveröffentlichungen, Anthologien, Erzählungen, Kinderbücher und Romane. Von 2003 bis 2014 Dozentin an der Goethe-Universität Frankfurt, Fortbildungsprogramm Buch- und Medienpraxis.

Tamara Labas-Primorac
Sie wurde in Zagreb geboren. Studium der Germanistik und Kunstgeschichte an der Goethe-Universität. Sie schreibt Lyrik, Erzählungen und Kurzgeschichten. Seit März 2014 ist sie Vorsitzende des »Literaturclub der Frauen aus aller Welt e.V.«. Sie ist Mitglied der *Literaturgesellschaft Hessen e.V. (LIT)*. Veröffentlichungen in diversen Anthologien. Im Rahmen des Literaturwettbewerbs der 7. Bonner Buchmesse Migration Auszeichnung in der Kategorie Lyrik. Mitherausgeberin der Anthologie »*Wortwandlerinnen*« mit eigenen Beiträgen. Anfang 2017 erscheint ihr Lyrikband »Zwölf« im Größenwahn Vlg.

Ulrike Ladnar
Geboren in der Nähe von Wien, aufgewachsen in Baden-Württemberg, lebt seit rund fünfzig Jahren in Frankfurt, mehr als die Hälfte davon in Seckbach. Sie arbeitete als Gymnasiallehrerin und Lehrerausbilderin. Jetzt, im Ruhestand, hat sie Zeit für Neues, zum Beispiel das Schreiben historischer (Kriminal-)Romane.

Claus-Peter Leonhardt
1951 in Frankfurt/M geboren, Studium in Gießen, Frankfurt/M und Bielefeld. Gründete 1975 den Sofa-Buchladen in Fulda, und leitete die Sozialwissenschaftliche Fachbuchhandlung und Hochschulverlag bis 1988. Ab 1986 Hochschuldozent für Medien, Psychologie und Wirtschaftpädagogik an der Hochschule Fulda. 1991 Gründung des PAIDIA Verlages. Parallel Präsident der Europäischen Akademie für Evolutionäres Management gemeinsam mit Prof. Laszlo. Unternehmensberater und Trainer. Er ist seit 2014 Vorsitzender des VS-Hessen.

Doris Lerche
Nach Sprachaufenthalten in London und Paris studierte sie Psychologie, Kunstpädagogik und Buchillustration. Sie unternahm ausgedehnte Reisen u.a. bis nach Afghanistan, Pakistan und Indien. Bekannt wurde sie 1980 durch ihr Cartoonbuch »Du streichelst mich nie!«, S.Fischer Vlg. Zahlreiche Veröffentlichungen in Cartoonbüchern, Erzählungen, Romane und Gedichte. Sie ist Initiatorin und langjährige Mitarbeiterin der Frankfurter »Romanfabrik«. Im Größenwahn Vlg. erschien 2016 ihre Lyrik und Collagen »erst sex dann krieg / erst krieg dann sex«

Bruni Marx
1958 als Riederwälderin geboren und bis heute geblieben. Nach dem Abitur Ausbildung bei der Stadt Frankfurt (Dipl. Verwaltungswirtin). Zunächst zehn Jahre im Dezernatsbüro von Prof. Hilmar Hoffmann, später auch für die nachfolgenden Kulturdezernenten tätig. (Mit)-Organisation der 1200-Jahr-Feier 1994 und des Goethejubiläums 1999. Seit 2003 bei den Städtischen Bühnen Frankfurt.

Behjat Mehdizadeh
Geboren im Iran, studierte an der Firdausi-Universität in Maschhad Psychologie. Studium der Sozialarbeit in Frankfurt/M. mit Schwerpunkt Migration, Biografie und Kunst; u.a. Zusatzqualifikation als Beraterin für interkulturelle Pädagogik und Kommunikation, sowie für Biografie- und Erinnerungsarbeit mit Einzelnen und mit Gruppen. Sie ist Gründungsmitglied des Literaturclubs der Frauen aus aller Welt und Autorin von Kurzgeschichten und Gedichten.

Carsten Nagels
1966 in Essen geboren, lebt in Frankfurt/M. Er ist kaufmännischer Angestellter, freiberuflicher Texter, Bühnenpoet und auf vielen Poetry Slams unterwegs. Er hat zahlreiche Veröffentlichungen in Zeitschriften und Anthologien u.a.: beim Größenwahn Vrl. und »Einfach Gefühlsecht«, Aphorismen mit Illustrationen, Carsten Nagels Kunstverlag, 2011. www.carsten-nagels.de

Petra Pfeuffer
Profilierte Theaterfachfrau auf dem Terrain der Produktionsdramaturgie sowie der Kommunikation in unterschiedlichsten Bühnengenres, konzentriert sich als freie Kulturschaffende zunehmend auf die Konzeptentwicklung interdisziplinärer Projekte und Veranstaltungsformate und ist als Texterin und Lektorin tätig. Mehr unter www.kulturtextur.de

Oliver Ramonat
Der Autor ist freier Historiker und Projektleiter, unter anderem für die Stiftung Polytechnische Gesellschaft und verschiedene Museen. Er lebt in Frankfurt/M.

Sevastos P. Sampsounis
1966 in Darmstadt in einer griechischen Gastarbeiterfamilie aus Thrakien geboren, reiste als ›Kofferkind‹ zwischen Deutschland und Griechenland hin und her. Heute lebt er in Frankfurt/M, ist Inhaber des Größenwahn Verlags Frankfurt am Main, Mitinhaber des Café-Größenwahn, Illustrator, Grafiker und Autor.

Norbert Saßmannshausen
Geboren 1949 als Sohn eines Bergarbeiters im Sauerland. Seit 1972 in Frankfurt lebend. Studium: Staatlich geprüfter Betriebswirt. Im letzten »langen« Jahrzehnt: Kulturorganisation (u.a. *Denkbar*), Stadtteilhistoriker (»Orte der Revolte in Frankfurt«), Stadtführungen und Radiomacher (Radio X: Denknomaden und Bockenheim).
www.denknomaden.de

Margot Schäfer
1948 in Harheim geboren, Technische Zeichnerin im Maschinenbau, erstellt Harheimer Stammbäume und ist seit 2011 2. Vorsitzende des Kulturvereins Harheim.
2010 wurde sie von der Polytechnischen Gesellschaft Frankfurt, der Gerda Henkel Stiftung und der Frankfurter Neuen Presse zur StadtteilHistorikerin ernannt und verfasste ihr Buch »Die Integration der Flüchtlinge nach 1945 in der katholischen Kleingemeinde Harheim«.

Sylvia Schopf
Nach dem Studium und einer Schauspielausbildung war sie mit einer eigenen Theatertruppe auf Tournee, entdeckte ihre Leidenschaft fürs Geschichtenerzählen und begann mit dem Schreiben für Theater, Zeitungen, Fernsehen, Hörfunk – und das Buch. Sie lebt als Schriftstellerin, Schauspielerin und Rundfunkautorin seit vielen Jahren in Frankfurt – und ist gerne unterwegs: Reisen in nahe und weite Welten. Mit ihren literarischen Soloprogrammen ... *Geschichten erzählen, die mit allen Sinnen lebendig werden* ... gastiert sie im deutschsprachigen Raum. www.sylvia-schopf.de

Edgar Weick
1936 geboren, seit vielen Jahren vollzeitbeschäftigter Rentner, engagiert beim »Bunten Tisch - Höchst Miteinander«, in Projekten der »Erinnerungskultur« und in einer Initiative zur künftigen kulturellen Nutzung des Bolongaropalastes in Frankfurt-Höchst. Früher beruflich in der Erwachsenenbildung tätig.

Dagmar Wendler
Wurde in Berlin geboren und wuchs in Frankfurt/M. auf. Nach dem Jurastudium ließ sie sich 1974 als Rechtsanwältin nieder. Das Interesse an der Rechtsgeschichte führte sie auch zur Lokalgeschichte. Sie ist seit 1983 1. Vorsitzende des Kulturvereins Harheim. Anlässlich der 1200-Jahr-Feiern erschienen die Ortsgeschichten »Kalbach« 1979 und »Harheim« 1986 in der Schriftenreihe damals bei der Frankfurter Sparkasse von 1822 (Polytechnische Gesellschaft).

AUS DEM VERLAGSPROGRAMM

Safiye Can
Rose und Nachtigall
Liebesgedichte
ISBN: 978-3-942223-64-5
eISBN: 978-3-942223-65-2
4. Auflage

»Eine Sensation.« HR2

»Bestechend die realistische Sprache.« OFFENBACH-POST

»Das Debütwerk der Dichterin ist schon ein großes.« LYRIKWELT

»Mit der Leere in der Magengrube
wohin ich auch blicke
umringt Sehnsucht die Dinge
fern vom Land
der Rosen und Nachtigallen
verwandelt sich zu Stein
was ich berühre.«
Safiye Can

Safiye Can
Diese Haltestelle hab ich mir gemacht
Gedichte
ISBN: 978-3-95771-049-9
eISBN: 978-3-95771-050-5
2. Auflage

Mit ihrer farbenprächtigen Dichtkunst holt »das sprachlose Kind als Dichterin« (FAZ) den Leser an einer erträumten Haltestelle ab, um ihn auf eine poetische Reise mitzunehmen, von Offenbach am Main bis nach Istanbul am Bosporus.

»Einfach so, verstehn Sie das?
Wohin sollte ich die Möwen tun?«
Safiye Can

Gertrude Kapellen
Blickwirkungen
Heilende Trancegeschichten
ISBN: 978-3-942223-16-4
Auch als e-book: eISBN: 978-3-942223-53-9

In der Hypnotherapie werden Geschichten erzählt, während der Patient in einen Zustand der Trance gleitet. Trance ist ein natürlicher vertiefter innerer Zustand, in dem die bewusste Aufmerksamkeit nahezu völlig von den äußeren Dingen abgezogen und intensiv zu den inneren, unbewussten Abläufen gelenkt wird. Die Geschichte entwickelt sich in diesem entspannten und vertieften Bewusstseinszustand zu einem lebendigen Erleben, ganz der eigenen Persönlichkeit und ihren ureigenen Bedürfnissen folgend.

Literaturclub der Frauen aus aller Welt e.V.
Die Frankfurterinnen
Literarische Anthologie
ISBN: 978-3-95771-053-6
eISBN: 978-3-95771-054-3

Die 15 ausgewählten Geschichten, Erzählungen und Lyrikbeiträge der Mitgliederinnen des Literaturclubs der Frauen aus aller Welt e.V. behandeln aktuelle Themen der Gesellschaft: Liebesbeziehungen, Verlustängste, Ideale und Idealisierungen. Eine literarische Anthologie von den Frankfurterinnen aus aller Welt. Zuhause in Frankfurt am Main.

Doris Lerche
erst sex dann krieg
erst krieg dann sex
gedichte & collagen
ISBN: 978-3-95771-092-5
eISBN: 978-3-95771-093-2

Mit leichter Hand skizziert Doris Lerche Brutalitäten, die wir einander antun: wir schlagen morden hauen brennen schlachten. In ihren rythmischen und anti-rhythmischen Versen, in ihren Fleisch- und Trümmer-Collagen zeigt Doris Lerche mit beiläufiger Nonchalance: Das Lieben wie das Töten, das Lustvolle wie das Bestialische – alles findet in der Welt der Menschen statt. Alles findet in uns statt.

Andreas Arnakis
Ein weißer Wal im Rhein
Gedichte
aus dem Griechischen
von Artemis Arnakis und Niki Eideneier
ISBN: 978-3-95771-067-3
Auch als e-book: eISBN: 978-3-95771-068-0

Andreas Arnakis, der seine griechischen Gewässer verloren hat, kam nach Deutschland zum Studieren und wurde zum Fremden. Ein politischer Flüchtling und ein träumerischer Mann. Zum Glück griff er zum Mikrophon des Hessischen Rundfunks, gründete die langlebige Sonntagssendung »Rendezvous in Deutschland« und schrieb Prosa und Lyrik. Seine bewegte politische Zeit, seine persönlichen Niederlagen, seine Erfolge und verlorengegangenen blauen Gewässer finden Sie wieder in einem Buch:

»Gute Reise nun, ihr Geschwister,
sehnt' euch,
liebt,
lebt aus voller Seele ...«

Monika Carbe
Die Friedhofsgärtnerin
Roman
ISBN: 978-3-942223-82-9
eISBN: 978-3-942223-83-6

Monika Carbe lässt die 1990er Jahre wieder aufleben, eine Zeit, als die Grenzen der bekannten Weltordnung neu gezogen wurden und Rechtsradikale sich verstärkt zu Wort meldeten. Ihr Roman ist eine Mahnung an die Gesellschaft und gleich-zeitig ein Lobgesang auf das multikultu-relle Frankfurt, das auf seinem Haupt-friedhof die eigene Vergangenheit bewahrt, hegt, pflegt und neu bepflanzt.

Edit Engelmann
Es war einmal im Ringgau ...
Oma Christines
nordhessische Sagen und Rezepte
ISBN: 978-3-942223-24-9
eISBN: 978-3-942223-33-1

Zwischen Eschwege und Eisenach liegt der Ringgau. Ritter, Grafen, edle Jungfrauen, Minnesänger, Wichtelmänner, Könige und Heilige: Alle haben sie hier gelebt oder sind zumindest einmal vorbeigekommen. Neben Kaiser Barbarossa und der Heiligen Elisabeth hat auch Oma Christine ihre Spuren hinterlassen, in Form von Geschichten und Rezepten.
In Erinnerung an ihre Kindertage beschloss die Autorin, das Kochbuch der Oma neu aufzuschreiben – und zwar so lebendig, wie es bei ihrer Oma in der Küche zugegangen ist: Gerichte und Geschichten – abwechselnd und im Einklang miteinander.

Jannis Plastargias (Hrsg.)
Liebe und andere Schmerzen
16 Herzschläge
ISBN: 978-3-942223-23-2
eISBN: 978-3-942223-42-3

Ein Hoch auf die Liebe, die kein Geschlecht kennt, alles glaubt, alles erträgt, über allem und allen steht und ohne Wunden, Narben oder Kratzer nicht als echtes Gefühl gelten kann. 16 Herzschläge pochen in diesem Buch.
Kannst du sie fühlen?

Sevastos P. Sampsounis (Hrsg.)
Heimat - Version Alpha
Erzählungen, Geheimnisse und Rezepte
ISBN: 978-3-95771-090-1
eISBN: 978-3-95771-091-8

Kommen Sie mit auf die Reise durch das Land des Selbstwertes. Überqueren Sie den Charakter-Fluss, ersteigen Sie die Berge des Denkens, erkunden Sie das Meer der Weltbilder und fliegen Sie hoch über die Wolken der Ideologie. Freie Geister führen Sie sicher durch diese Buchseiten der Möglichkeiten.
Um verstanden zu werden und andere zu verstehen. Über die herkömmlichen Grenzen der Sprachen und Kulturen hinaus – auf der Suche nach einer alten-neuen-zukünftigen Heimat. Meine, Deine, Seine. Seien Sie neugierig auf Unsere Heimat.
Sehen Sie, schmecken Sie, riechen Sie durch die ausgewählten Rezepte und entscheiden Sie selbst, was Heimat für Sie persönlich bedeutet oder bedeuten kann.
Willkommen in der Heimat. Version Alpha.

N. M. Marewski, D. E. Stanco, J. Plastargias (Hrsg.)
Frankfurter Verkehrsliteratour
Anthologie
ISBN: 978-3-95771-057-4
eISBN: 978-3-95771-058-1

Im Mittelpunkt der Anthologie stehen Gebäude, Denkmäler, Plätze, Brücken, Straßen, bekannte und weniger bekannte Frankfurter Sehenswürdigkeiten, die alle eine Anbindung zu einem öffentlichen Verkehrsmittel haben, Stationen, die sich mit Bus, Tram, U- oder S-Bahn erreichen lassen. Dieser literarische rote Verkehrsleitfaden fungiert als Reiseführer und gibt den Neuentdeckern – Einheimischen, Zugezogenen oder Touristen – eine Orientierung durch die Weltstadt.
Nutzen Sie das öffentliche Verkehrsnetz. Steigen Sie ein – Türen schließen selbsttätig – und erleben Sie unsere Frankfurter Verkehrsliteratour.

Susanne Konrad
Die Akademikerin
Roman
ISBN: 978-3-95771-069-7
eISBN: 978-3-95771-070-3

Susanne Konrad erzählt die bewegende Geschichte einer Frau, die besessen ist von der wissenschaftlichen Arbeit und dem Drang nach Selbstverwirklichung durch die Philosophie. Ähnlich einer kolorierten Skizze zeichnet die Autorin das Innenleben akademisch gebildeter Menschen, die in der Theoriearbeit unschlagbar sind, bei der alltäglichen Lebensbewältigung jedoch zu scheitern drohen. Aus der »Liebe zur Weisheit« wird die Kunst, mit Gefühlen umzugehen.

Astrid Keim
Falten, Kilos, Männer, Wein
Roman
ISBN: 978-3-942223-25-6
eISBN: 978-3-942223-32-4

Astrid Keim, vielen bekannt als kompetente Führerin durch die Geheimnisse der Gastronomie, hat ihren ersten Roman geschrieben, basiert auf wirklichen Ereignissen. In ihrer Geschichte führt sie den Leser durch Frankfurts jüngste Vergangenheit. Alte Bekannte haben ihren Auftritt und die Studentenjahre blühen wieder auf. Es ist ein Roman über Einsamkeit und Liebe und Freundschaft, eine lebensvolle Studie darüber, wie es den »Best Agers« wirklich geht, und vor allem eine Hommage an verlassene Frauen, die im Herbst ihres Lebens den Hochsommer wieder finden.

Astrid Keim
Die Schönheit und der Tod
Frankfurter Kriminalroman
ISBN: 978-3-95771-039-0
eISBN: 978-3-95771-040-6

Ausgerechnet auf dem Frankfurter Hauptfriedhof stößt die pensionierte und seit einem Jahr verwitwete Anwältin Laura Mahler auf – eine Leiche. Ein schönes, junges Mädchen ist tot, eingewickelt in durchsichtige Folie, mit einer blutroten Rose im Haar. Die konservierte Schönheit weckt Lauras Interesse und ist zugleich Anlass, mit ihrem alten Freund Thomas wieder Kontakt aufzunehmen. Der ist Kommissar bei der Mordkommission, und Laura beginnt, auf eigene Faust ein paar überraschende Ermittlungsergebnisse beizusteuern. Dabei zeigt sich schnell, dass bei der Zusammenarbeit nicht allein kriminalistische Interessen im Spiel sind. Die beiden kommen sich näher – da wird eine zweite Mädchenleiche gefunden ...

GRÖSSEN WAHN VERLAG
www.groessenwahn-verlag.de